Werner Koch

Das Handlese Handbuch

Eine Anleitung in die spirituelle,
psychologische und karmische
Praxis des Handlesens

WINDPFERD
Verlagsgesellschaft mbH.

Zum Verständnis der Abbildungen von Handabdrücken: Alle in diesem Buch abgebildeten Handabdrücke sind nach dem auf Seite 216 beschriebenen Verfahren entstanden. Es entsteht dabei sozusagen ein spiegelverkehrtes Bild der Hände. Um beim Lesen des Buches den Vergleich mit den eigenen Händen zu erleichtern, haben wir deshalb die Handabdrücke gespiegelt, damit sie genau so erscheinen wie unsere Hände, wenn wir die Handflächen nach oben drehen, um die Handlinien zu betrachten.

1. Auflage 1993
2. Auflage 1995
© Windpferd Verlagsgesellschaft mbH, Aitrang
Alle Rechte vorbehalten
Umschlaggestaltung: Wolfgang Jünemann, unter Verwendung einer Illustration von Berthold Rodd
Zeichnungen im Innenteil: Berthold Rodd
Gesamtherstellung: Schneelöwe Verlagsberatung, 87648 Aitrang
ISBN 3-89385-111-9

Printed in Germany

Inhaltsverzeichnis

Erster Teil
Die Hand und ihre Botschaft

Zweiter Teil
Die Deutung der Hand

Dritter Teil
Die Praxis der Beratung

Die Hand und ihre Botschaft

Vielfalt und Einheit

Bereits als Kinder erfuhren wir, daß die Streifen jedes Zebras verschieden sind, daß kein Blatt eines Baumes einem anderen Blatt gleicht und daß jeder Fingerabdruck einzigartig ist und sich bei keinem Menschen auf der ganzen Welt wiederholt. Und doch gingen wir irgendwann zur Tagesordnung über, Blatt war Blatt, Zebra war Zebra, und Finger war Finger. Das Staunen über die Einzigartigkeit selbst der kleinsten Dinge konnte sich im Alltag nicht halten. Mit diesem Buch lade ich zu einer Reise ein, bei der wir die Einzigartigkeit unserer Hand wiederentdecken wollen. Schon in der Bibel erfahren wir, daß Gott sein Siegel in unsere Hand gegeben hat (Buch Hiob) und uns als Einzelwesen so wollte.

Wenn wir nun den Charakter der Formen und Linien unserer Hand erkunden, wollen wir uns dabei dessen bewußt bleiben, daß es sich um den Menschen dreht, der seine Hand individuell zu einem unverwechselbaren Ausdruck seiner selbst gemacht hat. Mit Respekt, Liebe und Verständnis wollen wir die Geheimnisse der Hand entschlüsseln. Auf diese Weise können wir aus den vielfältigen Informationen der Hand ein Bild des Menschen in uns entstehen lassen, der eben diese Hand gestaltet hat. So wünsche ich dem Leser Freude am Entdecken der Vielfalt in unseren Händen und daß er viele Anhaltspunkte finden möge, die ihn zu eigenen exemplarischen Studien begeistern.

Seit über zwanzig Jahren kenne ich die Hand als verläßlichen Informationsträger, man muß sie allerdings 'lesen' lernen, und dazu braucht es Faszination, Neugier und ein unersättliches Interesse am Menschen. In der Hand ist alles enthalten, wenn man die richtigen Fragen stellt und auch 'zwischen den Zeilen' lesen will.

Als ich meine eigene Hand vor Jahren zum Thema Ausstieg aus der Routine und Sicherheit meines verbeamteten Lehrerdaseins befragte, zeigte sie mir ein "Ja, mach, was du willst, es wird dir gut ergehen". Lebenslinie, Kopflinie und Schicksalslinie waren gut, kräftig, klar und versprachen Gesundheit, Durchsetzungsvermögen und zielgerichtetes Handeln. Statt wie meine Schüler ihre Schulbänke mit dem schönen Satz: "Hier verkommt ein Genie" zu versehen, schritt ich, durch meine Hand ermutigt, zur Tat und suchte neue Horizonte. So kann jeder Mensch aus seiner Hand Bestätigung und Sicherheit für sich ableiten und Hilfen für seinen Lebensweg erhoffen. Damals befragte ich meine Hand noch wie ein fremdes Objekt, wie ein Buch etwa, das man aufblättert, ohne zu wissen, daß man jedes Wort darin selbst geschrieben und den Einband, die Schrift, jedes Detail selbst ausgesucht hat. So darf jeder Mensch ein Selbstgespräch führen, wenn er in seine Hand blickt - er ist all das, was er sieht!

Aus der Summe meiner Erfahrungen setze ich für dieses Buch die folgenden Ziele, die der Leser mit Geduld und Einfühlungsvermögen für sich verwirklichen kann:

1) Die Hand ermöglicht eine Form der **Selbsterfahrung**. Gerade in unserer offenen und mobilen Gesellschaft wird es für den einzelnen immer wichtiger, Antworten auf die Fragen: "Wer bin ich, was sind meine Anlagen, Begabungen, Stärken?" zu finden. Wenn wir ein Leben führen können, das zu uns paßt, ist dies die beste Voraussetzung für Glück, Freude und Erfolg, was unsere Gesundheit mittels unseres Immunsystems nachhaltig positiv beeinflussen wird.

2) Die Beratung anderer Menschen. Ein Blick in die Hand ist ein wunderbarer Zugang zu unseren Mitmenschen. Ich habe die Erfahrung gemacht, daß bei den meisten Menschen eine phantastische Bereitschaft vorhanden ist, ihre Hand zu öffnen, um etwas Neues über sich zu erfahren. Man kann gemeinsam betrachten, welche Ausprägungen vorhanden sind, und man braucht kein System (Astrologie, Psychologie), durch das Menschen sich obskuren Kräften oder einem ihnen unzugänglichen Spezialwissen ausgeliefert vorkommen mögen. Das Schöne ist, daß sich das Sehen der Hand und die Einsicht in das eigene Sein mühelos verbinden lassen! Die Hand ist die Bebilderung unseres Lebensentwurfs! Dies sollte die Grundlage jeder Beratung sein.

3) Die Erweiterung des Wissensstandes der Handlesekunst. In meine Darlegungen fließen faszinierende Ergebnisse aus der Reinkarnationstherapie ein. Natürlich schaue ich mir bei den Sitzungen, in denen ich Klienten in ihre früheren Leben führe, auch deren Hände an und versuche zu ergründen, wie sich Faktoren aus diesen früheren Leben in ihren Händen abzeichnen. Gerade der Mondberg (Luna) ist ohne Einsicht in die Botschaft aus früheren Leben kaum zu verstehen. Das gleiche gilt für transsaturne Einflüsse auf Neptun- und Uranusberg sowie für die noch viel zu wenig beachteten Papillarien (Handrillen). Diese neuen Ergebnisse meiner Forschungen stelle ich dem Leser gerne zur Verfügung , sie werden ihn zu eigenen weiteren Schritten ermutigen:

a) Die Einbeziehung der östlichen Akupressurpunkte in die Handdeutung. Diese Tradition wurde im Mittelalter durch die aus Indien stammenden Zigeuner hier eingeführt. Sie benutzten organische Namen wie Herzlinie oder Leberlinie, die heute noch die damals üblichen astrologischen Benennungen ergänzen.

b) Die Entdeckung der Fortführung des mystischen Kreuzes zusammen mit der 'Glücks'linie zum mystischen Diamanten.

c) Eine Neueinschätzung der Papillarien (Handrillen) als visionäre Muster mit besonderen Wahrnehmungsenergien unter Berücksichtigung eines zusätzlichen bis jetzt noch nicht beachteten Triradius und Papillarkamms, der vom Mondberg ausgeht.

d) Eine neue vertiefte Erklärung der Rechts- und Links-verschiedenheit in unserer Psyche und in unseren Händen.

e) Die Einbeziehung von früheren Leben in die Deutung von bis jetzt meist vernachlässigten Phänomenen wie Mondberg und Via Lascivia.

f) Hinweise auf die Kraft der Hände, insbesondere verstärkt durch Mudras, heilige Gesten, die wir von Buddha kennen. Mudras wirken - über die Hände ausgeführt - wie Mantras durch die Stimme: beruhigend und heilend.

4) Erweiterung der Menschenkenntnis. Die Menschen, die mit ihren Händen zu diesem Buch beigetragen haben und bei denen ich mich ganz herzlich bedanke, gehören nicht zur traditionellen Klientel, aus der die meisten Handleser ihre Kundschaft rekrutieren. Auch die traditionellen Bücher über Handlesen sind von den Erwartungen eines bestimmten Spektrums von Kunden geprägt. In einem Buch z. B. fand ich nur Hände von Geschäftsleuten dargestellt. Es behandelte gezielt die sie interessierenden Fragen über praktische Erfolge, Geld, Familie usw. In meinem Buch wird der Leser auch Hände von Menschen besprochen finden, die kaum je zu Wahrsagern, Handlesern, Marabuts usw. gehen würden. Sie sind geistig Interessierte, auch Freunde und Bekannte von mir, die selbstbestimmt ihren Weg finden wollen. Über sie erhält auch der geistig interessierte Leser Zugang zu neuen Aspekten eines selbstverantworteten Daseins.

5) Und nicht zuletzt wünsche ich mir, daß der Leser Zugang zu einer Begeisterung erhält, die aus Handlesen **echte Divination, d. h. Einsicht in göttliches Geschehen**, werden läßt. In jeder Hand ist der Geist der Schöpfung, der uns geschaffen hat, am Werk. Ich verrate ein kleines Geheimnis: Ich bin immer ein bißchen verliebt in die Hand, die ich gerade lese. Dann spricht sie auch zu mir. Dann sehe

ich auch das Wesentliche und Charakteristische. Ich habe sogar meist das Gefühl, eigentlich müßte ich dafür Geld bezahlen, so viel Schönes sehen zu dürfen. Eine solche Begeisterung für direktes Sehen wünsche ich auch dem Leser, wenn er die vielen neuen Informationen aufgenommen hat, damit Handlesen für ihn zu einer echten geistigen Bereicherung wird.

Alles stimmt, wie es ist

Wir sollten uns davor hüten, Informationen über die menschliche Natur einfach nur als steriles Wissen zu sammeln, das man schematisch als besser oder schlechter gestaltet ansieht. Ich habe versucht, jede Hand als solche immer wieder neu zu verstehen. So ist für mich eine Hand im Vergleich nie besser oder schlechter als eine andere. Sie ist einfach so, wie sie ist! Doch leider gilt es in unserer Kultur als wertvoll, das Bestehende zu kritisieren und an allem etwas auszusetzen.

Die Amerikaner als Vorreiter dieser Tendenz werden in einer kleinen Geschichte belächelt. Einer Gruppe von Schülern aus verschiedenen Nationen wird aufgegeben, etwas über Elefanten zu schreiben. Das indische Kind schreibt über "die göttliche Natur des Elefanten", ein deutscher Schüler titelt: "Der Elefant als denkendes Wesen", eine Französin schreibt über das Liebesleben des Elefanten - und der Amerikaner nennt seinen Beitrag: "Wie man größere und bessere Elefanten macht." Doch gerade beim Handlesen sollte man nicht der Versuchung unterliegen, kritisch Einzelheiten als ungestaltet, extrem oder primitiv zu bezeichnen. Ein klassisches Beispiel ist der 'Mörderdaumen', der durch die Literatur geistert, ein an der Spitze fleischig verbreitertes Etwas - eine Autorin sah sich daraufhin in Gefängnissen die Daumen aller Mörder an - und keiner hatte ihn! Stattdessen sollte man sehen lernen, daß alles zusammen die Hand ergibt, und was nicht so perfekt aussieht, wird von anderen Faktoren gestützt und aufgefangen. So kann man in jeder Hand dynamische Ausgleichskräfte finden, die wie unser tatsächliches Gleichgewicht funktionieren, denn wenn wir stehen, führen wir in Wirklichkeit kleine Fall- und Ausgleichsbewegungen aus. Es gibt sogar eine Yoga-Übung (Latihan), die daraus besteht, im Stehen bewußt nach allen Seiten aus dem Gleichgewicht zu geraten, ohne dabei zu fallen. Die Mitte, das Herz der Dinge, ist kein meßbarer Fakt, sie ist eine innere Gewißheit...

Der Zen-Maler Kazua Tananashi spricht so über seine Linien, und er könnte auch die Herzlinie oder Kopflinie gemeint haben: " Du kannst in einer Linie nichts verstecken. Deine Persönlichkeit wird sichtbar (...) Ist die Persönlichkeit interessant, ist die Linie interessant. Am wichtigsten ist die Energie, die Seele, und wie stark und aufrichtig der Tuschestrich aufgetragen wurde. Es ist unwichtig, ob das Zeichen gut oder schlecht aussieht..." Im Giebel eines niedersächsischen Bauernhauses heißt es auf einem Balken: "Ein bißchen scheef het Gott leef" (Ein bißchen schief hat Gott lieb). Auch die Hand ist eine gewachsene Struktur, die keinem Idealbild entsprechen muß. So ahnt auch der Handleser die Neigungen von Linien, Spannungen und Verwerfungen, Druck und Gegendruck im Aufbau der Hand, ohne daß er dabei das Richtige, das Perfekte oder das Ideal im Visier hat.

Dies möchte ich auch dem Leser und späteren Praktiker anraten: Einfach sehen, was ist, ohne gleich zu kritisieren und zu verbessern. Solche vorschnellen Urteile tauchen jedoch immer wieder auf. Oft wird behauptet, daß eine kurze Lebenslinie ein kurzes Leben verrät. Doch wer dies vertritt, müßte analog die Meinung haben, daß das krümmste, schiefste Haus einer Stadt als erstes einfällt. Wenn die Bausubstanz gut ist, wird es aber noch ein paar hundert Jahre aushalten!

In diesem Sinn muß man die gesamte Substanz einer Hand spüren, bevor man positive oder negative Prognosen stellt. So möchte ich auch in dieses Buch vom Handlesen mein Wissen vom ganzen Menschen einfließen lassen, und da ist jeder Mensch für sich so der beste, der er für sich sein kann. Dies kommt in einer alten Sufi-Geschichte zum Ausdruck. Jedesmal, wenn Gott einen Menschen zur Erde schickt, flüstert er ihm ins Ohr: "Du bist mein bester, mein klügster, mein schönster..." Doch wenn der Mensch auf der Erde angekommen ist, hat er diese Botschaft wieder vergessen. Greifen wir diese Einflüsterung als Handleser wieder auf: Jede Hand, die wir gerade lesen, ist die schönste, die klügste, die beste... Wenn man das Positive sucht, wird man es in jedem Menschen finden, notfalls muß man die eigenen Maßstäbe verändern.

Dazu eine Erfahrung aus meiner Praxis: Ich sehe immer gerne in Hände, auch in Zügen oder in Gaststätten, niemand ist vor mir sicher. Einmal fuhr ich von der Frankfurter Buchmesse im Zug nach Hause, gegenüber saß ein altes Paar, und ich fragte, ob ich einmal in die Hand des Mannes sehen dürfte, ich beschäftigte mich mit Handlesen. Er stimmte erfreut zu - und was sah ich! Seine Hand war ganz einfach, sehr groß, klar, irgendwie rein und ohne fusselige Linien. Eine Hand wie ein gerader Baum. Es tat dem Eindruck keinen Abbruch, daß die Finger bedächtig knotig und etwas gicht-gekrümmt waren. Ich sagte ihm, alles in seinem Leben sei einfach und klar, was er bestätigte. Er sei jetzt über achtzig Jahre alt, habe sein Leben als Eisenbahner verbracht, alle Tätigkeiten verrichtet, Holz gemacht, wenn keine Kohle für die Lokomotive da war, er sei wohl über zwanzigmal umgezogen, trotz aller Wirren sei es ihm in seinem Leben immer gutgegangen. Seine Frau neben ihm sei seine erste Jugendliebe gewesen, jetzt wohnten sie nach sechzig Jahren Ehe glücklich und zufrieden in einem der oberen Stockwerke eines Hochhauses in Karlsruhe. Ich sagte ihm, rebellisch oder aufmüpfig sei er nie gewesen... "Nein, " meinte er, "ich habe immer gemacht, was meine Vorgesetzten mir befohlen haben, ich habe immer meine Pflicht getan..." So saß ich da, und er strahlte mich an, und doch entspricht sein Leben nicht meiner Vorstellung von Leben, ja es ist weit entfernt davon. Meine Hand ist auch eine ganz andere als die seine. So finden wir hinter einer aufregenden Vielfalt von Händen und Lebensmotiven dennoch eine Einheit: Wir leben, wie es in uns angelegt ist, jeder Mensch findet ganzheitlich zu seinem Leben. Als ich einem Mann einmal in einer elsässischen Gaststätte auf den Kopf zusagte, er sei in einem metallverarbeitenden Beruf, habe künstlerische Interessen und sei auch sehr an Kommunikation interessiert (das alles stimmte: er war Betriebsschlosser, machte in seiner Freizeit kunstvolle schmiedeeiserne Geländer und war in der Ausbildung tätig), da meinte dieser, ich sei wohl ein Hellseher. Da gab ich ihm das Kompliment zurück und sagte, er selbst habe sich mit hellseherischen Fähigkeiten für sein Leben genau das ausgesucht, was in seiner Hand angelegt war... So gönne und wünsche ich allen Menschen ein für sie perfektes Dasein, das nach den Maßstäben anderer absolut nicht perfekt erscheinen mag. Den rundum perfekten Menschen können wir ebensowenig erwarten wie die ideale Hand, dennoch sind alle Menschen in ihrer Verschiedenheit ein Ganzes. Als Teile der Natur sind wir die "Schrift Gottes", wie es in einem alten indischen Lehrsatz (Sutra) heißt. Wenn wir in der Hand lesen, ist das der bescheidene Versuch, diese Schrift verstehen zu wollen.

Chirologie und Chiromantie - Bemühung oder Fatalismus?

Hinter diesen beiden Begriffen, die vom griechischen Wort 'kheir' (Hand) abgeleitet sind, verbergen sich zwei Auffassungen der Handlesepraxis. Die Chirologie versteht sich als die aufgeklärtere, psychologische Richtung, die auf Verständnis und einfühlender Arbeit basiert, während die Chiromantie nach unveränderlichen Zeichen sucht, die etwas Gutes oder Böses bedeuten können. Leider versteht man unter Handlesen noch zu oft die Chiromantie, die letztlich eine Art Wahrsagerei ist. Nach dieser Auffassung ist unser Schicksal vorbestimmt, und man kann sich nur mit gläubigem Fatalismus dem beugen, was unser 'Kismet' für uns bereithält.

So rief mich kürzlich eine Frau an und sagte, sie habe Probleme und würde gerne wissen, wie ihr Leben in einem Jahr aussieht. Ich sagte ihr, ich könnte ihr helfen, bestimmte Faktoren und Energien in ihrer Hand zu sehen, aber es käme letztlich auf ihr Inneres an, wie sich ihre Zukunft gestalten würde. Da meinte sie, "mein Inneres interessiert mich nicht...", und ich sagte ihr, dann müßte sie sich jemand anderes suchen, um irgendwelche Voraussagen zu erhalten.

Im Rahmen einer solchen Chiromantie werden Voraussagen wie reiche Heirat, Glück durch Verwandte, baldiger Tod des Partners, des Fragers usw. gemacht. Hierher gehört die unsinnige Behauptung, daß eine kurze Lebenslinie zum baldigen Tod führt. Dahinter steht eine schicksalsergebene Haltung des Klienten bzw. eine Fixierung auf äußere, materielle Dinge, die ihm per Zufall geschehen oder in den Schoß fallen sollen. Ich habe ein paar indische Handlesebücher von meinen Reisen mitgebracht, davon sind einige wirklich hanebüchen chiromantisch und beschäftigen sich ausschließlich mit Prognosen über Gesundheit, Arbeit, Familie, Geld. Einem armen Teufel sagt man Armut voraus, einem Reichen noch mehr Geld, so ist eben das Schicksal. In diesem Sinn sagte ein indischer Handleser einmal zu mir "money come, money go...", womit er auch recht hatte.

Der chiromantische Ansatz ist auch einer lokalen Denkweise angepaßt. Als ich einmal in Kabul (Afghanistan) vierzehn Tage auf jemanden warten mußte, wandte ich in einem Chai-Shop meine zuvor in Indien erlernten Handlesefähigkeiten an - und war erstaunt! Man glaubte mir alles, und selbst wenn ich einmal ziemlich daneben lag, formulierte man meine Aussage so um, daß sie wieder stimmte! Auf diese Weise hätte ich jemandem sagen können "du bist gestern gestorben", er hätte über meine Klugheit gestaunt und gesagt: "Stimmt, gestern fühlte ich mich beim Aufstehen irgendwie unwohl und am Mittag wäre ich fast unter einen Lastwagen gekommen!" (was in Afghanistan keine Kunst ist) - und er hätte mir recht gegeben. So kam auch nie eine persönliche Kommunikation zustande, ich war der Wahrsager und hatte immer recht, der Klient verstand nur, was er hörte oder hören wollte. Doch diese Sitzungen (freiwillige Gebühr: ein Yoghurt) zeigten mir sehr viel über die Psyche der Afghanis. Sie sind autoritätsergeben, unkritisch spontan, dennoch sehr auf sich selbst fixiert, intelligent und orientalisch begabt im Umformulieren der Wahrheit. Es waren interessante Tage in Kabul: Ich habe vielleicht mehr von meinen Klienten gelernt als sie von mir ...

Aus dieser Zeit weiß ich, unser Schicksal trägt tatsächlich auch unwirkliche, märchenhafte Züge, denen man am besten vertrauensvoll und mit hoffender Bereitschaft begegnet. Hierher gehören auch Glückszeichen in der Hand, die eine überindividuelle, positive Bedeutung haben, die dann auch eintrifft. Da hat die Chiromantie ihre Berechtigung, denn wir können nicht alles selbst tun und müssen einsehen, daß unser Leben manchmal wie ein Würfelspiel zu verlaufen scheint. Wenn wir uns andererseits selbstkritisch befragen, was wir eigentlich wollen, hilft uns die Chirologie, Begabungen, individuelle Stärken und Anlagen zu erkennen. Daneben gibt es einen überindividuellen Geist in uns, der uns lenkt und formt und dabei hilft, daß die Würfel richtig fallen (Zufälle gibt es ja nicht). Ebenso vertrauen wir auf unsere Energien, die für persönliche Bemühungen bei der Schicksalsgestaltung zuständig sind. Diese beiden Tendenzen zu spüren und zu vereinen, ist die eigentliche Aufgabe und Kunst der Handlesepraxis.

Von nichts kommt nichts, deshalb müssen wir uns auf der materiellen Ebene bemühen. Wenn wir das tun, wird uns von der überindividuellen Seite, die wir nicht willentlich beeinflussen können, ebenfalls Hilfe zuteil. Dann wird uns alles geschenkt, und wir leben wie im Märchen. Kismet und individuelle Bemühung sind immer wunderbar miteinander verknüpft.

So kann man an gute Zeichen in der Hand glauben und auf ihre Erfüllung hinarbeiten, und wenn man die entsprechenden Botschaften aussendet, werden sie erhört. Für die Zwischenzeit gilt der kluge Spruch des Propheten: "Wenn du betest, binde dein Kamel an ...!" Beten alleine hilft nicht, auch wenn unsere Rettung aus Problemen meist wunderbare Züge trägt, wie in der Geschichte von den Fröschen, die in den Milchtopf fielen. Der eine gab bald auf und versank, der andere strampelte und kämpfte so lange, bis er plötzlich auf einem Butterklumpen stand und gerettet war. Doch er konnte eigentlich nicht wissen, daß Milch zu Butter werden kann. So steht die Chirologie für die bewußte Arbeit an uns und an unseren Lebensumständen, die Chiromantie lädt dazu ein, jede Menge Wunder mit einzuplanen ...

Die Hand als Teil des ganzen Menschen

Bevor wir an die Deutung der Hand selbst herangehen, betrachten wir sie als Symbol der Stellung in der Welt des ihr zugehörigen Menschen. Alles Wissen über den Menschen findet seinen Widerschein auch in der Handlesekunst.

Informiert man sich über Handlesen, sieht man sich verschiedenen Systemen gegenüber, die die Hand nach ihrer Sicht einteilen. Meist werden Bilder und Zuordnungen aus der Astrologie (Merkurfinger, Venusberg etc.) oder aus der Psychologie (Ichseite, Weltseite, Liebesfähigkeit, Aggressionen) oder von der Ästhetik (Schönheit, Harmonie, Ausdruck) verwendet. Oder, wie es die Chiromantie wissen will, Stern hier bedeutet dies, Kreuz da bedeutet jenes. Man braucht dann nur nachzuprüfen, was wo zu finden ist. Auch ich habe lange nach solchen Systemen gearbeitet und es zu einem Wissen gebracht, das ich zwar gut anwenden konnte, das mich aber nicht befriedigte. Es war, als ob man ein Lexikon zwar auswendig kennt und daher viel weiß, aber es bleibt schmerzlich bewußt, wie grau Theorien bleiben, selbst wenn sie auf den ersten Blick faszinieren. Es bestand mit meinem angelernten Wissen die Gefahr, daß man wie der Kandidat aus einer Fernsehsendung zwar in seinem Spezialgebiet alles weiß und auch knifflige Fragen beantworten kann, aber je mehr man weiß, um so mehr wird man zum isolierten Fachidioten, um den andere Menschen eine ehrfürchtige Kurve machen.

Ich finde, die Kunst des Handlesens soll mitten ins Leben gehen, wie die Hand selbst auch Leben ist. Machen wir uns nur einige Funktionen der Hand wirklich bewußt. Wir greifen, ziehen, stoßen etwas weg, schlagen, grüßen per Handschlag, geben Zeichen, verhöhnen andere Menschen, winken sie herbei, wir heben sie zum Schwur, gestikulieren und sprechen mit der Hand, wir liebkosen, streicheln und massieren. In der Hand sind heilende Kräfte. Sie ist Ausdruck des individuellen Menschen und zeigt, wie er das Leben anfaßt und bewältigt. Inzwischen habe ich ein Problem, wenn ich in den Medien Schauspieler sehe, die einmal einen Mörder, einmal einen Eroberer, einmal einen Bauern spielen - und sie haben immer die gleiche Hand - dann zerstört dies für mich die Illusion mehr, als wenn sie in der Rolle des Kolumbus ihre Armbanduhr anbehalten hätten... Man müßte auch die Hände der Darsteller schminken, denn die Hand ist ein integrales Stück unverwechselbarer Wirklichkeit, sie zeigt durchgeistigte Energien des Eigners und - vor allem - seine Stellung in der Welt. Mit einer 'Erfolgshand' kann man keinen 'Verlierer' spielen. Gehen wir also gleich ein fundamentales Problem unseres Seins und Verhaltens in der Welt an: Die Rechts/Links-Orientierung.

Rechte Hand/linke Hand:
wir lösen ein Problem

(Information für Linkshänder: Im weiteren Verlauf des Buches ist alles, was für die rechte Hand gesagt wird, als für die linke Hand zutreffend anzusehen und umgekehrt)

Die Rechts-Links-Verschiedenheit hat meiner Erfahrung nach noch in keinem Buch eine befriedigende Erklärung gefunden. Man kommt von einer Erklärung zur anderen, ohne wirklich zu sagen, wozu diese Zweiteilung denn nützt. In der Literatur wird die linke Hand traditionell als Trägerin der angeborenen Merkmale gesehen, sie ist der passive Part, hat weiblichen Charakter, sie zeigt den karmischen Plan, mit dem wir auf die Welt gekommen sind. Die rechte Hand repräsentiert dann im Gegensatz dazu die Verwirklichung, sie ist aktiv, männlich und zeigt die Realität. Das kann man annehmen oder ablehnen wie ein Dogma, das man nicht nachprüfen

18

kann. Doch warum ist das so? Warum sind beide Hände nicht gleich praktisch? Wozu brauchen wir eine Rechts-Links-Verschiedenheit?

Es besteht kein Zweifel daran, daß diese Unterscheidung sehr alt ist. Man weiß aus Vorzeiten, daß bei Eintritt einer sonnenverehrenden Kultur die rechte Seite und die Tagesaktivität bevorzugt wurden. Bei mondkultischen Kulturen zählte man dagegen die Nächte (engl. *a fortnight* für vierzehn Tage), und links bzw. weiblich galt als richtig und heilig. In der frühen ägyptischen Kultur wurde eine heilige linke Hand der Göttin Isis in Prozessionen umhergetragen, die christliche Madonna trägt ihr Kind (die Welt!) auf dem linken Arm.

Doch auch diese Unterscheidungen führen uns letztlich nicht weiter. Einmal so, einmal so, warum nicht gleichzeitig? Nun kann man auf die rechte und linke Hirnhälfte verweisen, dann kann man weiter fragen, wozu brauchen wir zwei verschiedene Hirnhälften? Der Denkfehler ist, daß wir so auf immer neue Gegensatzpaare stoßen und auf diese Weise das dahinterliegende Prinzip nicht erkennen können. In einer ganzheitlichen Sicht des Menschen ist alles verbunden: männlich gehört zu weiblich, rechts zu links ... Die Frage ist nur, wie sieht diese Verbindung aus?

Machen wir hier gleich eine kleine praktische Übung. Wenn du die Hände faltest, kommt ein Daumen über den anderen zu liegen. Das geschieht ganz automatisch. Nun falte die Hände anders herum, so daß der andere Daumen obenauf liegt. Wenn du das jetzt getan hast, spürst du, was 'links' ist. Die Finger verheddern sich beim Falten, die beiden Hände ineinander fühlen sich ungewohnt und 'falsch' gelagert an. Wechsle noch ein paarmal die Oberhand und die Unterhand beim Falten und spüre den Unterschied zwischen 'richtig' und 'ungewohnt, links, falsch, verkehrt'. Es gibt also praktisch zwei Menschen in dir, einen, der so, und einen anderen, der anders reagiert. Jeder Mensch ist ein rechter bzw. linker Zwilling seiner selbst!

Die traditionellen Interpretationen zu dieser Angelegenheit lauten etwa so: Wer den rechten Daumen oben bevorzugt, lebt in einer Dominanz der aktiven, männlichen, praktischen Seite. Wer den linken Daumen nach oben legt, bevorzugt die Phantasie, seine Intuition, hat einen tieferen Zugang zu seinem Unbewußten. Erstaunlich dabei ist, daß diese Verschiebung beim Falten unabhängig davon geschieht, ob eine Person Rechts- oder Linkshänder ist. Die Unterscheidung in Rechts- oder Linkshänder ist somit angeboren. Wo der Daumen beim Falten bevorzugt zu liegen kommt, ist eine spätere charakteristische Entscheidung.

Stellen wir also fest: Wir haben ein inneres Orientierungssystem, das mit links/rechts, gewohnt/ungewohnt, praktisch/unpraktisch zu tun hat. Zumindest kennen wir alle das Phänomen, wenn wir mit der falschen Hand - Rechtshänder mit links, Linkshänder mit rechts - eine Schraube anziehen wollen. Es fühlt sich irgendwie 'komisch' an. Doch alles in der Natur hat seinen Zweck. Was also ist der Zweck dieser Unterscheidung?

Zur Erläuterung mache ich eine Anleihe bei den Erfahrungen aus meiner Reinkarnationspraxis. Oft berichten meine Klienten, daß sie sich zwischen einem Tod und einer neuen Geburt als Wirbel fühlten. Besonders stark ist dieser Wirbel, wenn sie aus dem 'Jenseits' in eine erneute Zeugung hineingezogen werden. Genauso berichten sie, daß sie diesem Sog, der sie wieder in eine erneute irdische Existenz hinzieht, mit Widerstreben und Unbehagen folgten. Und dieser Wirbel wurde von ihnen als linksgerichtet erlebt! Und hier haben wir die Lösung des Problems, das bereits den Anfang unseres Lebens bestimmt: Wir sind Wirbel und spüren uns zu etwas hingezogen, dann wollen wir auch dahin (rechtsgerichteter Wirbel). Andererseits haben wir auch einen Antiwirbel, mit dem wir uns der Anziehung widersetzen können (linksgerichteter Wirbel). Selbst ohne Körper, sozusagen als immaterielles Feld zwischen den Inkarnationen, bestehen wir aus einem dualen System von Antrieb (rechts drehend) und Gegenschub (links drehend). Nach dem Tod ist es meist umgekehrt, da sagt sich das gestorbene Wesen von dem vergangenen Leben los und will weg, der rechtsgerichtete positive Wirbel wird aktiviert und erlaubt die Lösung von den irdischen Dingen. Manche Klienten erlebten zwischen den Leben sogar die Umkehr des Wirbels, ein

Klient sah einen Fluß, der seine Richtung geändert hatte, in Wirklichkeit hatte er seine eigene innere Richtung geändert, er bewegte sich nicht mehr weg von der Erde, sondern bereits zur nächsten Inkarnation zurück.[*]

"Zwei Seelen wohnen, ach, in meiner Brust", das verstehen wir nun auch ganz esoterisch, wir erleben es ganz rein und klar zwischen Geburt und Tod. Wie anders sollen wir auch Entscheidungen treffen, etwas wollen oder nicht wollen, für oder gegen etwas sein, wenn wir diese zwei Prinzipien nicht ganz intim in uns hätten? Diese beiden Prinzipien, vor oder zurück, aktiv oder passiv, brauchen wir unbedingt, auch wenn die dauernde Unruhe, die in uns herrscht, manchmal zuviel wird. Nun erfassen wir als Handleser die Wirbel und damit die Verschiedenheit von rechts und links schon besser.

Doch warum geschehen diese Bewegungen in sich drehenden Wirbeln? Warum gleiten oder wünschen wir uns nicht einfach gradlinig von A nach B? Auch hier ist mein Erklärungsvorschlag denkbar einfach. Wenn man einen Kreisel dreht, kann sich dieser von selbst stabilisieren. Alles, was schnell gedreht wird, richtet sich nach einer inneren Achse, denn der Drehimpuls wird erhalten. Dieses System wird auch im Kreiselkompaß benutzt, in dem sich ein inneres Teil dreht und anzeigt, wenn es aus der Achse geht. Dieses Prinzip gilt auch im Menschen, er hat ein eigenes inneres Orientierungssystem, das ihn von äußeren Faktoren unabhängig macht. Wohl deshalb beginnt bereits das Ei im Uterus nach der Befruchtung linksherum zu kreisen. Die zwei DNS-Spiralen unserer Gene umarmen sich in einer Gegendrehung. So entsteht vermutlich bereits jetzt ein Urgefühl von rechts und links, innen und außen, männlich und weiblich, das uns ein ganzes Leben lang begleiten wird. Deshalb ist es auch so schwierig, Linkshänder in Rechtshänder umzuerziehen. Ihre innerste Achse muß dabei umge-

---

* vgl. Werner Koch, Reinkarnation, Heilung aus der Vergangenheit, Kap.: Der Tod in der Rückführung, S.132ff

dreht werden. Im Kundalini-Yoga werden diese gegeneinander versetzten Wirbel als zwei Energie-Schlangen dargestellt, die sich in uns ebenfalls um eine innere Achse drehen. Die eine wird als männlich, die andere als weiblich gesehen (Ida- und Pingala-Nadi). [*] Halten wir fest: Ohne diese inneren Wirbel hätten wir kein unabhängiges Orientierungssystem, kein Gefühl für das, was wir wollen oder nicht. Auch unser Zeitgefühl könnte ohne Drehungen in uns nicht existieren, denn wie sich die Planeten um uns drehen, dreht sich auch etwas in uns. Wir tragen also eine Art Kreiselkompaß in uns, weil unsere genetischen Erbanlagen (DNS) in einem doppel(!)strängigen Wirbel angeordnet sind . Die scheinbar banale Rechts-Links-Verschiedenheit ist also der Ausdruck einer ganz tief wirksamen inneren Steuerungstechnik. Auch meine Klienten berichteten von Phantasiereisen, in denen sie sich als Adler schwebend erlebten: Links empfanden sie eine unermeßliche Freiheit, nach rechts spürten sie die Verpflichtungen und Zwänge, aber auch die Verlockungen des Irdischen und Materiellen.

Es ist eine wirklich grundsätzliche Frage, was die Welt und uns Menschen steuert. Deshalb reagierte die Kirche so sensibel auf das Weltbild des Galilei und verfolgte Handleser und Wahrsager. Sie wollte sich ihre Erklärungsmodelle des Daseins nicht aus der Hand nehmen lassen. Je natürlicher (Galilei, Darwin) solche Orientierungsmodelle wurden, umso mehr nahm die Macht der Kirche ab. Im Osten dagegen wurde versucht, die innere Spaltung des Menschen (Unruhe) zu überwinden, deshalb wirbelten die Derwische so lange (mit ausgestreckten Armen!), bis die innere Exstase erreicht war. Im Buddhismus sah man im Bild des Diamantkeils (Vajra bedeutet Klarheit und Einheit) meditative Befreiung und Erlösung. Schiwa vereinigt in Indien in einem längsgeteilten Körper (männlich und weiblich) lächelnd diese Gegensätze. Es ist das Verdienst des Handlesens, für viele Menschen die Problematik rechts/links, männlich/

---

*Siehe auch die Erfahrung dieser beiden Schlangen in meinem Buch 'Das Atem-Heilbuch', S.112ff.

weiblich, Mars/Venus, Anlage/Durchsetzung als Teile unseres inneren Aufbaus darzustellen und bewußt zu machen. Intuitiv hat man höchste spirituelle Erkenntnisse in die Hand hineingelesen - und dann individuell für den Klienten nützlich interpretiert. Bei einer Frau bemerkte ich, daß die Finger ihrer linken Hand deutlich länger als die der rechten Hand waren. Dazu fiel ihr plötzlich ein, daß auch ihr linkes Bein länger war ... Alles gehört zusammen ... So sind manche Menschen 'rechtsgestrickt': handeln sie im Grundsinn ihres Hauptwirbels richtig, d. h. rechtens, dann fühlen sie sich wohl. Sie suchen Sicherheit und Ordnung. 'Links drehende' Menschen lieben die Nacht und das Chaos. Für sie ist das Neue und das Ungewohnte erstrebenswert. Auch die charismatische Königsschleife des Jupiterfingers ist meist nur auf der rechten Hand zu finden. Doch halten wir fest: Wir drehen rechts und links, wir haben eine rechte und eine linke Hand. Diese grundsätzliche Aufteilung der Hand stelle ich im folgenden dar:

Ich und Welt - Innen und Außen in der Hand

Hinweis: Im weiteren Verlauf des Buchs nenne ich die Daumenseite (sonst auch radiale Seite genannt) der Hand die Innenhand, die Seite des kleinen Fingers (sonst auch ulnare Seite oder Perkussion genannt) die Außenhand. Mein erster Blick in eine Hand gilt dieser Unterteilung. Sie bestimmt unser Schicksal auf dieser Erde, das von der Interaktion unserer Ich-Kräfte (in der Daumenseite = Innenhand angesiedelt) mit den Kräften der Außenwelt (symbolisiert in Gesellschaft, Familie, Arbeit und geistigen Zugehörigkeiten) geprägt ist. Die Kräfte, mit denen wir dieser Außenwelt begegnen, drücken sich in der Außenhand aus. Wir verstehen also unsere Kräfte der Innen- und Außenhand zunächst jede für sich, um danach eine Synthese der beiden Teile einer Hand zu bewirken.
Die Innenhand beginnt mit dem Daumen *(Abb. 1a)* und erstreckt sich zur Mitte des Mittelfingers *(Abb. 1c)*. Hier beginnt die Außen-

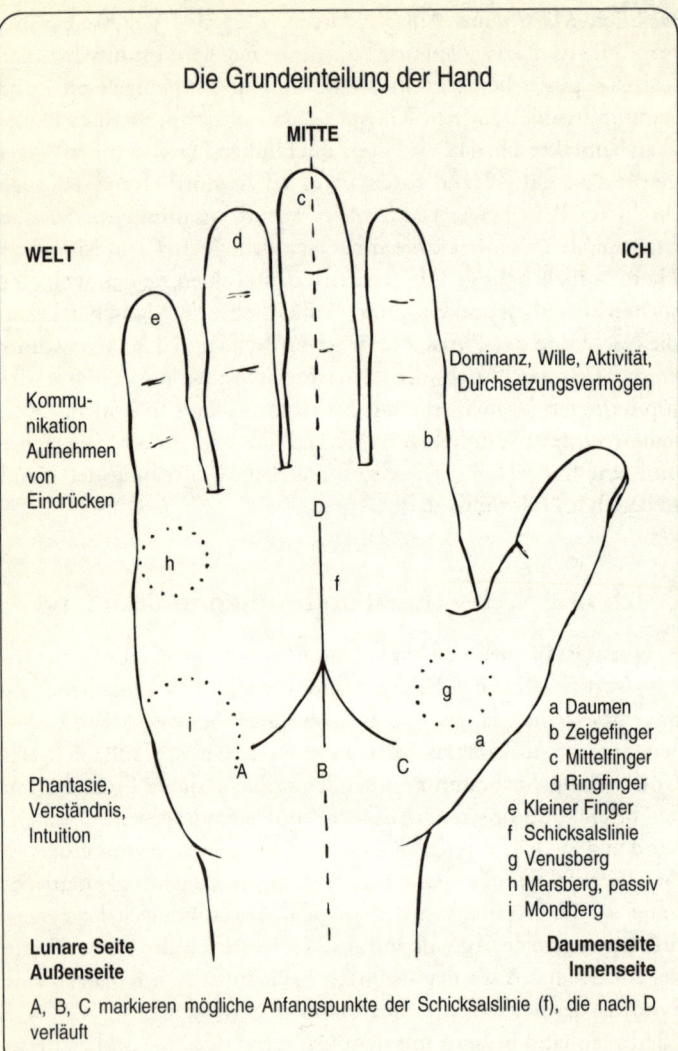

Die Grundeinteilung der Hand

MITTE

WELT

ICH

Dominanz, Wille, Aktivität,
Durchsetzungsvermögen

Kommu-
nikation
Aufnehmen
von
Eindrücken

Phantasie,
Verständnis,
Intuition

a Daumen
b Zeigefinger
c Mittelfinger
d Ringfinger
e Kleiner Finger
f Schicksalslinie
g Venusberg
h Marsberg, passiv
i Mondberg

Lunare Seite
Außenseite

Daumenseite
Innenseite

A, B, C markieren mögliche Anfangspunkte der Schicksalslinie (f), die nach D
verläuft

Abb. 1

hand, die bis zum kleinen Finger *(Abb. 1e)* und zu den Bergen von Mars (passiv) *(Abb. 1h)* und Mond *(Abb. 1i)* verläuft. Die zu Recht so benannte Schicksalslinie *(Abb. 1f)* verbindet meist einen Punkt D unter dem Mittelfinger in Längsrichtung der Hand mit einem Punkt B oder mit den Positionen A oder C. Die Schicksalslinie kann auch nur teilweise oder überhaupt nicht vorhanden sein, darauf gehe ich später ein.

Die Einteilung Innenhand und Außenhand kann man leicht verstehen, und alle Handleseschulen stimmen in ihren Deutungen grundsätzlich überein. Der Daumen steht für den Willen des Ich, hier sei nur an die Geste eines römischen Imperators (Daumen nach unten bedeutete den Tod eines Gladiators) erinnert. Der Venusberg *(Abb. 1g)* ist dabei anatomisch das erste Glied des Daumens und unterstützt diesen mit seiner Kraft. Der Zeigefinger *(Abb. 1b)*, auch Jupiterfinger genannt, steht für Belehrung oder die Beherrschung. So soll Napoleon einen besonders langen Jupiterfinger gehabt haben. Nach oben gestreckt signalisiert er in allen Kulturen: "Ich habe etwas zu sagen." Der Mittel- oder Saturnfinger *(Abb. 1c)* nimmt eine Mittelstellung ein, die für Überlegtheit, Abwägung, auch Melancholie steht, die ja leicht eintreten kann, wenn man sich zu viele Gedanken macht oder der Welt zu bewußt begegnet. Wer in der Mitte steht, wird oft von streitenden Parteien bekämpft. In Saturnfinger und Schicksalslinie *(Abb. 1f)* erspüren wir also die Problematik der Mitte.

Danach werden die Interpretationen wieder eindeutig, indem wir uns der Außenhand zuwenden. Der Ringfinger *(Abb. 1d)*, auch der 'schöne Finger' genannt, steht für Kunst, Bildung und Reichtum. Diese Zielrichtungen verweisen auf kollektive Mechanismen. Man kann alleine und isoliert schlecht Künstler oder reich oder gebildet sein. Dazu braucht man andere Menschen, deshalb ordnet man sich in gesellschaftliche und kulturelle Zusammenhänge ein. Der kleine Finger *(Abb. 1e)* dominiert nicht, er wird eher einmal beim Hochheben einer Tasse pretiös und etwas kokett abgespreizt und signalisiert genau das: Hinwendung nach außen, Suche nach Beachtung und

Kommunikation. Die Berge der Außenhand möchte ich auch nur kurz in ihrer Bedeutung anreißen: Sie verweisen auf Qualitäten wie Intuition, Informationen aus dem Unbewußten oder aus früheren Leben *(Mondberg, Abb. 1i)* oder Durchhalten bzw. beharrliches Aussitzen *(Marsberg, passiv, Abb. 1h)*, was uns in der Vielfalt der weltlichen Dinge oft abgenötigt wird. Man muß durchhalten und intuitiv seine Chance wittern und suchen. So zeigen sich nun in der Daumenseite aktive, fast vulkanische Kräfte, die das Ich antreiben, während auf der Außenseite diese Kräfte von der Welt integriert werden und sich mit der Vielfalt der Möglichkeiten verbinden. Ich formuliere etwas überspitzt, damit man auch wirklich den Gegensatz von Kräften versteht, die einerseits ichbezogen und selbstherrlich übersteigert sein können (Napoleon, Imperator), andererseits verbindlich wirken, wie es die Rolle eines Moderators im Fernsehen vorschreibt, der zwar Kontakt zu seinen Gästen haben, sie aber gewiß nicht dominieren soll.

Diese Dualität von selbstherrlichem und verbindlichem Verhalten ist sehr wichtig, und wir sollten auch die innere Dialektik gut verstehen. Ichbezogene Menschen unterliegen oft ihren Erfolgszwängen und können sich und andere sehr unglücklich machen, wenn die Kräfte der passiven Weltseite nicht mäßigend wirken. Denn im Aufgehen in der Welt befreien wir uns auch, indem wir sie verstehen und uns intuitiv statt herrisch mit ihr verbinden. Daher hat es seine Berechtigung, wenn Gertrud I. Hürlimann den Daumenballen *(Abb. 1g)* dem Prinzip männlich, Sonne, Löwe (statt Venus) zuordnet. Damit kann man sich eine ausgewogene Aufgabenverteilung zum Gegenüber in der Hand, dem Mondberg *(Abb. 1i)*, vorstellen.

Mir kommt es hier besonders auf das innere Verständnis des Aufbaus der Hand an, ohne das das Handlesen eine simple Wiederholung angelernten Wissens wäre. Wir müssen zunächst die Oppositionen erfühlen, bevor wir zur Synthese schreiten.

Halten wir also fest: Man kann sich sehr groß fühlen (Innenhand), aber in der Verbindung mit der Welt (Außenhand) ist man einer von

Milliarden Menschen und relativ unbedeutend. Selbst die größten Ich-Menschen haben es nicht geschafft, die Welt zu besiegen - und sich selbst haben sie ebenfalls nicht beherrschen können, was bekanntlich ja genauso schwierig ist. Ich fasse die Opposition Innenhand/Außenhand wie folgt zusammen:

Die Kräfte der Innenhand (Ich) stehen für die Sonne, das Handeln (actio), Spontaneität, Dominanz, das männliche Prinzip, das Nützliche. Sie können im Übermaß zerstörerisch wirken, wie auch die Sonne alles verbrennen kann. Hier treffen wir auch das rechte Prinzip wieder.

Die Kräfte der Außenhand (Welt, Du-Beziehung) stehen für das Mondprinzip, für Einordnung, Passivität, intuitives Erspüren von Vielfalt, Passivität, aufnehmende, rezeptive Verhaltensweisen, das weibliche Prinzip (reactio), sie können im Übermaß lähmend wirken und sie in Abhängigkeit vom Außen halten. Diese Haltung spiegelt den Effekt der Linksseitigkeit wider.

Es ist also wichtig, zuerst die fundamentale Trennung von Innen- und Außenhand, von männlichem und weiblichem Prinzip, von Sonnen- und Mondeigenschaften zu verstehen. Es ist im Grunde die gleiche wichtige Unterscheidung von *rechts* und *links*. So arbeitet die Daumenseite der Hand mit den aktiven Kräften der Orientierung, die wir in der rechten Hand spüren.

Die Weltseite repräsentiert dagegen das Gefühl 'links'. Vielleicht ein Beispiel aus dem Boxsport: Ein Rechtshänder benutzt die linke Hand, um den Gegner zu beschäftigen und um sich mit vielen kleinen Schlägen bei ihm 'einzufühlen'.

Die rechte Hand wird nur auf Wirkung eingesetzt, sie soll voll treffen und niederschlagen und hat daher wenig mit 'vorbereitender Psychologie' zu tun. Bei einem Linkshänder ist die Wirkungsweise der Fäuste genau umgekehrt. Oder in einem friedlicheren Beispiel, wenn ich in Kommunikation mit Klienten, Freunden, Büchern etc. Material zum Schreiben aus einer Vielfalt von Informationen herausfiltere, habe ich das Gefühl, ich aktiviere den Mondberg, meine Intuition und öffne mich für unterbewußte Energieströme. Wenn ich schreibe, tue ich das mit rechts, das Material soll praktisch fixiert werden, es soll nützlich, klar und direkt sein und in Kapitel 'abgefüllt' werden. Da bemühe ich mich, 'treffend' darzustellen. Mit meiner weiblichen Mondseite empfange ich Andeutungen und Ahnungen, über die männliche Sonnenseite werden diese Einflüsse von außen verdichtet und praktisch materialisiert. Nun wird man verstehen, daß in meinen beiden Händen das Verhältnis von Innenhand und Außenhand sehr ausgewogen ist, was sich früher oft in einem Gefühl von Gespaltensein sowie von Hin- und Hergerissensein äußerte.

Nach meinen Erfahrungen ist es ein mühsamer Prozeß, die in der Hand angedeutete Mitte auch tatsächlich zu finden. Die Verbindung rechts/links, innen/außen, Ich/Welt kann im Idealfall wunderbar harmonieren, sie soll aber nicht die grundsätzliche Verschiedenheit von rechts und links, innen und außen usw. zudecken. Denn ohne diese Verschiedenheit wären wir orientierungslos.

Beachten wir also den Unterschied von rechts und links beim Handlesen. Die eine Seite ist vital, aktiv und praktisch, sie motiviert, es ist die Macherqualität, die auch kontrolliert. Die andere Seite ist ein gleichwertiges Gegenprinzip. Sie verkörpert Loslassen, Intuition, Unabhängigkeit, aber auch Unbezähmbarkeit.

Einmal fand ich den Ausdruck: "Wir tragen den Tod zur Linken", demnach steht links für Auflösung, Frieden, Sehnsucht, Transzendenz. Rechts motiviert dagegen zu Aktivität, Willenskraft, aber auch Verkrampfung und Erschöpfung im Kampf mit der Materie.

Probieren wir das mit einer kleinen Übung aus: "Daumen drauf!" Wenn ich mit der rechten Hand den Daumen fest auf den Tisch drücke, habe ich das Gefühl, ich unterdrücke etwas, (die Energie geht gegen den Tisch), mit dem linken Daumen habe ich den Eindruck, die Energie geht umgekehrt, etwas (der Tisch) drückt gegen mich. Bin ich etwas erschöpft, habe ich manchmal auch das Gefühl, ich kann keine Energie in den Tisch fließen lassen, dann drückt der Tisch gegen meinen rechten Daumen. Dann weiß ich, die Welt-Energie ist stark und meine psychologische Selbstbehauptungsenergie ist schwach.

Es geht hier also nicht um die Frage, ist man Rechts- oder Linkshänder, sondern darum, daß das Prinzip rechts und links überall vorkommt, die ganze linke Körperhälfte ist links, Teile der linken Hand (Daumen etc.) sind aber wieder rechts und verkörpern den linken (passiv angelegten) Willen. Nur unser Bewußtsein steht in einer vermittelnden Position und verarbeitet Anstöße aus beiden Lagern. So steht unsere Schicksalslinie *(Abb. 1f)* in einer Mittel-position. Unser Herz schlägt links... Die Lehre von den sich wieder-

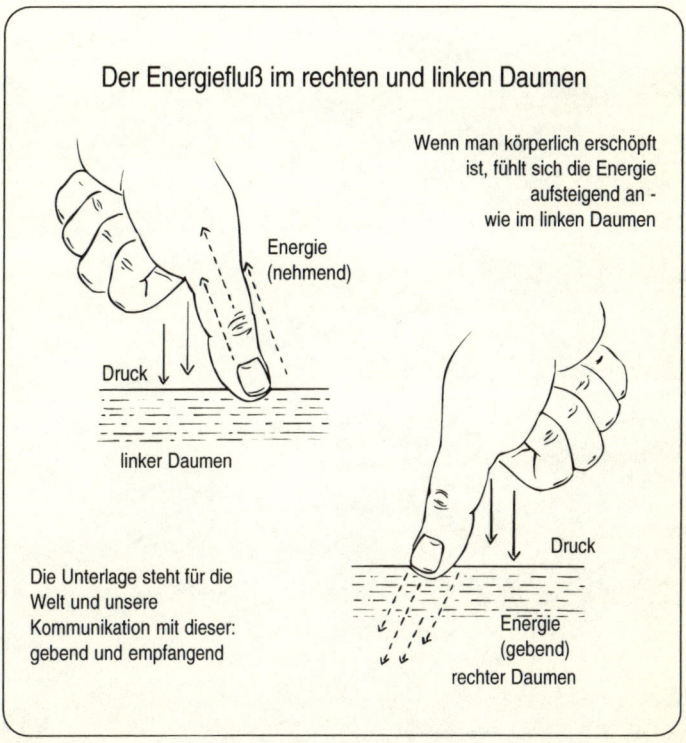

Der Energiefluß im rechten und linken Daumen

Wenn man körperlich erschöpft ist, fühlt sich die Energie aufsteigend an - wie im linken Daumen

Energie (nehmend)

Druck

linker Daumen

Die Unterlage steht für die Welt und unsere Kommunikation mit dieser: gebend und empfangend

Druck

Energie (gebend)

rechter Daumen

Abb . 2

holenden Proportionen, die alles in Zusammenhang bringen, wobei nichts mehr eindeutig scheint, sei im anschließenden Kapitel darge-stellt.

Die Proportionen der Hand

Objektives Gesetz und subjektives Urteil

Unser Leben besteht nicht aus getrennten Tatsachen, sondern aus Entsprechungen. ("Correspondances" heißen diese in dem berühmten Gedicht von Charles Baudelaire.) Als geistig suchender Mensch muß man sich zu neuen Dimensionen aufmachen und Kleinlichkeiten und Begrenztheit überwinden. Dazu gehört insbesondere das altgewohnte subjektive Isolieren von Einzelheiten aus der Gesamtheit, ohne auf ihre Entsprechungen zu achten. Doch was sind und was bedeuten Proportionen? Diese Frage möchte ich klären, bevor wir diese Proportionen selbst analysieren wollen.

Der russische Mystiker Gurdjieff war ein Meister der Harmonie und Ganzheit, die er jedoch, und das ist das besondere an ihm, objektiv zu betrachten lehrte. Dazu erzähle ich eine interessante Anekdote von diesem außergewöhnlichen Menschen. Um 1910 geschah dies in Moskau: Ein Bekannter Gurdjieffs, ein Bildhauer, wunderte sich über die seiner Ansicht nach zu spitze Nase einer Statue des Dichters Gogol. Er suchte eine Erklärung dafür und fand die Totenmaske des Dichters. An dieser Maske hatte sich an der Nasenspitze eine Luftblase gebildet, die beim Abguß unbemerkt geblieben war und nun den Abdruck verfälschte. Doch der Künstler, der sich über seine Entdeckung freute, wurde von Gurdjieff korrigiert. "Eine solche Angelegenheit ist keine Sache der Ästhetik oder der Rechthaberei", meinte Gurdjieff sinngemäß, "sie kann uns vielmehr die Gesetze der Proportionen zeigen. Die Nase hätte nicht nur vom Rest der Maske rekonstruiert werden können, sondern von der Nase alleine hätte man den ganzen Körper wieder formen können." Und Gurdjieff erklärte später einem Schüler: "(...) der die Maske abgoß, ließ sich von seinem persönlichen Gefühl leiten, daß die Maske korrekt abgenommen wurde, der Bildhauer ließ sich von seinem persönlichen Verdacht leiten, daß das Profil verunziert war, aber beide interessierten sich nicht für das Gesetz der Proportionen, sondern für ihre individuellen Mutmaßungen und Gefühle." Das Gesetz der Proportionen nach Gurdjieff übersteigt das Individuelle, wir können es 'primär' nennen. Das Individuelle ist seinerseits wieder den großen Proportionen entsprechend gegliedert, es ist jedoch von den primären Formen abhängig.

Die Handleserin Katherine St. Hill sah ebenfalls zu Beginn des Jahrhunderts im Britischen Museum griechische Statuen (darunter Ajax) und wunderte sich über deren spatelförmige Finger, die nicht zu den athletisch-kompakten klassischen Körpern paßten. Doch dann fand sie eine kleine Notiz an den betreffenden Skulpturen: "Gliedmaßen restauriert." Auch sie spürte, daß hier die Proportionen nicht stimmten. Dies zeigt: die großen Proportionen, deren Verkörperung wir sind, stimmen immer, aber es handelt sich hier um keine individuelle Leistung, eher um eine harmonisch korrekte Schwingung all unserer Einzelheiten mit dem universalen Gesetz.

Gurdjieff betonte, daß, wenn man den oktavmäßigen Aufbau der Welt betrachtet, man nicht triumphieren soll, wenn man solche Gesetze erkennt, sondern sie als das verstehen soll, was sie sind, simple, objektive Regeln, die das Universum einen. Das unterscheidet die Weltanschauung Gurdjieffs von dem wissenschaftlichen Weltbild, wie es hierzulande üblich ist. Auch hier hat man erkannt, daß man von einem Beckenknochen eines frühmenschlichen Wesens dessen gesamten Körper nachbilden kann oder daß Speichel oder Sperma den gesamten genetischen Abdruck des Spenders enthalten. Doch statt die so eindrucksvoll erwiesene Einheit allen Seins zu bewundern, veröffentlicht, streitet und spekuliert man über immer neue Theorien, und die Wissenschaftler halten sich subjektiv für große Kapazitäten, ohne zunächst einmal neidlos die Größe und die Harmonie der Natur anzuerkennen, die ihre Entdeckungen erst ermöglichte!

So ist auch die Hand kein nur auszuwertender Informationsträger, sie ist lebendiges Ergebnis und Fortführung der Pläne des gesamten Kosmos und entspricht allen objektiven Gesetzen seiner Proportionen. Dabei ist jeder Mensch Ausdruck dieses unseres Kosmos. Er hat das Recht, innerhalb seiner Proportionen so zu sein, wie er ist. Wir sollten eine objektive Betrachtungsweise der Gesetze in seiner Hand annehmen, ohne uns von ihr zu distanzieren, wenn diese Hand unseren subjektiven Idealen nicht entspricht. Ich finde es daher menschenverachtend, wenn Chirologen voller Empörung aus Händen z. B. die Information entnehmen, hier handelt es sich um einen "geistig geschädigten, degenerierten, impulsiven Menschen, mit geringer nervlicher Widerstandskraft, der ungebührlich (!) nachsichtig gegen sich selbst ist." (Dr. Charlotte Wolff). Wenn sie dem Armen schon Schwachsinn bescheinigt, dann kann sie nicht von ihm verlangen, daß er sich mehr zusammenreißen soll! Manche meiner Klienten berichteten, sie hätten sich Bücher zum Thema Handlesen gekauft, aber sie hätten sie nicht lesen können, so verurteilend und voller Verachtung und Herabsetzung gegenüber den Menschen, deren Hände diskutiert wurden, waren sie. Ein weiteres Beispiel möge genügen: Ursula von Mangoldt bescheinigte einem Landwirt u. a.: "Einseitige, primitive Lebenseinstellung, vegetativer, unproblematischer Selbsterhaltungstrieb, jede Bindung fehlt, dazu unreale Wünsche, aus denen sich eine latente Besessenheit entladen kann, die zu unüberlegten Handlungen und Taten drängt. Diese Handlungen sind gewaltsame Entspannung geballter, zurückgestauter Impulse, die ohne Ziel und ohne Hemmung elementaren Aggressionen entspringen ..." Die privaten Aversionen der Autorin gegen diesen ihrer Ansicht nach primitiven Menschen sind so deutlich, wie die Primitivität selbst, die sie ihm unterstellt. Natürlich gibt es unsympathische Menschen, die brutal und gemein und primitiv sein mögen, aber sind sie denn so viel 'anders' als wir, die guten, lieben Menschen mit Interesse für das Höchste? Ich habe noch kaum eine esoterische Gemeinschaft ohne Streit um Nebensächlichkeiten erlebt. Es ist erwiesen, daß das genetische Material des Menschen sich nur in drei Prozent vom ansonsten gleichen Material

33

eines Gorillas unterscheidet. Wenn Gurdjieff sagt, daß der Aufbau der Welt objektiv ein ganz bestimmter ist, so ist sein Ziel nicht, darüber Lehren zu verkünden, sondern uns vielmehr die Arbeit zu ersparen, gegen Dinge zu sein, die nun einmal so sind, wie sie sind. Genau gesehen verbringen viele Menschen die längste Zeit ihres Tages damit, der Welt Bedingungen zu stellen. Das Wetter, der Partner, die Politik, alles soll sich ihren Wünschen fügen. Mich stört kein schwachsinniger oder aggressiver Mensch, mich stört eher die Forderung, daß er anders sein soll. Als Handleser, der die Wirklichkeit sehen und nicht seine Vorurteile bestätigen will, ist man dieser Gurdjieffschen objektiven Betrachtungsweise verpflichtet. Sie zeichnet auch alle anderen spirituellen Lehrer aus, die eine Weisheit verkörpern, die nicht nach den Regeln von Gebrauchsanweisungen geschieht.

Gerade hier 'sündigen' manche Autoren von Handlesebüchern, indem sie gesellschaftliche Vorurteile und eigene Ängste unkontrolliert in die Hände ihrer Klienten hineinlesen. Alles, wovor sie zurückscheuen und wovor sie Angst haben, das lehnen sie in den Händen, die sie beurteilen, sehr stark ab. Schwachsinn, Debilität, Mongolismus finden sie irgendwie furchtbar, gleichzeitig suchen sie mit Eifer gerade solche Hände, in denen sich dieses abzeichnet. In manchen Handlesebüchern sind mehr kranke und abnorme Hände porträtiert als schöne und gesunde! Sie reflektieren die diesbezüglichen Ängste der Autoren vor Krankheit, Chaos, Umnachtung, Zerrissenheit. Gegen diese Ängste ist nichts zu sagen, denn sie sind subjektiv berechtigt, aber man soll sie nicht zum Maßstab seiner Wertungen machen. Diese Wertungen werden dann nämlich zu subjektiven Bedingungen, die man der Welt stellt, so soll sie sein!

Ich möchte mich da nicht ausnehmen, denn auch ich mußte herausfinden, daß meine gesamte geistige Suche zunächst darin bestand, der Welt meine Bedingungen zu präsentieren. Dies ist natürlich auch wieder ein allgemeines Phänomen, das objektiv zu betrachten ist: Viele Menschen suchen sich einen Meister, der erleuchtet und allwissend sein soll, aber sie merken dabei nicht, wie kritisch und gierig und voller unerfüllbarer Anforderungen sie selbst noch sind. Gurdjieff benahm sich oft absichtlich so, daß seine Schüler entsetzt über sein Verhalten waren. Wenn sie dann davonliefen, lachte er nur. Wenn sie IHN schon nicht akzeptieren konnten, wie viel weniger konnten sie ihren subjektiven Wertungen sich selbst gegenüber entkommen! Dann suchten sie einen neuen Meister, der weniger trank und weniger Spaß mit Frauen hatte, der sich heiliger und perfekter gab. Den konnten sie dann in aller Ruhe verehren - ohne dabei die eigenen Schatten noch zu sehen. Wenn wir Gurdjieffs Ansatz übernehmen, betrachten wir die Besonderheiten einer Hand als Ausdruck objektiver Gesetze, die sich individuell in der Hand zeigen und erfüllen. Auch wenn die Proportionen einer Hand individuell gestört sein sollten, ändert dies nichts an der Absolutheit dieser Gesetze. So bemühen wir uns um einen 'objektiven' Standpunkt.

Handlesen ist ein intimer Einblick sowohl in die inneren Abläufe der Psyche eines Menschen als auch in die objektive Ordnung, die uns alle verbindet. Das Individuelle ist immer auch Variante des Immer-Gleichen. Vor diesem Immer-Gleichen (man kann es Existenz, Gott oder die Natur nennen) haben wir uns zu verbeugen. Es ist ein großer Vertrauensbeweis, wenn ein Mensch uns erlaubt, in seine Hand zu blicken. Dabei sollten wir unsere eigenen kleinlichen Urteile und Ängste ablegen. Nur mit allem Respekt für das Ganze dürfen wir uns daran machen, Unterschiede und gewisse Gewichtungen festzustellen, was wir im folgenden tun wollen.

'Wie oben so unten', wie ein Teil so der andere. In der Handlesekunst kommt dies gut zum Ausdruck, denn die meisten Autoren in der Literatur bemühen sich, Linien, Berge und Formen im Zusammenhang zu sehen. *Eine* gute Linie wirkt sich auf *alle anderen* Linien aus. Eine gute Kopf- oder Herzlinie stärkt die ganze Hand, sie stärkt den ganzen Menschen und, füge ich hinzu, sie stärkt die Menschheit, sie stärkt das Universum! Eine gute oder ungute Tat durchdringt nicht nur den ganzen Menschen, sondern den ganzen Kosmos und bleibt für immer und ewig erhalten! Begeben wir uns also beim

Handlesen in den Rahmen und in die Obhut dieser kosmischen Gesetze, deren Strukturen wir sowieso verkörpern!

Die kosmischen Dimensionen Erde, Mensch, Himmel in unserer Hand

Es ist also wichtig, beim Handlesen nicht zu sagen: "Du bist so oder so", sondern zu verstehen, daß hilfreiche kosmische Gesetze die Hand gestalten, d. h. die Schöpfung bringt ihre Regeln in dir so oder so zum Ausdruck. Und wenn du nicht mehr gegen diese unabänderlichen Grundsätze wie Sexualität, Rechts-Links-Verschiedenheit, Wacherleben/Traumdasein etc. ankämpfst, wirst du frei sein ...

Diese kosmischen Gesetze muß man jedoch kennen, bevor man sie anerkennen kann und zur Arbeit an individuellen Aspekten übergeht. Neben den bereits erörterten Entsprechungen von links und rechts, Ich-Faktor und Du-Beziehung ist die Dreiteilung Körper, Seele, Geist oder in anderen Worten Erde, Mensch, Himmel die wichtigste kosmische Proportion, die uns bestimmt. Sie ist in den meisten Religionen 'das Maß aller Dinge' und liegt den Bemühungen um Erkenntnis fast aller Suchender dieser Welt zugrunde. In diesem Sinn fordern die meisten Praktiken aller Religionen den Menschen dazu auf, sich im Gesamtrahmen der Schöpfung zu erkennen, d. h. man kann erst dann glücklich sein, wenn alle Wesen dieser Welt an diesem Glück teilhaben. Im Westen sucht man jedoch zumeist individuell nach Glück oder Vergebung der Sünden. Dadurch hat die Gesellschaft im Westen eine grundsätzlich andere Entwicklung genommen als die Gemeinschaften im Osten. Dort fußt man noch auf uralten allgemein gültigen Traditionen von Menschenkenntnis, Astrologie, Physiognomie (Lehre vom Gesicht) und Handlesen, die hier durch die individuell zentrierte Theologie des Christentums unterdrückt und verfolgt wurden. Die ältesten Weisheitsbücher des Ostens gehen bis ins dritte Jahrhundert vor Christus zurück und sind heute noch in Gebrauch. Sie sehen den

Menschen in einer generell göttlichen Natur eingebettet, deren Teil er auch ist. So ist man im Osten eher bereit, allgemeine (natürliche, körperliche) Faktoren als relevant für den Ablauf des menschlichen Schicksals auszusöhnen. Im Westen ist dies leider anders. Der Mensch sieht sich in der Regel persönlich einem künstlich überhöhten Gott ausgeliefert, der gnädig oder zornig entscheidet, ob er in Paradies oder Hölle aufgenommen wird. Selbst wenn man heute nicht mehr wörtlich an solche Dinge glaubt, geblieben ist dem westlichen Menschen die Einstellung, daß er ein isolierter Einzelkämpfer in einer Welt ist, die ihm letztlich fremd bleiben wird. Er fühlt sich weniger elementar in die Welt eingebunden und lebt weniger flexibel und vertrauensvoll als die Menschen des Ostens, wenn etwas einmal nicht planmäßig verläuft. Für die Menschen im Osten ist das Heilige oft mit Freude und Spaß verbunden (Chinesisches Neujahrsfest, Holi-Fest in Indien), die Tempel sind Plätze öffentlicher Begegnung, von Handel und Wandel. Hierzulande wird das Heilige leider meist als etwas Ernstes, Forderndes erahnt, das mit unseren kleinen Sünden unvereinbar ist, oder man klammert es ganz aus: Kirche, Gott, Himmel in mir? Nein danke, das belastet nur.

Entsprechend wird auch die Triade Materie, Seele, Geist erfahren. Man betont noch die Belastung und Schwere der Materie, welche nur Fessel und irdische Gebundenheit zu bedeuten scheint. Hier wurzeln unsere unkontrollierbaren bösen Triebe, die uns in die Irre führen können. Mit der Seele kommen wir zwar auf andere (bessere) Gedanken, aber wir stoßen auf ein neues Hindernis: unsere Naturverhaftung und das animalische Erleiden unserer Körperlichkeit. So bleibt uns dann nichts anderes übrig, als uns aus reiner Not dem Geistigen zu öffnen. In einer Art Evasion oder Weltflucht wenden wir uns dann endlich dem Ewigen und einer nicht mehr faßbaren erhabenen Freiheit zu. Dieses Szenario scheint bestimmt durch individuellen Kampf, Entsagung, Selbstüberwindung, und Materie, Seele und Geist scheinen einander auszuschließen und fast feindlich gegenüberzustehen. Wie unnatürlich dies ist, zeigt die einfache Betrachtung eines Baums. Seine Wurzeln halten ihn in der Erde und erlauben den höchsten Blättern und Ästen, sich dem Himmel zu nähern. Alles ist eins. Das schwere, erdige Element ist die Voraussetzung dafür, daß der Baum himmelwärts strebt. Der westliche Mensch fühlt sich jedoch zerrissen in einem Lebenskampf zwischen Himmel und Erde, wenn er nach diesem getrennten Modell leben muß, weil er es nicht anders kennt.

In der indischen Philosophie, die auch eine Psychologie ist, klingen die drei Begriffe der Triade wesentlich freundlicher und entspannter. Sie heißen Sat-Chit-Anand und bedeuten Sein (alles, was ist), Bewußtsein (die seelischen Wahrnehmungen) und Glückseligkeit (höchste Freude, Entzücken), also etwas durchaus noch Greifbares. In der chinesischen Einteilung finden wir die Begriffe Erde, Mensch und Himmel. Diese Einteilung gilt auch für den Körper, das Gesicht und die Hand.

Die Proportionen wiederholen sich jeweils in uns wie folgt:

Erste Unterteilung: Animalisch, elementar, Erde, Wasser, Beine/ Unterleib, Sexualität, Verdauung, Mondberg, Venusberg, Mund, Kinn, erstes Glied jedes Fingers, 1. und 2. Chakra.

Zweite Unterteilung: Emotional, seelisch, Feuer, Luft, Brustbereich, Herz, Lunge, Solarplexus (Hara), Marsebene, Fingerberge, zweites Glied jedes Fingers, 3. und 4. Chakra.

Dritte Unterteilung: Geistig-ästhetisch, Äther, nichtstofflicher Bereich, Hals über Nase, Augen, Ohren bis Scheitel, Finger, drittes Glied jedes Fingers, 5., 6. und 7. Chakra.

Unsere Hand hat an allen Funktionen von Körper, Seele und Geist Anteil. Die obige Dreiteilung ist im wahren Sinn des Wortes humanistisch: das Göttliche, das Materielle sowie das Bewußtsein finden wir im Menschen, und zwar - unnötig zu betonen - in jedem Menschen. Der Weg zum Geistigen oder Göttlichen führt nicht mehr notwendigerweise irgendwohin, d. h. außerhalb von uns, sondern - wie innen so außen - der Himmel ist auch in uns und in unserer Hand angelegt.

Übertragen wir also dieses Wissen objektiv auf unsere vom Menschen gestaltete Umgebung, so erkennen wir, daß aus dieser

Die Proportionen Himmel, Mensch, Erde

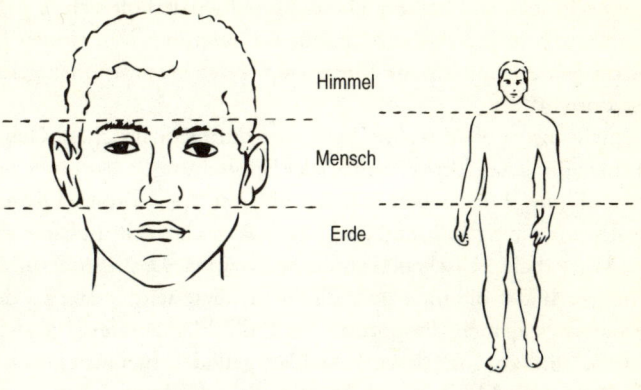

Himmel

Mensch

Erde

Diese Einteilung wird auf alle Körperbereiche angewendet:

Für die Hand:

Für die Finger:

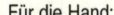
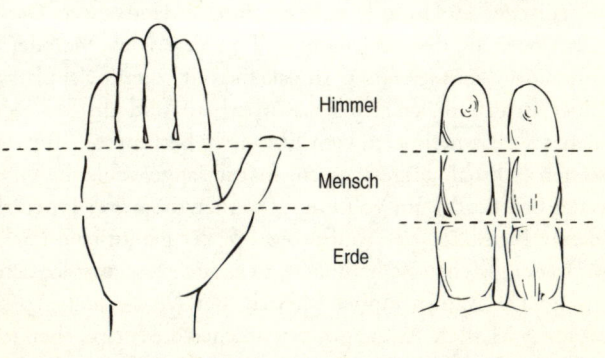

Himmel

Mensch

Erde

Abb. 3

Dreiteilung eine Ganzheit wird, die sich unzählige Male wiederholt. Dies ist auch bei einem Buch der Fall. Da ist erstens das Papier, die Materie, zweitens das Gedruckte, das man liest und erlebt sowie das Bewußtsein des Lesers und drittens die Idee des Autors - auch dies ist eine Einheit in Dreiheit! Diese Einheit wiederholt sich in jeder Zahnbürste, in jedem Auto, in jedem Computer: Wir finden geformte Materie, praktische Nutzung im Erleben sowie einen geistigen Entwurf.

Auch unsere Naturwissenschaft kam auf medizinischem Gebiet zu einer ähnlichen Dreiteilung bei der Erforschung der embryonalen Entwicklung. Hier bilden drei Keimblätter drei Körperschichten, die dann (nach Kretschmer) auch psychologisch zu Grundlagen von drei körperlich-seelischen Grundtypen werden: Das Entoderm des Embryos bildet die innerste Zellschicht, diese wird später zu den Verdauungsorganen (Proportion des Erdig-Elementaren); das Mesoderm wird vom mittleren Keimblatt gebildet, hieraus entstehen das Skelett, die Muskeln und das Blut (Proportion des Menschlich-Emotionalen); das Ektoderm ist die äußere Zellschicht und ist für Haut und Nerven zuständig (Proportion des Geistig-Ästhetischen). Hiervon leitet man drei Grundtypen des Körperbaus ab. Man kennt den Pykniker (gedrungen, rundlich, Fettansatz, kurzer Hals, breites Gesicht), er ist der vom Entoderm bestimmte Verdauungstyp. Dann haben wir zweitens den athletischen Typ, den vom Mesoderm bestimmten Muskel/Gelenktyp (muskelbetont, breite Schultern, geräumiger Brustkorb, stämmiger Körperbau) und drittens den cerebralen, psychästhetischen, vom Ektoderm bestimmten Typ des Leptosomen (schmal, aufgeschossen, mager, lange, schlanke Glieder, flacher Brustkorb). Im Volksmund werden diese drei Typen als 1. das lange Elend, 2. der Kraftprotz, 3. der gemütliche Dicke gesehen. In der gleichen Reihenfolge gibt es auch eine astrologische Zuordnung: Der Saturn-Jupiter-Mensch, der Mars-Apoll-Typ so wie der Venus- Mensch. Auch Sportarten ziehen die entsprechenden Typen charakteristisch an. Den Leptosomen zieht es 'nach oben', er bevorzugt körperlose Kämpfe, bei denen es auf Genauigkeit und Stil

Die Hand als Instrument des körperlich-kosmischen Energieaustauschs

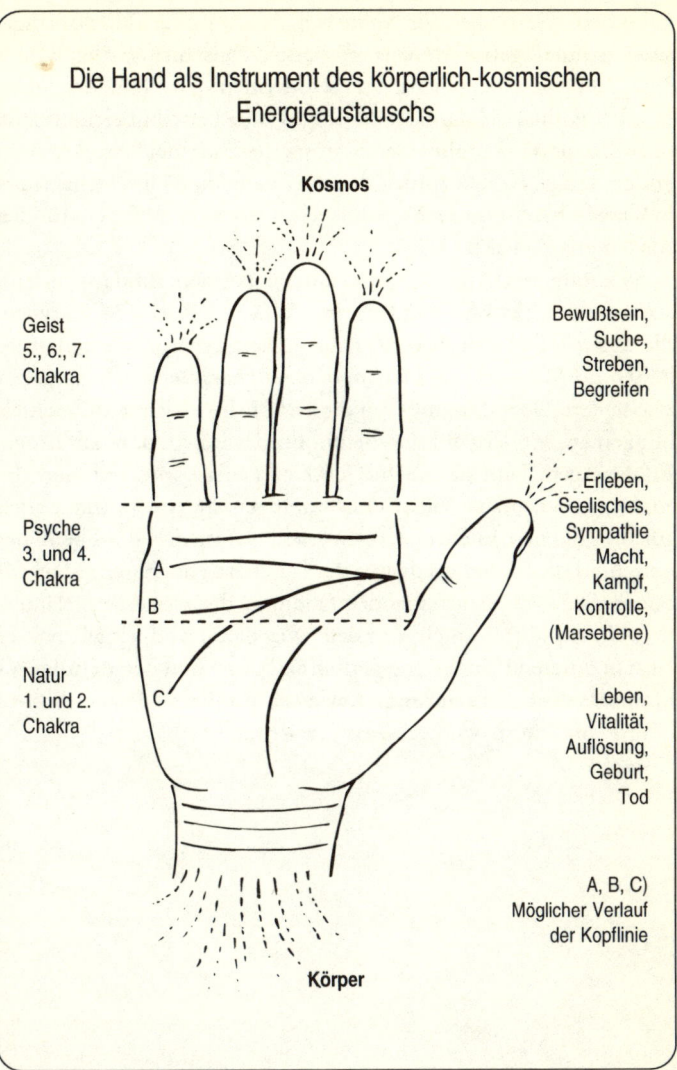

Kosmos

Geist
5., 6., 7.
Chakra

Bewußtsein,
Suche,
Streben,
Begreifen

Psyche
3. und 4.
Chakra

A

B

Erleben,
Seelisches,
Sympathie
Macht,
Kampf,
Kontrolle,
(Marsebene)

Natur
1. und 2.
Chakra

C

Leben,
Vitalität,
Auflösung,
Geburt,
Tod

A, B, C)
Möglicher Verlauf
der Kopflinie

Körper

Abb. 4

ankommt wie Basketball, Volleyball, Hochsprung (Hochspringer spielen auch gerne Basketball), auch Fallschirmspringen und Paragliding gehören hierzu; der mesoderme Typ bleibt in der Mitte, er spielt Fußball, Handball oder Rugby oder betreibt Leichtathletik oder Boxsport, hier tobt er sein Kämpferherz aus; der Pykniker greift auf das erdige Kegeln zurück, bei dem es in 'die Vollen' geht, wo er in Gesellschaft ist und zwischendurch zu etwas Handfestem für den Magen greifen kann.

So kommen wir immer wieder auf drei Formen: rund (pyknisch), eckig (athletisch) und lang (nervig). Alles andere sind Mischtypen, die ebenfalls ihre Berechtigung haben. Diese Typen studiert man am besten an Männern, da Frauen weniger charakteristisch festgelegt erscheinen. Doch kommt es in diesem Buch weniger auf Beschreibungen an, sondern auf das Gefühl für das Innen, d. h. auf unsere Erfahrungen. Und da möchte ich eine geniale Interpretation des englischen Visionärs William Blake anfügen, der unsere Triade auch auf drei inneren Ebenen wirksam sieht. Es ist dies die Ebene der Unschuld (Erde), der Erfahrung des Guten und des Bösen (Mensch) und des danach anzustrebenden Stadiums der Höheren (geläuterten) Unschuld (Himmel). Auf dem Weg dahin sind wir alle, wie er auch in unseren Händen energetisch als Polster und Berge (Erde), als Linien (seelische Erfahrung) sowie als papillare Muster (höhere Wahrnehmung, Bewußtsein) vorgezeichnet ist.

Die Hand und unsere Individualität

Nachdem wir die Hand als Ausdruck objektiver Proportionen betrachtet haben, interessiert nun die Frage nach dem Verhältnis der Hand zu ihrem speziellen Eigner. Wie kann man aus seiner Hand Aussagen über ihn machen? Als Handleser will ich ja sehen können, was für einen Menschen ich vor mir habe, was ihn bewegt, welche Rolle er für sich in seinem Leben anstrebt.

Hierzu ist es wichtig, sich Gedanken über die Verarbeitung von Informationen zu machen, denn die Art, wie ein Mensch Informationen verarbeitet, ist die Grundlage seiner Individualität. Ich schlage vor, das Thema in drei Schritten anzugehen. Wir kennen **erstens** allgemein gültige, objektive (Gurdjieff), archetypische (C. G. Jung), auch geistig (abstrakt) zu nennende, formale Informationen. Sie werden gleich im Abschnitt 'Die Hand als geistiges Werkzeug' behandelt. Mit diesen geistigen Vor-Informationen, die auch aus früheren Leben stammen, begegnet der Mensch der äußeren Welt und erschafft sich **zweitens** eine imaginäre, subjektive Realität, in der er seine inneren, angeborenen, karmischen Bilder in den Strukturen der Umgebung wiederentdeckt und auf sie anspricht. Jeder Mensch erschafft sich seine eigene Realität, die ich die virtuelle Realität nennen möchte. Diese selbsterstellte, virtuelle Realität zeigt an, welche Themen, Ideen und Wünsche ein Mensch hat, die zum 'Ausleben' anstehen. **Handlesen ist die Kunst, die virtuelle Realität eines Menschen aufgrund der Faktoren in der Hand zu verstehen.** Diese besondere Realität ist eine Zwischenrealität, auf der die **drittens** zu betrachtenden praktischen Handlungen eines jeden Menschen basieren. Nun kann man das individuelle Realitätsverhalten eines Menschen einschätzen, praktische Aussagen darüber machen sowie hilfreiche Ratschläge geben.

Die Hand als körperlich-geistiges Werkzeug: vom Greifen zum Begreifen

Als Handleser kann man sagen: "Weil es die Hand gibt, glaube ich an Gott und an das Wunderbare." Wir Menschen haben unsere Hand im Verlauf der Evolution aus tierischen Vordergliedmaßen entwickelt. Und weil sie so nicht mehr dem mechanischen Laufkontakt mit dem Boden ausgesetzt war, konnte sie sich zu einem feinen Werkzeug ausgestalten. Vielleicht war es der erste Schritt zum Bewußtsein, als ein Noch-nicht-Mensch sich hinsetzte, ein Objekt in die Noch-Tierhand nahm und es betastete, bis er merkte, er begann das Objekt zu begreifen! In seiner Hand bildete sich die Frage, was ist das - und im Hirn bildete sich eine neue Fähigkeit, die Umwelt fragend zu begreifen und Antworten zu speichern. So wurde mit der Hand der Bereich der Nutzanwendung (z. B. etwas zum Mund führen, wegwerfen, sich kratzen) verlassen, und das Verstehen-Wollen des neuen Homo sapiens begann, als die Hand den Schritt vom automatischen Werkzeug zum Instrument des Bewußtseins machte. Dann konnte sich analog auch das Gehirn von der Abhängigkeit der automatischen Umsetzung von Trieb in Trieberfüllung befreien.

So kann man sich leicht vorstellen, wie die Hand das Gehirn begreifen lehrte. Und als das Hirn Begriffenes speicherte und Kapazitäten für geistiges und abstraktes Denken bereitstellte (das Hirn ist das am schnellsten wachsende Organ des Menschen), da war der Mensch geboren. Jedes weitere Begreifen ist eine geistige Neugeburt und erweitert das Bewußtsein. Ich bestehe nicht darauf, daß diese geistige Wahrnehmung unbedingt mit dem Greifen der Hand begann - sie hätte auch im Sehen des Auges oder im Hören des Ohres entstehen können. Auch in diesem Fall haben wir den Unterschied zwischen organisch-automatischer Funktion und bewußtem Ertasten und Differenzieren: Wir können entweder Geräusche wahrnehmen oder bewußt hören, bzw. sehen, was da ist, oder optisch etwas bewußt in uns aufnehmen. Jedenfalls hat sich unser Hirn zusammen mit dem Körper (Greifen, Sehen, Hören) entwickelt und neben angepaßt nützlichen Funktionen eine zusätzlich geistig-himmlische Dimension (als Begreifen, Betrachten, Lauschen, Erhören) geschaffen. Ich erinnere mich gerne daran, als ich das erste Mal selbst begriff, was Lernen und Begreifen ist. In unserer Grundschule entdeckte ich ein Sandkastenmodell der Stadt, in der ich lebte, sowie des Tals, der umgebenden Berge, der beiden Kirchen, der Eisenbahn entlang dem Bach. Da war ich fasziniert! Bis dahin hatte ich dieses Tal immer nur von da gesehen, wo ich war, nun hatte ich einen gesamten Überblick! Ich konnte sehen, wie alles zusammenpaßte. Zum ersten Mal verließ ich bewußt den Rahmen meiner individuell begrenzten Erfahrungen. Als Kind hatte ich ja nur den Maßstab meiner persönlichen Erfahrungen gekannt. Doch jetzt war das Ganze vor mir - vielleicht war das meine erste Erfahrung von Transzendenz: Das ganze Erlebnis kam mit unheimlicher Wucht wieder hoch, als ich in einem Kloster in Thailand meditierte ...

So gibt es eine Grunderfahrung an sich, die nicht mehr vom materiellen Standpunkt (wo man gerade ist) oder vom Nutzen (was man gerade braucht und will) eingeschränkt ist. Das erste bewußte, freie Begreifen wurde also durch unsere Hand als geistiges Medium ermöglicht - und dadurch haben wir heute die Möglichkeiten unseres Bewußtseins, das uns zumindest zeitweise befreien kann.

Heute schließt sich für mich der Kreis. Beim Handlesen begreife ich die Hand wieder als Mittel, wie ein Mensch seine Welt versteht. In der Hand ist der Wille zum Verstehen, zur Kontaktaufnahme mit der Welt eingeschrieben. Schon im Embryo vollzieht sich die Bildung des Hirns und der Hand gleichzeitig. Die papillaren Muster formen sich ganz früh im Gleichklang zusammen mit den Hirnwindungen. Alles ist in allem enthalten. So können wir nun sagen, es gibt das modellhafte, geistige Begreifen, wenn man sich einen Überblick über etwas verschafft, und wir kennen das individuelle, durch die Erfahrung definierte Weltbild, das man bereits als Kind (Kinder haben so ausgeprägte Handlinien wie Erwachsene) hat. Beides ermöglicht den Prozeß der Individualisierung der Realität, auf den ich jetzt eingehen möchte.

Die virtuelle Realität

Das Begreifen der Welt individualisiert diese Welt auch. Dies nennen Inder und Buddhisten Illusion oder Täuschung. Unsere Wahrnehmung verfälscht notwendigerweise die Welt - und stellt die Täuschung dann wieder richtig, ohne daß uns dies bewußt wird.

Dieses äußerst komplexe Geschehen im menschlichen Leben erfassen wir mit einer kleinen Denksportaufgabe: *Stellen wir uns einen Menschen vor, der eine astigmatische (verzerrte) Wahrnehmung durch eine Anormalität seiner Augäpfel hat. Er sieht Kreise wie Ellipsen. Malt er nun einen Kreis, malt er ihn wie die Ellipse, die er wahrnimmt. Wenn ein Mensch mit normalen Augen diese 'Ellipse' sieht, wird sie für ihn wie ein Kreis aussehen. Denn das ursprüngliche Modell war ein Kreis.* So hat jeder Mensch seine individuelle Beobachtungsweise, verzerrt, subjektiv, egoistisch, doch er merkt das ja nicht. Unsere Wahrnehmung wird nicht ständig getäuscht, sie ist selbst die Täuschung.

Wenn ein Indianer am Amazonas einen Fisch harpunieren will, muß er neben den Fisch zielen - wegen der Wasserbrechung. Er sieht verzerrt und muß das berichtigen. So berichtigen wir alle automatisch unsere verzerrte Wahrnehmung - und merken nicht mehr, daß sie gebrochen war. Ein Mensch mit einer hoch angesetzten Kopflinie sieht die Welt entsprechend 'verzerrt', doch er hält das für normal. Denn wenn wir aufgrund unserer virtuellen Vorgaben handeln, paßt sich alles wieder der äußeren Objektivität an. Man ist pünktlich, geht zum Arzt, wenn man krank ist, doch dies kann innerlich (virtuell) aus Panik oder aus einem gesunden Bewußtsein des Nützlichen geschehen. Wenn ein Astigmatiker seinen 'Kreis' malt, kann man nicht mehr sehen, wie krumm die Ellipse war, die er als Zwischenwahrnehmung hatte. Die reale Welt wird also durch unsere Wahrnehmung zur virtuellen Realität und dann wieder der Realität angepaßt, und es fällt meist nicht weiter auf, wie die virtuelle Zwischenrealität eines Menschen beschaffen ist.

Die Hand zeigt jedoch diese virtuelle Realität, nach der ihr Eigner lebt. Deshalb braucht man als Handleser Intuition, um sich dieser virtuellen Realität zu nähern. Oft ist dies ganz einfach. In einem Handlesebuch sah ich eine Hand mit sehr starren, unangenehm wirkenden Linien, die straff auf den Jupiterberg liefen. Es war die Hand eines englischen Generals, der die Burenkriege befehligte und wegen seines Starrsinns sogar abgesetzt wurde. (Doch wenn ich solche Urteile - starr, elementar, usw. - abgebe, muß ich mir darüber im klaren sein, daß meine virtuelle Realität hier bei der Analyse ebenfalls beteiligt ist. Einer anderen Person würde diese Hand vielleicht sehr zusagen ...)

Wir sehen, genau genommen gibt es keine Tatsachen, denn jeder Mensch faßt jede Tatsache in der Praxis auf seine Weise auf. Nur wenn seine virtuelle Zwischenrealität mit der für die anderen normalen Realität nicht mehr in Deckung zu bringen ist, hält man ihn für 'verrückt'. Ein bißchen verrückt ist also jeder Mensch zwangsläufig, sonst wären wir keine Individuen. Da jedoch die Hand die individuelle Wirklichkeit unserer inneren Weltwahrnehmung zeigt, kann man als Handleser intuitiv nachvollziehen, wie die innere Form der Weltwahrnehmung eines Menschen gestaltet ist. Jemand kann sehr gesundheitsbewußt leben, weil er innerlich nach dem Satz lebt : "Die Welt bringt mich um." Dann wäre die Kopflinie problematisch, der Gesamteindruck der Hand wäre: "eng, nervös, verkrampft usw.". Vermutlich wäre auch eine besondere Hepatica (Gesundheitslinie) zu erwarten. Diese Enge und Verkrampftheit ist dem Menschen selbst gar nicht bewußt, er lebt ja so gesund und hat seine Ängste nur verdrängt. Aber sie nagen dennoch in ihm, was sich in den Handlinien ausdrücken wird. Deshalb können die Linien oder papillaren Muster Krankheiten deutlich ankündigen, weil eine negative virtuelle Einstellung zum Leben sich bewußt ist, daß sie auf dem Weg zu Krebs oder einem Herzinfarkt ist. Man kann also aus der Hand herauslesen, ob der Charakter der virtuellen Realität eines Menschen ein negativer oder ein positiver ist. Andererseits habe ich Menschen gesehen, die sich total psychotisch gaben, bis hin zur Berufsunfähigkeit, aber ich konnte ihnen sagen: "Ich sehe absolut nichts Anormales in deiner Hand, vielleicht bildest du dir alles nur ein und bist kerngesund, auch psychisch. Deine Psychose ist vielleicht ein Instrument, um dich zu rächen oder einen bequemen Freiraum aufzubauen, willst du das so?" So kann man den Charakter der virtuellen Realität eines Menschen aus der Hand intuitiv erfassen lernen, indem man spürt, ob sie z. B. klar, optimistisch und unkompliziert oder verzwickt, in Details befangen und unerlöst ist. In der Praxis habe ich in vielen Handlesebüchern die Abbildungen genau angeschaut, um ein Motto für die virtuelle Realität des Handeigners zu finden, etwa im Fall des Generals war es: "brutal und starrsinnig". Dann las ich nach, was über den betreffenden Menschen gesagt wurde, und besonders bei ausgefallenen Händen kam ich immer zu einer richtigen Einschätzung.

Selbsthypnose, Vorausblick in die Zukunft (Self-fulfilling Prophecy), Meisterschaft, das Höhere Selbst

Die oben besprochene virtuelle Realität erleben wir besonders als suggestive Kraft. Sie redet uns ein, wie die Welt ist: gemein und brutal oder liebend und freundlich. Da diese gedachte Realität jedoch eine Simulation (Illusion) ist, kann man lernen, sie zu verändern.

Meine Klienten aus der Atem- und Reinkarnationstherapie berichten, daß sich durch ihre Erfahrungen in den Sitzungen ihre Welt verändert hat. Genaugenommen haben sich die Bilder ihrer virtuellen Realität verändert. Diese Veränderungen wirken sich neurohormonal aus, dic innere Alchemie der Botenstoffe verändert sich mit.* Unser Inneres führt uns also, es leitet uns nach seinen Vorgaben. Man kann dies auch als Selbst-Hypnose bezeichnen. Wir sind

---

*Eine Beschreibung dieses Vorgangs ist in meinem Buch "Reinkarnation - Heilung aus der Vergangenheit" zu finden.

mit unseren Erfahrungen und Zielen hypnotisiert und 'schlafen' bezüglich vieler Dinge, von denen wir meinen, daß sie uns nichts angehen. Aber es gibt sie dennoch! Ich leite auch Tarot-Seminare, und mein Hauptziel ist es, die Teilnehmer dazu anzuregen, die Tarot-Bilder als Bereicherung ihres Innenlebens anzunehmen. Bessere innere Bilder ergeben ein dynamischeres Selbst! In der Reinkarnations-therapie lasse ich Erfahrungen und Situationen aus früheren Leben wiedererleben, danach bereichern sie auf ihre Weise die innere Welt der Klienten. Die Therapie der Zukunft wird sich immer mehr auf die Kräfte der inneren Bilder richten und es den Menschen ermöglichen, sich als ihr eigenes Ziel zu erkennen und zu verwirklichen.

Denn wir leben aufgrund unserer inneren Realität als 'self-fulfilling prophecy', als hypnotischer Plan, der sich selbst erfüllen wird. Da wir aber auch der Urheber dieser Hypnose sind, sollten wir lernen, uns 'umzuhypnotisieren', um auf bessere Ziele und Erfahrungen zuzusteuern. Wir sind also abhängig von unserer virtuellen Realität. Und da sie hypnotisch arbeitet, kann sie auch nur hypnotisch verändert werden. Deshalb soll man auch sehr vorsichtig sein, wenn man aus der Hand liest. Der Klient gerät automatisch in einen leicht hypnoiden Zustand und nimmt sehr genau auf, was man ihm sagt.

Nun wird deutlich: Geistige Heilung geschieht durch Veränderungen der virtuellen Realität. Diese geschehen nicht auf der Ebene der Tatsachen, aber sie verändern die Welt der sogenannten Tatsachen. Dazu müssen sie 'unter die Haut' der oberflächlichen Logik gehen ...

In diesem Zusammenhang noch etwas zum Thema Höheres Selbst: Man kann sich eigentlich nur heilen, wenn man sich als sein Höheres Selbst annimmt. Es werden in Kursen Visualisierungs-übungen angeboten, in denen man sein Höheres Selbst als einen weisen alten Mann sieht, aber auch dieser ist unsere Projektion, d. h. wir selbst sind das.

Ich verstehe unter Höherem Selbst ganz praktisch die Intelligenz, die unsere virtuelle Realität nach ihren individuellen Vorgaben erschafft und zusammenhält. Man muß es nur annehmen. Ich erzähle das anhand einer kleinen Geschichte:

Als Student bereitete ich mich auf eine Prüfung vor, dicke Stapel Bücher warteten noch darauf, durchgesehen zu werden, denn am nächsten Tag war die Prüfung. Da hatte ich plötzlich die Idee, ich müßte Briefmarken kaufen. Das erschien mir seltsam. Ich hatte überhaupt keine Zeit, irgendwelche Briefe zu schreiben. Wozu hatte ich dann die Idee, Briefmarken kaufen zu gehen? Darüber dachte ich nach, und dann fand ich die Lösung: Auf dem Weg zum Postamt war ein Lokal, und darin würde ich ein oder mehrere Bierchen trinken, wenn ich Briefmarken kaufen ginge. Da klappte ich meine Bücher zu - es war sowieso reine Panik, noch schnell Sachen in mich hineinzustopfen - entweder ich wußte, was ich brauchte, oder nicht, und ging in das besagte Lokal. Zu meiner phantasievollen inneren Stimme sagte ich, sie bräuchte nicht so kompliziert mit mir zu reden und mit Briefmarken anzufangen, wenn sie mich aus unnötigem Streß herausholen wollte, sie dürfte ruhig normal mit mir verkehren und bei diesem Pakt ist es auch geblieben. Wir vertragen uns seitdem aufs beste. Unser Höheres Selbst setzt sich aus allem zusammen, was wir sind. Es ist unsere ureigenste Mischung der Dimensionen Körper, Seele, Geist. Doch ist uns diese Mischung so sehr zu eigen, daß wir sie als solche meist nicht wahrnehmen. Wenn ich eine Hand sehe, versuche ich, mich in ihr zu orientieren und ihr einen gemeinsamen Nenner zuzuschreiben. Das ist das Höhere Selbst, das in uns allen auf seine Weise die Fäden zieht. Auch in der Hand des Generals, die ich als rabiat und brutal charakterisierte, ist der Ausdruck eines Höheren Selbst enthalten. Es zeigt an, wie der Betreffende seine Wahrnehmung der Welt organisiert. Für den General war es vielleicht eine Leistung, auf die er stolz war, dem Gegner 'kein Pardon' zu geben.

So lebt jeder Mensch in seiner Welt, und sein Höheres Selbst bringt gute oder weniger gute Früchte. Hier kann man als Handleser Wunder wirken, wenn Klienten plötzlich die Sprache ihres Höheren Selbst in der Hand erkennen. Jeder Mensch hat ein Höheres Selbst:

es ist ein geistiges Prinzip, und je ehrlicher wir mit ihm umgehen, um so besser ist es für uns. Unser Höheres Selbst macht uns zu dem Verkäufer oder Astrologen, Arzt oder General, der wir gerade sind. Es hält unsere Welt zusammen mit der uns eigenen Logik, mit der wir sie 'begreifen'. Wie uns die Hand hilft, das Höhere Selbst zu erkennen, sei an zwei Beispielen gezeigt. In *Abbildung 4*, (s. Seite 41) kann die Kopflinie, die den Bereich des Materiellen und des Seelischen trennt, in Punkt A, B oder C enden. In Ende A engt sie den seelischen Bereich stark ein. Die irdischen Triebe haben großen Raum. Man verteidigt scharf seine Interessen, die gradlinige Führung der Linie unterstreicht das. In Punkt C erkennen wir ein Absinken der Kopflinie zum Mondberg, die Linie öffnet sich für seine Kräfte. Gleichzeitig wird der seelische Raum (um die Herzlinie) erweitert. In der praktischen Handlesekunst sagt man meist, eine ganz einfach gerade, quergezogene Kopflinie deutet auf einen logischen, mathematischen, zielgerichteten Menschen. Eine gebogene Kopflinie (zum Mondberg) zeigt einen verträumten phantasievollen, abgründigen Menschen an.

Doch solche Wertungen sind plakativ und wirken wie ästhetische Etiketten. Versteht man aber den tieferen Sinn der Aufteilung Erde/Unterbewußtsein und Seele/Menschenbewußtsein, wird auch klar, warum die Ebene dazwischen Marsebene genannt wird. Die Kopflinie ist Schiedsrichter zwischen menschlichen und triebhaften Prägungen. Mit diesen Mitteln kämpft (Mars, der Kriegsgott!) man auch um seine Stellung in der Welt.

Unser Höheres Selbst führt also unsere Kopflinie und natürlich alle anderen Linien auch. Verändern wir uns, verändert sich dementsprechend die Kopflinie (siehe auch die Besprechung der Kopflinie im Kapitel 'Linien'.) Eine andere Grenze, die sich als Bewußtseinsgrenze auswirkt, ist die zwischen Fingern und oberem Handteller. Ist diese Linie rund, zeichnet sich so etwas wie ein Vordringen der Finger (geistiges Prinzip) ins Quadrat der Handfläche ab. Ist die Linie gerade, gewinnt die Handfläche an Boden, wie dies zum Beispiel bei obigem General war, bei dem die Linie (wie Abb. 5b, s.S.52) ausgeprägt war.

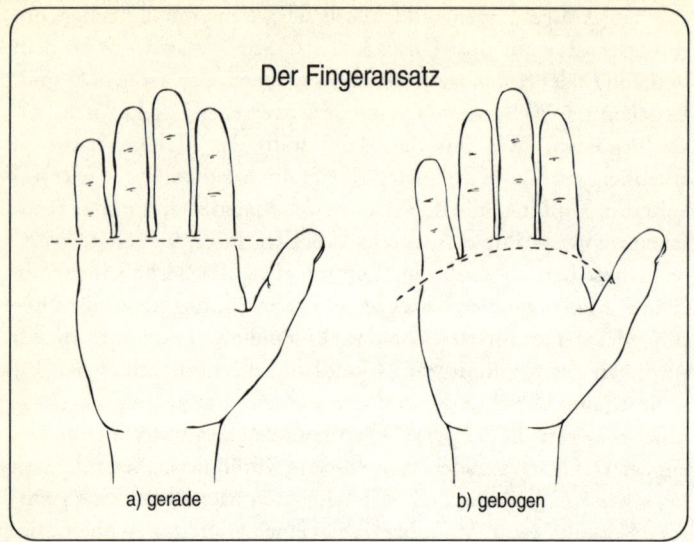

Der Fingeransatz

a) gerade   b) gebogen

Abb. 5

Viele Menschen suchen einen Meister, der sie aus ihrer Begrenztheit und Negativität befreit. Doch ein solcher Meister ist niemand anderes als jemand, der seine innere, virtuelle Realität kennt und bewußt beherrschen kann. Er macht sich selbst dann nichts mehr vor und verzichtet auf die illusionär-egoistische Zwischenrealität, die im Sanskrit 'Maya' genannt wird. Als Handleser muß man kein absoluter Meister sein, aber die Rolle der Selbst-Hypnose des Menschen sollte erkannt sein, wozu ich meinen Teil hiermit beigetragen haben möchte ...

Lebensperspektive und Energietypen der Hand

Wozu sind wir hier? Was ist unser Ziel? Was ist die Aufgabe unseres Lebens? Wie werden wir glücklich? Wir fragen hier nach der Perspektive unseres Lebens, nach unseren individuellen Aussichten in dieser Existenz.

Die Hand ist der Ausdruck unserer dynamischen Zuwendung zur Welt. Sie zeigt, was wir tun wollen und wie wir dies erreichen können. Sie zeigt die Energien, die uns individuell zur Verfügung stehen, um Akzente im Leben zu setzen. Der Sinn unseres individuellen Daseins ist somit aus der Hand abzuleiten.

Bevor wir uns jedoch der Betrachtung einzelner Faktoren in der Hand zuwenden und dabei in die Gefahr geraten, kritisch zu analysieren, welche Linie wie verlaufen sollte und wie sie auszusehen hat, möchte ich die Hand als lebendige Energieträgerin vorstellen.

Zum Handlesen erscheint mir die Kenntnis von drei Energieformen unerläßlich. Sie bestimmen das Lebensziel eines jeden Menschen. Wir können sehen, 'wes Geistes Kind ein Mensch ist'. Wir finden:

1) Die körperliche Energie (gut gepolsterte, muskulöse Hand). Sie will Dinge 'bewegen', der Mensch will 'ackern' und Vorhaben antreiben.

2) Die seelische Energie (viele Linien, die Empfindsamkeit zeigen). Sie will Dinge fühlen (thematisieren) und zum Guten bringen.

3) Die geistige Energie (angezeigt durch besondere Papillarmuster). Sie ist darauf spezialisiert, in tastender Erkenntnis verborgene Dinge zu sehen und zu verwirklichen.

Wir haben natürlich Teil an allen diesen Energien, aber meist existiert eine Hauptenergie, der sich die anderen Muster unterordnen. Sie zeigt besonders, was man will, wo man erfolgreich sein wird und wozu man geeignet ist. Alle diese Energien wollen auf ihrem Sektor kreativ werden und sich mit der Welt heilsam austauschen, dazu sind sie da.

Die materiell betonte Hand und die körperlich-magnetische Energie

Ein Mann sitzt vor mir, sein großer, dicker, energiegeladener Handtyp fällt mir sofort auf. Es handelt sich um eine echte Feuerhand mit groß angelegtem, rechteckigem Handteller, der ebenso wie die Finger bestens energiegepolstert ist. Die Hand strahlt regelrecht Energie ab. So ist sein Leben verlaufen, er hat heruntergewirtschaftete gastronomische Betriebe wieder hochgebracht. Seine Hand ist dafür typisch, sie signalisiert vollen Einsatz durch körperliche Präsenz, mit instinktivem Druck kann er Menschen zum Arbeiten motivieren, doch die kurzen Finger (Feuerhand) lassen ihn nicht zur Ruhe kommen. Wenn ein Projekt abgeschlossen ist, sucht er ein neues. Er weiß auch, daß er heilende Hände hat. Beiläufig erzählt er, daß er bei geistigen Massagen intensive Kraft ausstrahlen lassen kann. Auch organische Heilungen gingen mit dieser Tätigkeit einher. Nur ist ihm die offizielle Ausbildung zum Masseur zu langwierig, da beläßt er es bei gelegentlichen Anwendungen seiner heilenden Kräfte. Er ist das Beispiel eines Menschen, der sich hocharbeitet, um vorne dabeizusein.

Ein anderes Beispiel. Ein Klient hatte etwas Angst vor der Öffentlichkeit (in einem früheren Leben wurde er von einem Gericht beschämt und bloßgestellt), da schlage ich ein kleines Abwechslungs- und Desensibilisierungsprogramm vor. Im Ort ist eine Wahlversammlung, da gehen wir einfach hin, um Öffentlichkeit zu spüren. Wir kommen zu spät und werden auf dem Podium plaziert, zwei Plätze vom leibhaftigen Innenminister der Republik entfernt, dessen Hände ich mir natürlich interessiert anschaue. Auch hier eine Macherhand, stelle ich fest, die vor Energie fast platzt. Mit dieser Hand läßt sich die Ochsentour einer Politikerkarriere bestehen, jeden Abend woanders, bekannt werden, sich zeigen, bei jedem Vereinsjubiläum erscheinen. Dann fällt mir die klare, deutliche Gliederung dieser großen Hand auf, sie verweist auf das detaillierte Studium von Akten, sie zeugt von gutem Gedächtnis und kenntnisreicher, genauer Arbeit. Ein Mensch ist da, der voll in seiner Arbeit aufgeht, der auch irgendwie unverwüstlich durch seine Energie ist. (Wenn Politikerfamilien sich beklagen, daß ihre prominenten Oberhäupter nie zu Hause sind, so liegt das in der Natur der Sache: Politiker haben sich das Passende zu ihrer Hand ausgesucht. Sie sind überall, niemand wird vernachlässigt, keine Ansammlung von Menschen ist zu unbedeutend, als daß sich nicht doch ein paar Stimmen fangen ließen.) Diese Art Hand gehört nun einmal zum Macher, der ungebremst von Termin zu Termin eilen muß, weil er sich um alles zu kümmern scheint. Als Manager kauft er ganze Firmenimperien zusammen und stößt sie wieder ab, als Filmregisseur oder Verleger setzt er, rastlos von seiner unbändigen Energie getrieben, Himmel und Hölle (und die Finanzwelt) für seine Ziele in Bewegung.

Die Betonung dieser Art Hand und ihrer Energie liegt auf der physischen Ebene, der Dominanz von körperlicher Kraft und Durchsetzungswillen.

Es ist natürlich auch gut, wenn diese kräftigste aller Energien zum Heilen eingesetzt wird. Sie kann auf körperlichem Gebiet Wunder vollbringen. Einmal besuchte mich ein magnetischer Heiler, der mit seiner Kraft den Körperschwerpunkt anderer Menschen aus dem Gleichgewicht bringen konnte. Er bewies mir diese Kraft, und es war höchst beeindruckend. Doch kann man mit dieser magnetischen Kraft Organe nur wie mit einem Zauberstab berühren und heilen. Krankmachende Gewohnheiten werden kaum erfaßt, und wenn der plötzlich Geheilte diese nicht verändert, wird die Heilung nicht von Dauer sein. Es gibt andere Heiler wie Rosalynn Bruyere, die solche Spontanheilungen ablehnen, weil sie nur das Symptom, nicht die seelische oder geistige Ursache beheben. Stellen wir an dieser Stelle einfach fest, daß wir die körperlich-magnetischen Energien brauchen, um Materie zu bewegen und zu verändern - und um uns selbst physisch zu motivieren. Ohne diese Kräfte gäbe es keine Bewegung. Nur über einen gesunden, kräftigen Körper und eine gesicherte materielle Grundlage ist organischer, seelisch-geistiger Fortschritt zu erwarten. Doch körperliche Kräfte sind nicht alles, sonst bräuchten wir keine typischen Handlinien und Papillarmuster.

Die Linien-Hand
und die seelisch-mediale Energie

Diese Hand ist von unzähligen Linien bestimmt, die den Handteller durchlaufen. Diese Menschen leben von Sympathie und Mitleid, vom seelischen Miteinander. Sie sind Gemütsmenschen und haben ein feines Gespür für das Atmosphärische. Ihre Hände sind durch vielfältige, oft vernetzte Linien bestimmt. An den Fingerenden finden wir meist Schleifen als Papillarmuster, sie zeigen Empfänglichkeit für die Ausstrahlung von Menschen und Orten an. Diese Vielzahl der Linien bewerten wir als thematisierte Energie. Sie sind gewissermaßen zwanghafte Einbrüche der Welt und erzwingen Miterleben und Mitleiden. So entstehen Linien, bei denen die Handlesekunst manchmal auch diskret andeutet, daß man ohne sie auch ganz gut, d. h. weniger verletzlich lebt. Diese Linien sind insbesondere die Hepatica *(Abb. 26f, S. 118)*, der Venusgürtel *(Abb. 35j, S. 138)*, und die Via Lascivia *(Abb. 35b, S. 138)*, dazu kommen zahlreiche kleinere Verlustlinien, Gitterlinien, Kreuze etc. Doch statt zu sagen: "Gut, wenn man sie nicht hat...", sollte man sich dessen bewußt sein, daß man sich diese Linien selbst macht. Dies meint auch der alte Spruch: "Eifersucht ist eine Leidenschaft, die mit Eifer sucht, was Leiden schafft." Er trifft auf den Menschen mit medialer Energie besonders zu. Sie können sich und andere verletzen und das aus den besten Motiven heraus. Sie wissen immer besser, was für andere gut ist, und sind verletzt, wenn diese ihren Ratschlägen nicht folgen. Dadurch werden sie von der Umwelt abhängig, verästeln sich in diese regelrecht hinein - das Leben der Menschen mit vielen Linien in der Hand wird zum Abbild dieser komplizierten Linien. Äußerlich mögen solche Menschen ruhig, hilfsbereit und liebenswert erscheinen, aber innerlich kocht es, und sie leiden an Zuständen von Haßliebe und Gekränktsein. Diese Menschen nehmen sich viel 'zu Herzen' (siehe 'humanitäre Herzlinie 18c, S.105) und einmal beleidigt, sind sie nach Jahrzehnten noch nachtragend und erinnern sich messerscharf, wie sie (oder ihre geliebten Schützlinge) einmal vernachlässigt, vergessen, oder zurückgesetzt wurden.

Da diese Sensibilisierung leider auch eigensüchtig wirken kann, sollten sich seelisch-mediale Menschen selbstkritisch immer wieder auf ihr eigenes Verhalten hin überprüfen. Man hat den Ein-Herz-für-Kinder-Aufkleber am Auto und rast durch Straßen, in denen die anderen Kinder wohnen. Man beobachtet interessiert, wenn es in anderen Beziehungen kriselt, aber es ist das absolute Drama, wenn in der eigenen Beziehung Probleme auftreten. Man ist irgendwie individuell ethisch und schafft sein Kleinparadies mit Tieren, Garten, Partner, bewußter Ernährung, alles soll zusammenpassen und eine gepflegte Atmosphäre ergeben. Blumen gehören auf den Tisch, sonst ist es nicht 'schön' und stimmungsvoll. Man möchte bewundert werden, aber wenn man anderen Bewunderung schenken soll, geht das weniger gut. Man wirft dem Partner vor: "Du liebst mich nicht mehr", gleichzeitig geht man selbst schon zum Scheidungsanwalt. Leiden, sich und andere bestrafen, Drama, seelische Verstrickung, Suche nach Bestätigung, Rollenspiel, wie es einem gefällt - oder nicht - das ist der Stoff, für den die seelischen Energien zuständig sind. So weit die sicherlich übertrieben kritische Betrachtung - aber diese Karikatur der seelischen Selbstdarsteller ist nötig, um darüber am besten lachen zu können und sich zu verändern. Betrachten wir auch noch die positiven Seiten der 'Linienhand': Hingabe, Engagement, atmosphärisches Heilen durch gute Stimmung im Umfeld, Herzenswärme, praktische Hilfe und Einsatz für die Schwachen.

Wenn diese Betonung in einer Hand vorliegt, sollte man dazu raten, die vorhandene Sensibilität auch für sich selbst positiv einzusetzen. Der Träger der Hand sollte nicht nur im Hinblick auf andere da sein, sondern auch für sich selbst. Als Medium muß man die eigene Person schützen lernen. Es ist schade, wenn man sich für Robben oder Hungernde oder unterdrückte Völker einsetzt und sich so aufreibt, daß man sein eigenes Leben wegwerfen will und Hand an es legt. Statt Einflüssen ausgesetzt zu sein, sollte man sich über die eigene Rolle bewußt werden. Das heißt, auch einmal 'nein' zu sagen, selbst wenn es wehtut. Sonst erschöpft man sich und ergeht sich in Vorwürfen an die Welt.

Mediale Typen können sich selbst oft am wenigsten helfen. Doch wenn sie hier ansetzen und den Ich-Standpunkt und die eigene Verantwortlichkeit loslassen, können sie sich ihrer Egozentrik bewußt werden und sie überwinden. Dann können sie sich selbst und andere in heilsamem Austausch kurieren. Oft sieht man, daß in der rechten Hand sehr viel weniger solcher Linien vorkommen als in der linken. Das heißt, der Betreffende hat bewußt an sich gearbeitet (z. B. Psychoananlyse, Selbsterfahrungsgruppen), um sich aus der zu eng empfundenen Verstrickung mit der Welt zu lösen. Denn der menschliche Bereich der Mitte muß durch die Aktivitäten der Vitalkräfte (Erde, 1. und 2. Chakra) gestärkt und durch die Einwir-

Abb. 6
Rechte Hand und linke Hand einer 59jährigen Jüdin, die als Kind acht Jahre lang in einem Keller versteckt leben mußte. Danach befreite sie sich, studierte, war Lehrerin. Heute arbeitet sie als Heilpraktikerin. Sie veröffentlicht Gedichte und hält philosophische Vorträge. In beiden Händen ist der Zeitpunkt der Befreiung deutlich zu sehen. Lebenslinie, Hepatica und Schicksalslinie finden ihren eigenen Weg. Die rechte Hand zeigt die kraftvolle innere Entwicklung aus einer schweren Jugend heraus: Die Lebenslinie ist klar, eine aus dem Marsberg kommende Verlustlinie ist abgebaut, die Lebenslinie schickt eine pfeilgerade Jupiterlinie aus. Alle Linien der rechten Hand sind sicher und zeigen innere Kraft, die Linien der linken Hand wirken noch schwankend und unentschlossen. Die Arbeit am Selbst hat sich gelohnt.

kung höherer Kräfte (Himmel, 6. und 7. Chakra) erlöst werden. Der Bereich der Mitte ist der Kampfplatz (Marsebene) von Gut und Böse und zeigt die Problematik der Polarität: Goethes Mephisto sieht sich als Kraft, die das Böse will und doch das Gute bewirkt, aber man kann auch das Beste wollen und dennoch das Böse (für sich und andere) schaffen. So steht die Seele in der problematischen menschlichen Mitte zwischen animalischem Triebleben und Vitalität (Unterwelt, Teufel) und dem Reinen, Schönen, Guten (Himmel, geistige Erkenntnis). Wichtig ist es, dieses Miteinander von Gut und Böse zu erleben und sich damit auseinanderzusetzen. Danach kann man mit sich und der Welt einverstanden sein. Dies wird besonders von Kopf- und Herzlinie angezeigt.

Die papillare Hand und die Energie des Bewußtseins

Hier liegt die Betonung der Hand auf ihrer Ausstattung mit komplizierten Papillarmustern. Menschen mit solchen Händen leben nach dem Grundatz: Es muß für sie selbst stimmen, was sie tun, alles andere ist ihnen egal. Alle anderen Menschen auch. Dabei können sich solche Menschen sehr gut selbst beurteilen, aber dennoch ist es für sie schwer, über den eigenen Schatten zu springen, um sich anzupassen. Ihre Lebensperspektive liegt in ihrer Wahrnehmungsenergie begründet. Ich zitiere den Aufsatz eines Mädchens aus einer neunten Klasse zum Thema Freiheit. Sie argumentiert: "Wenn ich mich gegen Grenzen auflehne, z. B. um acht Uhr in der Schule zu sein, gebe ich diesen Grenzen erst Macht über mich. Durch solche Kämpfe werde ich nicht frei." Hier spricht eine Bewußtseinsenergie, die manche Menschen ihr Leben lang nicht erreichen werden. Das Mädchen hat recht - aus ihrer Perspektive heraus - doch solche dialektischen Einsichten, die in Selbstverantwortung und bewußtes Abwägen von Einsatz und Risiko einmünden, sind wenig spektakulär. Die Gefahr einer solch reflektierten Lebenseinstellung ist die, daß man zwar den 'Durchblick' hat, aber von mehr kämpferisch eingestellten Menschen in den Hintergrund gedrängt wird. Dann fühlt man sich idiotisch und 'zu sich selbst verdammt'. Die entsprechende Hand ist mit vielen papillaren Ereignissen (Wirbel, Schleifen, Kreise) ausgestattet, die wir später besprechen werden. Besonders medizinisch geprägte Chirologen sehen hier Probleme. Bei Affen findet man Wirbel sogar auf den Wurzelgliedern der Finger und auf dem Handteller, und da es die Aufgabe besonders feiner Papillarfurchen ist, den Tastsinn zu erhöhen, kommt man zu dem Schluß: viel Tastsinn (der die Affenhand besonders auszeichnet), bedeutet wenig Verstand. Ein 'Zuviel' an Wirbeln und Schleifen in der Hand wird atavistisch-primitiv gedeutet, und ihre Träger werden an den Rand tierischen Schwachsinns gestellt. Dabei vergißt man, daß Tiere sehr intelligent sein können und oft besser und direkter als viele Menschen wissen, wie sie sich verhalten sollen.

Auf diese Ursprünglichkeit geht eine poetische japanische Handdeutung ein: Sie bezeichnet einen Menschen, der auf jedem Fingerende Wirbel hat, als einen "Baum, der ganz alleine auf einer Ebene steht..." Dieser Baum ist besonders exponiert, er überragt alles andere, aber er ist auch besonders schicksalhaft mit sich selbst verbunden. Ein Bekannter von mir, ein Musiker, der eine Hand ohne zusätzliche Linien, dafür aber viele Wirbel hat, bemerkte, erst eine lange Indienreise hätte ihn von sich befreit, er hätte sonst durchdrehen können.

Menschen mit papillarer Energie 'sehen' anders, erspüren mehr und leiden zunächst an sich selbst. Bei ihnen ist der Drang nach geistiger Freiheit und Erlösung am meisten ausgeprägt, und sie können todunglücklich werden, wenn sie diese nicht zumindest annähernd erreichen. So ist für sie die Suche nach dem Meister, nach Erfahrungen im System des Yoga (besonders Jnana Yoga: Yoga der Erkenntnis) auch besonders wichtig. Zen-Geschichten sind für sie ein Genuß, weil diese das blitzartige Heraustreten aus einer normalerweise als dumpf und gewöhnlich empfundenen Wirklichkeit zum

Thema haben. Menschen mit besonderen Papillarmustern brauchen die Erfahrung des Anderen und Transzendenten, sie wollen abgehoben sein und über den Dingen stehen. Der Eremit (IX) und der Gehängte (XII) sind Karten des Tarot, die auf den Weg des Bewußtseins hinweisen. Dieser Weg führt zu Erfahrungen der transpersonalen Psychologie, zu Initiationen durch Meister (Initiatische Therapie), zu individualistischen Abenteuerreisen oder zu schamanischen Praktiken. Hierzu lassen sich auch die von mir praktizierte Reinkarnations- und Atemtherapie zählen. Diese Wege sind von Krankenkassen nicht als Therapien anerkannt, da sich ihre Ergebnisse nicht über meßbare Daten erfassen lassen. Es sind Transformationen, die sich auf die Lebensqualität beziehen und nur sekundär an der Zahl der Blutkörper meßbar sind...

So sucht die Hand mit papillarer Perspektive ihre Erlösung in befreiender Wahrheit. Man möchte diese Wahrheit als Produkt des eigenen Lebens wirklich erfahren. Erreicht man dies nicht, tritt Resignation durch ein Gefühl der Machtlosigkeit ein, man fühlt sich als verqueren, unverstandenen Antihelden und gescheiterten Wahrheitssucher und Weltverbesserer. Wenn man aber findet, was man sucht, wird man zum verwirklichten Menschen, zu einem Baumriesen, der weit sieht und andere Pflanzen schützt.

Die Energien der Lebensperspektive in der praktischen Deutung

Wir gehen wie folgt vor: Wir lernen in diesem Buch die Aufgabe und Besonderheit jeder Stelle der Hand kennen. Danach erwerben wir uns einen Blick dafür, wie diese Plätze energiemäßig ausgestaltet sind. Zum Beispiel steht der Mondberg für die Intuition, für tiefe, archetypische Erkenntnisse. Ist der Mondberg stark erhöht, strahlt er Energien in alle anderen Teile der Hand ab und gibt ihnen eine Art 'Tiefenschärfe'. Ist der Mondberg mit Linien überzogen, werden die intuitiven Erkenntnisse dramatisiert und in Szene gesetzt. Ist der Mondberg durch besondere papillare Muster hervorgehoben (dabei keine Linien, wenig überhöht), gibt er seine Energie in das Bewußtsein des Menschen ab und fördert tiefgründig-archetypische Erkenntnisse. Eine in England verbreitete Tradition spricht von Papillarmustern auf dem Mondberg, die ein besonderes Gedächtnis für Situationen und Informationen mit 'Mondcharakter' hervorbringen. Ähnlich geht man mit den anderen Partien der Hand vor. Wenn ein Mondberg papillar angelegt ist und der Jupiterberg mit Linien arbeitet, wird das heißen, daß die intuitiven Erkenntnisse demonstrativ-dramatisch (in Vorträgen und Seminaren) umgesetzt werden können. So lesen wir aus der Hand unsere Lebensperspektiven, die zeigen, auf welchem Gebiet wir uns etwas erarbeiten (materielle Energie), wo wir uns in Szene setzen und andere als unsere Zuschauer benutzen (Energie der Linien) oder wo wir wissen und 'sehen', daß wir recht haben (papillare Energien), doch erst noch die Zustimmung der Umwelt für ungewohnte Einsichten und Kreationen finden müssen. Mit Schwerpunkt auf der materiellen Energie wird man der jüngste Bürgermeister oder Abgeordnete, den die Partei je hatte, oder man schafft es vom Tellerwäscher zum Millionär. Mit der seelischen Energie genießt man (oder leidet) am Umfeld, das man selbst gestaltet. Man spürt genau, was in anderen Menschen vorgeht - und wendet sich auch ganz gerne Tieren zu, die doch treuer sind ... Mit der papillaren Energie ist man schon als Kind 'altklug' und kann es nicht erwarten, bis die anderen endlich auf einen hören und zugeben, wie recht man doch hat - und ohne es zu wissen, ist man bereits auf der Suche nach geistiger Selbstverwirklichung ...

Zweiter Teil

Die Deutung der Hand

Die Form der Hand

Der Geist ist der Herr,
die Einbildungskraft das Werkzeug
und der Körper das formbare Material.

Paracelsus

Die Handgröße -
die große, mittlere und kleine Hand

Übertragen wir das bis jetzt vorgestellte Wissen auf die Analyse
der Hand, so wird deutlich: Den Geist erkennen wir an den
Papillarmustern, die Einbildungskraft wird von den Linien dargestellt und die materiellen Kräfte, mit denen wir uns zuerst beschäftigen wollen, finden wir in der Form der Hand ausgedrückt. Denn
nichts an unserem Körper, an unseren Gedanken und Taten ist
zufällig. Dies halten wir uns weiter vor Augen, wenn wir mit dem
Studium der Hand selbst beginnen wollen. Auch wenn wir den
Faktor der Vererbung berücksichtigen, hat der Mensch dennoch die
Möglichkeit, seinen Körper aus seinem ererbten Material heraus
selbst zu formen. Das zu diesem Zweck vorhandene Steuerzentrum
liegt im Dritten Auge, der Hypophyse. Dieses Zentrum steuert alle
anderen endokrinen Hormondrüsen (Chakras), es ist unser geistiger
Wille und ermöglicht unsere Identität. Das Dritte Auge bedeutet
inneres 'Sehen', wir entwickeln uns also nach einer inneren Vorstellung, die wir von uns haben. Wie diese Vorstellung materiell wirken
kann, ist mit folgender Information gut zu verstehen. Mir ist

aufgefallen, daß Deutsche, die im Kindesalter in die USA auswanderten, als ältere Menschen komplett 'amerikanisch' aussahen. Sie paßten sich der körperlichen Erscheinungsform der Menschen um sie herum an. So kann sich auch die Größe der Hand im Verlauf des Lebens noch ändern. Man kann natürlich einwenden, in manchen Familien gibt es traditionell große oder kleine Hände, aber auch hier gibt es Ausnahmen. Außerdem wurde der Mensch, der sich inkarnieren wollte, von bestimmten "Familienschwingungen" angezogen und übernahm damit auch Anteile der materiellen Identität der Eltern. Die Größe und materielle Ausstattung usw. der Hände ist also keinesfalls zufällig. Deshalb nun zu dieser wichtigen Basiseinteilung und zur Bedeutung der Größe der Hand.

Analog der Einteilung leptosom (lange, knochige Hand), athletisch (mittlere, feste Hand), pyknisch (kleine, weiche Hand) sehen wir auf den ersten Blick, welchen Handtyp wir vor uns haben. Doch was bedeutet der einzelne Typ? Man mag meinen, daß kleine Hände besonders für 'kleine' Tätigkeiten wie Feinmechanik geeignet sind. Doch genau das Gegenteil ist der Fall. Die große Hand ist diejenige, welche besonders geduldig und penibel feinste Arbeiten bewältigt. Dies hängt mit dem Menschentypen der Handeigner zusammen. Der lang aufgeschossene Mensch (große Hand) 'ragt' in die Welt hinein, er wird von seinem Knochenbau und 'langen Nervenleitungen' bestimmt, dies führt zu Festigkeit und Bedächtigkeit bei minderer Flexibilität. Der Eigner der langen Hand neigt daher zu Tätigkeiten, die Ausdauer, Genauigkeit und Einfühlungsvermögen verlangen. Hier sind Tüftler und Eigenbrötler am Werk, die ihre saturnisch-melancholische Veranlagung ausleben wollen. Die mittelgroße Hand entspricht dem Typ des athletischen Menschen. Er wird von Muskeln und Lunge bestimmt. Das Herz, unser wichtigster und größter Muskel, wird hier zum Kämpferherz. Diesen Menschen mit mittelgroßer Hand sehe ich als den 'Umsetzer'. Er nimmt geistige Ideen auf und wendet sie praktisch an. Er verbindet Geist (Himmel) und Erde (Materie) und macht diese Verbindung produktiv. Hierher gehören Lehrer, Psychologen, Journalisten. Aus

64

Himmel und Erde gestaltet der Eigner der mittelgroßen Hand Menschliches in der Mitte! (Das ist sehr plakativ ausgedrückt, aber das kann man sich bestimmt gut merken ...)

Die kleine Hand gehört zum pyknischen 'Verdauungs'typ, er zieht sich die Energie der Welt hinein, ist lustbetont, weiß, wo er was findet. Klein, agil, quicklebendig, schnell in seinen Reaktionen. Es gibt dazu den keinesfalls abschätzigen Begriff von der 'Betriebsnudel', einem Menschen, der überall dabei ist und gute Laune versprüht. Gegenüber dem einsamen Tüftler, dem mitreißenden Umsetzer und Neuerer stelle ich mir den Pykniker energiemäßig wie die Spinne im Netz vor: Er sucht sich einen sicheren Platz, von wo er andere dirigiert und animiert. In einem Handlesebuch fand ich eine typische Pyknikerin. Sie war von Beruf Bordellwirtin (Mittelpunktfunktion) und kämpfte per Gericht um die Anerkennung ihrer Tätigkeit (in der Praxis z. B. um Zugang zu einer Rentenversicherung), da sie ja auch Steuern zahlte. So gilt für viele Pykniker der Ausdruck "klein, aber oho": sie lassen sich nichts gefallen.

Diese Unterteilung ist sehr faszinierend, denn gerade die Größe der Hand ist in den Medien immer sehr gut zu sehen und hat mir viele aufschlußreiche Beobachtungen ermöglicht. So sah ich einmal auf einem Zeitungsfoto die triumphierend hochgereckten Hände von Menschen in einem Zugfenster. Es handelte sich um Flüchtlinge, die sich aus der Noch-DDR nach Ungarn abgesetzt hatten. Es waren alles mittelgroße Hände mit kräftigen Energiebergen (später mehr zum Thema Berge). Das ist typisch für die Umsetzer. Sie wittern das Neue und handeln zuerst. Doch wo blieben die anderen? Die Besitzer großer Hände räumten da wohl noch ihren Arbeitsplatz ordentlich auf - und die Eigner kleiner Hände feierten wohl noch zum wiederholten Mal ihren Abschied von Freunden und Bekannten, bevor sie sich auf den Weg machen wollten ...

Energiemäßig gesehen kann man sagen, die große Hand ist die Werkzeughand, sie hält die Energie und gibt sie (Arbeitsplatz, Technik, Labor) langsam und bedächtig ab, besonders wenn die Fingerglieder knochig voneinander abgesetzt sind. Die mittlere

Hand holt Energie (Ideen) aus der Atmosphäre (auf Reisen, Messen, in Medien) und verbindet sie mit der Praxis, institutionalisiert und verwertet sie. Die kleine Hand saugt Energie auf, sie ist auch sehr gut auf der Innenseite gepolstert, sie speichert Energie und wird zum Mittelpunkt von Energiefeldern (Firma, Büro, Verein). Man kann nicht unbedingt sagen, eine dieser Hände ist die typische Chirurgenhand, aber jede dieser Hände wird ihren Eigner zu einem charakteristischen Chirurgen machen. Große Hand: konzentrierte Arbeit, mittlere Hand: ausprobieren von neuen Techniken, Ideen und Gedanken über Heilkunst. Kleine Hand: geschickte Verbindung mit den Fertigkeiten des Teams, gutes Klima ergibt gute Operationen ...

Energie und Form ergibt Biographie

Die Hand ist ein Werkzeug, mit dem wir unsere Kraft auf die materielle Welt übertragen. Sie ist auch ein Abbild dieser geformten Kraft. Als Handleser ist man in einer sehr privilegierten Position. Man sieht eine Hand und erkennt Charakteristisches. Dann ist es immer noch faszinierend herauszufinden, wie speziell die Formkräfte der Hand tatsächlich verwirklicht wurden. Als ich einmal im Südschwarzwald in einer Hütte übernachtete, kam am Morgen ein nicht mehr ganz junger Mann und unterhielt sich mit dem Wirt über seine Weidezäune. Ich sah seine große Hand und die entsprechenden Finger und sah sofort, diese Hand wollte klare, praktische, mechanische Aktivitäten, ihr Besitzer werkelte also gerne für Landwirtschaft und Weidezäune. Doch dann sah ich an der Außenseite der Hand im Bereich des Mondbergs eine große Ausbuchtung. Nun, dachte ich, das drängt zu Kommunikation. Aber wie kommt er hier oben in dieser Einsamkeit mit diesem Bedürfnis zurecht? Später fragte ich den Wirt nach den Aktivitäten des jungen Mannes und sagte ihm, daß ich an seiner Hand ein Bedürfnis nach Leben mit vielen Menschen gesehen hätte. "Klar", sagte der Wirt, "er arbeitet auch als Busfahrer, da hat er doch genug mit Leuten zu tun!" So kann man wie mit einem Baukastensystem Informationen zusammentragen: Lange, große Hand (ausdauernde, manuelle Tätigkeit) plus kommunikative Energie ergibt den Busfahrer; eine mittelgroße Hand (Motivation, Entschlußkraft) plus kommunikative Energie ergibt den dazugehörigen Reiseleiter (was mein Nebenjob als Student war ...)

Die Formen der Hand, die wir nun näher betrachten wollen, zeigen also das 'Wie' des Umgangs mit der Welt. Bevor wir auf komplizierte Formen eingehen, möchte ich zu einem kleinen Gedankenexperiment auffordern. Wir stellen uns vor, wieviel Volumen ein Finger oder eine Hand verdrängt, wenn man sie in Wasser eintaucht. Damit wird klar: eckige, große Formen wirken materieller, wuchtiger und gewichtiger als schmale, runde Formen, die weniger in der Welt 'anstoßen'. Die schwere, materielle Hand lädt sich energiemäßig mehr auf und hat mehr Eigengewicht. Sie ist somit weniger flexibel und angepaßt als die runde bzw. konische Form, die kompromißbereiter und anpassungsfähiger wirkt und weniger Platz für sich braucht. So kommt man auf eine Skala, die von 1) schwer, materiell, nützlich, praktisch, elementar über 2) begeistert, dynamisch, energetisch zu 3) philosophisch, psychisch, idealistisch, intuitiv, weltfremd und abgehoben reicht. Wir treffen immer wieder auf drei Grundformen. Es ist dies *(Abb. 8a)* die runde, sich verjüngende Form, *(Abb. 8b)* die eckige Form und *(Abb. 8c)* die sich erweiternde Spatelform, wie dies auch in der Abbildung auf Seite 68 zu sehen ist. *(Abb. 8)*

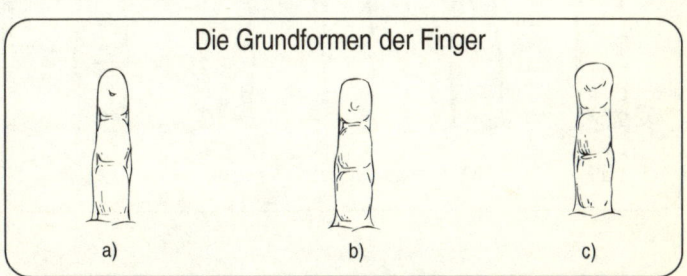

Die Grundformen der Finger

a)   b)   c)

Abb. 7

Diese Formen wiederholen sich auch in der Handform selbst:

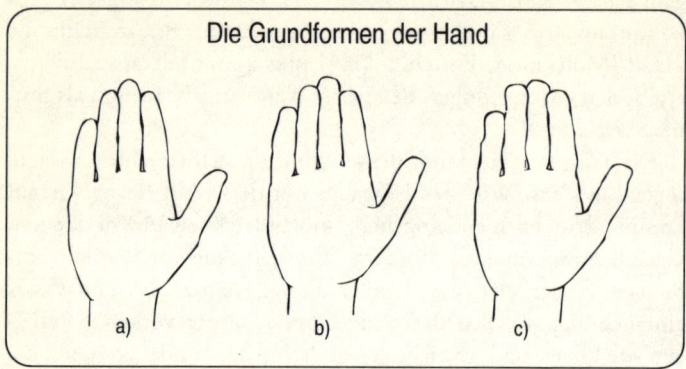

Die Grundformen der Hand

a)   b)   c)

Abb. 8

Die Finger sind ausdrucksvoller, man kann sie noch besser charakterisieren. Für sie ergibt sich die Unterteilung: a) rund und b) gesteigert spitz zulaufend sowie c) eckig und d) quadratisch und e) spatelförmig, so daß man auf fünf Formen kommt:

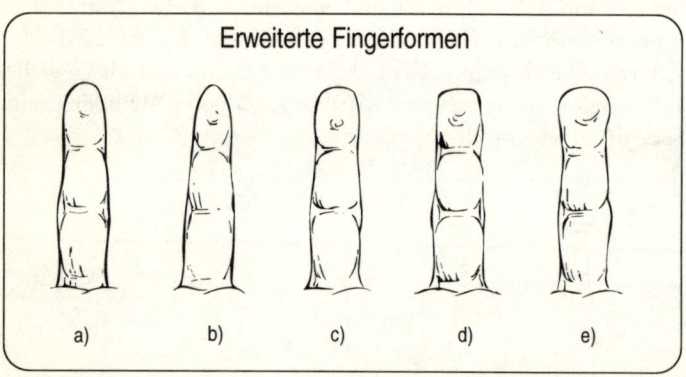

Erweiterte Fingerformen

a)   b)   c)   d)   e)

Abb. 9

Für die Finger kann man das gleich nachfühlen: spitz *(Abb. 9b)* bedeutet einbohrend, durchdringend, also psychisch; rund *(Abb. 9a)* bedeutet kreativ, harmonisch einfühlend; eckig *(Abb. 9c)* steht für logisch, rational; quadratisch *(Abb. 9d)* wirkt eigenwillig, nützlich; spatelförmig *(Abb. 9e)* ergibt praktisch, dominierend, durchsetzungsfähig. Die Finger spiegeln in besonderem Maß unsere Lebensform wider und wie diese ihre Kräfte von der geistigen Prägung (spitz), von der emotionalen Mitte (rund, eckig) bzw. von praktischer Dominanz und Durchsetzung (quadratisch, spatelförmig) bezieht. Die Form ist die Verkörperung unserer Energien. Eine erfolgreiche Künstlerin, die ich gut kenne, hat eine dominante Kopflinie sowie einen spatelförmigen Ringfinger (steht für Apollo/Kunst). Diese Kombination garantiert ihr das Durchsetzungsvermögen, das sie in der Kunstszene braucht.

Die vier Elementarformen der Hand

Mit spatelförmig bis spitz wurden bis jetzt horizontale Formen, die etwas über die Breite und Masse von Hand und Fingern aussagten, bezeichnet. Wir wollen nun auch die Längsbetontheit der Hand betrachten. Damit wenden wir uns der gedanklich-energetischen Dynamik der Hand zu. Wie fließen die Impulse des Handträgers durch die Hand in die Welt? Als Grundregel kann man anführen: je länger eine Hand ist, um so durchdachter sind die Aktionen des Trägers, kurze Hände sprechen von Spontaneität: Fehler können schnell geschehen, sind aber auch schnell wieder korrigiert, ohne daß man nachtragend ist. Wir wollen nun die bereits besprochenen Aspekte der Breite der Hände und Finger mit ihrer Länge in Verbindung setzen.

Es gibt vier Grundkombinationen:

1) Kurzer (quadratischer) Handteller und kurze Finger ergeben die Erdhand.

2) Kurzer Handteller und lange Finger ergeben die Lufthand.

3) Langer (rechteckiger) Handteller und kurze Finger ergeben die Feuerhand.

4) Langer Handteller und lange Finger ergeben die Wasserhand.

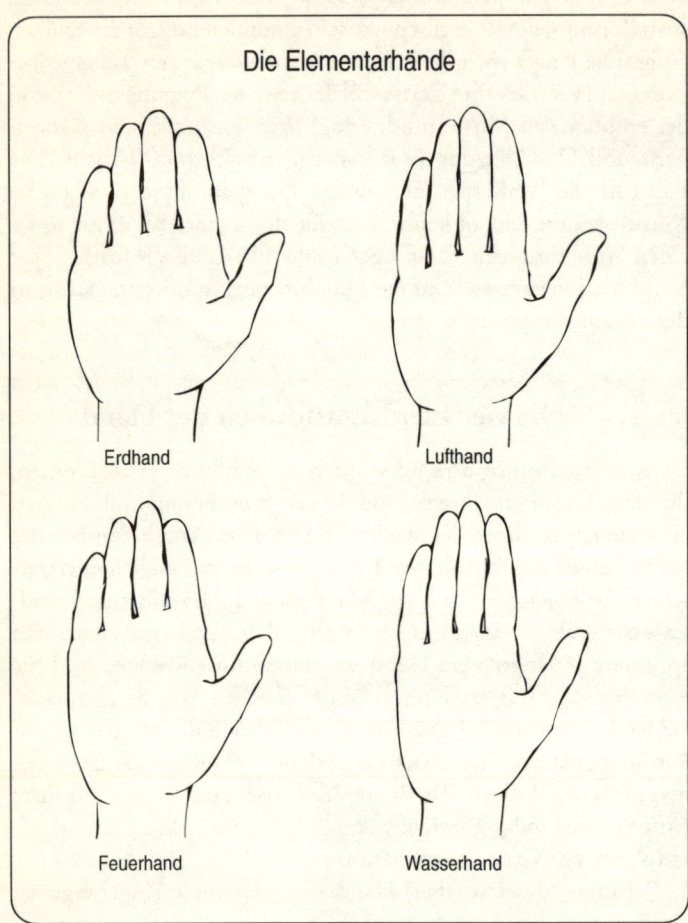

Die Elementarhände

Erdhand

Lufthand

Feuerhand

Wasserhand

Abb 10

Die Erdhand

Ein kurzer, kräftiger Handteller und kurze, kräftige Finger kennzeichnen die Erdhand. Ihr Träger reagiert sensibel wie ein Seismograph auf Wetter und Umwelteinflüsse. Er denkt nicht übermäßig viel (kurz/kurz) und ist variabel in seiner Arbeit. Er ist einfach, unkompliziert, beständig, achtsam sowie sensitiv für Atmosphärisches. Er lebt im direkten, praktischen Austausch mit äußeren Energien. Günstig sind Landleben, Basisarbeit, unterstützende Arbeit in Gruppen. Kritischer Punkt: Der Handträger kann schlecht über den Tellerrand der eigenen Interessen blicken. Kennzeichen dieser Hand ist: Verwirklichung in praktischer Arbeit

Die Lufthand

Kurzer Handteller (wirkt quadratisch) und lange Finger bestimmen die Lufthand. Die instinktiv-seelische Energie des Handtellers wirkt impulsiv und unbeständig. Die langen Finger betonen Festigkeit und Verankerung in Denken und Zielen. Es ist die Hand für Lernbegeisterte, Neugierige, Spielernaturen, die den Körper am liebsten vergessen wollen. Sie sprechen in Luftblasen, bauen Luftschlösser, sind sehr gut im schriftlichen und mündlichen Ausdruck und heben dabei gerne ab. Sie können sich gut selbst motivieren und sind ideal in Kommunikationsberufen aufgehoben. Ihr kritischer Punkt ist, daß sie manchmal an ihrer Realität zweifeln und sich in Ablenkungsmanöver flüchten. Kennzeichen dieser Hand: brilliante Ideen, Showmaking.

Die Feuerhand

Zu einem langen, rechteckig wirkenden Handteller finden wir kurze Finger. Die körperlich-seelischen Energien sind ein kräftiger Treibsatz für schnelle, zupackende Reaktionen. Die kraftvollen Instinkte werden bewußt erfahren und treffsicher in Gedanken umgesetzt und verwirklicht. Bestimmend für die Feuerhand sind Suche nach Klarheit in Beziehungen und Umfeld, emotionale Wärme und Zugehen auf andere. Ihr Träger sucht sich möglichst abwechslungsreiche Tätigkeiten innerhalb eines begrenzten Interessengebiets, in denen er seine seelischen Energien zum Ausdruck bringt (Journalismus, Politik, Forschung, Neues begründen). Als kritischer Punkt können wenig Ausdauer sowie ein ausgeprägter Sinn für Rivalität angenommen werden. Kennzeichen: Stärke und Bewußtsein.

Die Wasserhand
Ein langer, rechteckig wirkender Handteller und lange Finger ergeben die Wasserhand. Diese Hand ist sehr ausgeglichen und gezähmt, ihre Sensibilität in den instinktiven und emotionalen Bereichen wird von großzügigen geistigen Motiven und Erfahrungen ergänzt. Die Träger der Wasserhand kosten die Welt genußvoll aus, sie lieben Stil und Format. Geschickt lassen sie 'Wasser auf ihre Mühlen fließen' und bekommen wie von selbst, was sie wollen. Ihr Kennzeichen ist: Geduld und Gleichgewicht.

Dazu ist anzumerken, daß Erdhand und Wasserhand reine Handtypen sind, kurz/kurz und lang/lang, Feuer- und Lufthand sind zusammengesetzt, somit sind sie schwankender, weniger klar und in sich gefestigt. Doch dafür sind sie immer für Überraschungen gut...

Die Entsprechungen der Elementarhände im Tarot

Es scheint mir die älteste Weisheitsfrage zu sein, wie wir unsere Energien und Anlagen in der Welt umsetzen können. Dienen oder Herrschen, Stadtluft oder Landleben, Stabilität oder Reisen, Partnerschaft oder Alleinsein: was paßt am besten zu uns? An Tarot oder Astrologie gefällt mir, daß die möglichen Formen der geistigen Energien und praktischen Lebensfragen in typische, bildhafte Zusammenhänge gebracht werden. Herrschen im großen Bereich ergibt einen Parteivorsitz, Herrschen in kleinem Bereich ergibt den

Pförtner oder die Vorzimmerdame. Die Situation des Herrschens und Vorsitzens ist sich in allen drei genannten Fällen typisch gleich.

Im Tarot fand ich die vier Energiedimensionen der Kartenfarben sehr nützlich zur Erklärung unserer Hauptaktivitäten, wobei ich mich am wenigsten mit den Stäben anfreunden konnte. Doch genau sie entsprechen meinen Händen (Feuerhand)... Im weiteren entsprechen die Münzen der Erdhand, die Kelche der Wasserhand, die Schwerter der Lufthand und, wie gesagt, die Stäbe der Feuerhand. (In meinem Fall war mir das anfangs sehr unklar: Stäbe/Feuer, d. h. Machen, Kämpfen, bewußter Einsatz, und ich? - eigentlich hatte ich mich immer nur mit Samtpfötchen meine Ziele erreichen sehen...) Doch gerade das, womit man sich am wenigsten identifizieren bzw. auseinandersetzten möchte, das ist das Thema unseres Lebens. Was man am wenigsten mag, das zieht uns insgeheim am meisten an.

So werden Handlesen und Tarot in Gurdjieffschem Sinn objektive Kriterien für unsere Neigungen, und sie helfen uns, mit uns selbst objektiver umzugehen. Wir haben wirklich etwas davon, uns nicht anzulügen: "So bin ich nie, nein, das tue ich nicht ..." Meine Erfahrung ist eher umgekehrt, was wir in unserer eigenen Optik nie zu tun scheinen, das tun wir andauernd (oder wir denken zumindest ständig daran!). Das ist unser Schatten, in dem wir uns immer ausblenden und vor uns selbst unsichtbar machen. Und schon sind unsere weniger schönen Eigenschaften blitzschnell in unseren Schatten eingetreten, wie der Mond sich im Erdschatten verbirgt. Dann ist in uns Selbstfinsternis eingetreten - wir nehmen uns nicht mehr wahr ...

In diesem Sinn trägt eine Analyse der Handform dazu bei, daß wir mehr Bewußtsein für unser Sein in der Welt entwickeln. Wir lernen mehr über uns und wie wir einen Platz in der Welt mit uns selbst und unseren Hoffnungen und Zielen 'besetzen' (und das tut jeder Mensch). Die Kenntnis unseres elementaren Seinstyps macht uns verständnisvoller uns selbst und anderen gegenüber. Denn sie tun das gleiche wie wir, nur *handeln* sie auf ihre Weise.

Die Handformen und die fünf Elemente der chinesischen Kosmologie

Die Betrachtung der in der Hand auftretenden Formen sei mit einem Blick auf die chinesische Elementenlehre abgeschlossen. Denn in allen Völkern kam man auf die gleichen intuitiven Einsichten. Und diese sind letztlich die Basis für ein klassisches Verständnis des Menschen, sofern man überindividuelle Maßstäbe anlegen will.

Dem Element **Erde** entspricht der chinesischen Auffassung nach die elementare Hand, sie ist breit und schwerfällig. Hier ordnet man Menschen ein, die kaum aus eigener Kraft berühmt werden. Dazu arbeiten sie zu hart und zu intensiv. Sie gelten als ehrlich und treu, fast etwas beschränkt. Ihnen ist ein langes Leben und langsam angesammelter Reichtum beschieden. Die Handform ist quadratisch.

Das Element **Gold (Metall)** wird durch Menschen mit starkem Willen repräsentiert, sie sind geduldig und einfühlsam, vielleicht etwas ängstlich und bescheiden. Ihre typische Form ist die eckige Form.

Das Element **Feuer** kennzeichnet Menschen mit heißem Temperament, die frühzeitig Erfolg haben. Ihre Hände sind lang, trocken, kräftig, elastisch, mit Knoten in den Fingern. Sie setzen Energie schnell in die Praxis um. Ihre Form ist die Spatelform.

Das Element **Holz** lebt in Menschen, die freundlich sind, ein langes Leben haben, dabei Erfolg spät erreichen werden. Ihre Hand ist hart, lang, knochig (die philosophische Hand) und zeigt spitze, psychisch vergeistigte Formen.

Das Element **Wasser** befähigt Menschen zu Klugheit, sie sind anpassungsfähig, lernbegierig, haben nur kleine Knoten in den Fingern, die Konsistenz ist weich. Die Knochen sind nicht sichtbar. Wir finden hier den Urzusammenhang zwischen Mond, Wasser, Intuition und Kunst wieder. Die typische Form ist die konischgerundete Hand.

Die Chinesen sehen in diesen elementaren Formen einen Kreislauf des Besiegens wie auch der fördernden Hilfe:

Sich fördernde Elemente:

Wasser fördert Holz, Holz fördert Feuer, Feuer fördert Erde (Asche), Erde fördert Metall (Gold), Metall fördert Wasser ... Auch zwischen den entsprechenden Menschentypen, Handformen und Lebensphasen besteht ein hilfreiches, animierendes Verhältnis.

Der Kreislauf des Besiegens verläuft so:

Sich besiegende Elemente

Wasser besiegt (löscht) das Feuer, Feuer schmilzt das Metall, Metall schneidet Holz, Holz durchbricht und überwuchert Erde, Erde dämmt das Wasser ein ...

Hier besiegt also der elementare Mensch den geistig runden Menschen, jeder Typ findet seinen Meister im Spiel des immerwährenden Wandels. Mehr über diese Symbolik findet man im I Ging, im Wandel von fest und weich, männlich und weiblich, in der Verschiedenheit der Himmelsrichtungen usw. Alles hat seine symbolische Bedeutung und Wirkung. Ich habe diesen Aspekt angeführt, denn als Handleser ist man vielleicht etwas zu leichtfertig dazu geneigt, Klienten aufzufordern, sich zu verändern, Neues zu wagen etc. Man sollte sich stattdessen ganz tief und elementar in die typische Charakteristik der Menschen (und in die eigene!) einfühlen. Feuer ist nun einmal kein Wasser, Erde ist nicht Holz. Diese Vorsicht oder besser Rücksicht auf die Eigenschaften jedes Menschen sollte uns bestimmend leiten. Gerade wenn unsere Möglichkeiten immer unbegrenzter zu werden scheinen, ist es wichtiger, die eigenen Begabungen und das eigene Temperament zu erkennen und zu achten. Trotzdem haben wir an allen Elementen Anteil, manchmal hilft Geduld (Erde), manchmal ist impulsives Handeln (Feuer) angesagt.

Der Osten kann uns so lehren, elementarer und selbstbestimmter zu leben. Wir nehmen auch Abschied von der Idee, daß eine Qualität besser ist als eine andere. Das Wie ist oft viel weniger wichtig, als daß man überhaupt etwas tut und seine Biographie auch in materiell-

elementarem Sinn wirklich lebt. Gurdjieff sagte einmal, es gibt nur
Materie, nichts anderes. Darüber läßt sich lange nachdenken ...

Der Daumen und die Form der Hand

Vielen Menschen ist die Bedeutung des Daumens für das Dasein
der Hand kaum bewußt. Er wurde bereits bei den Griechen als
Antihand bezeichnet. Es gibt indische Handleseschulen, die ihre
Voraussagen alleine vom Daumen ableiten. Der Daumen bildet eine
Querachse zur Längsachse in der Hand. Daher gilt einer der ersten
Blicke eines Handlesers dem Daumen und seinem Ansatz. Seine
Funktion für die Hand ist ähnlich vital wie die der Lebenslinie, die
ja um die Basis des Daumens, den Venusberg, herum verläuft.
Betrachten wir dies in Abb. 11.

Ein hoher Ansatz (in Richtung Jupiterfinger) läßt die Marsebene
enger werden und räumt der Ebene der Triebkräfte dafür mehr Platz
ein. Mit diesem Ansatz ist man starrsinnig und aggressiv. Ein tiefer
Daumenansatz vergrößert den seelisch-mentalen Raum entsprechend. In Büchern sah ich zwei grundverschiedene Daumenansätze:
Einstein und Stalin. Stalins Ansatz war spitz und hoch *(11a)*,
Einsteins Ansatz war äußerst tief und hatte Abstand zum Handteller
(11e). Der Ansatz 11a (Stalin) wirkt eng und unnachgiebig, das Bild
(11e) spricht von Toleranz und intellektueller Weite. Ansatz 11d
zeigt ebenfalls Generosität und Großzügigkeit. Der Daumen ist sein
eigener Souverän, so abgesetzt ist er. Die Lage *(11b)* gibt dem aktiven
Marsberg *(Abb. 15c, s. S. 84)* viel Raum, der ganze Handteller
verändert sich. Hier liegt auch der Unterschied zwischen quadrati-
schem und rechteckigem Handteller begründet. Ein hoch angesetzter Daumen bedingt den quadratischen Handrumpf, ein tief angesetzter Daumen längt den Handteller. Ein weiterer Gesichtspunkt,
der mir sehr wichtig ist, liegt in der Verschiebung des Daumenan-
satzes nach außen *(Abb. 11d, 11e)*. Der Daumen bekommt mehr
Schwung, wenn er von außen kommend auf die Finger trifft, wie um
etwas festzuhalten. Die Hand wird insgesamt offener und großzügi-
ger. Bei dem Ansatz in Abb. 11c ist dies weniger der Fall.

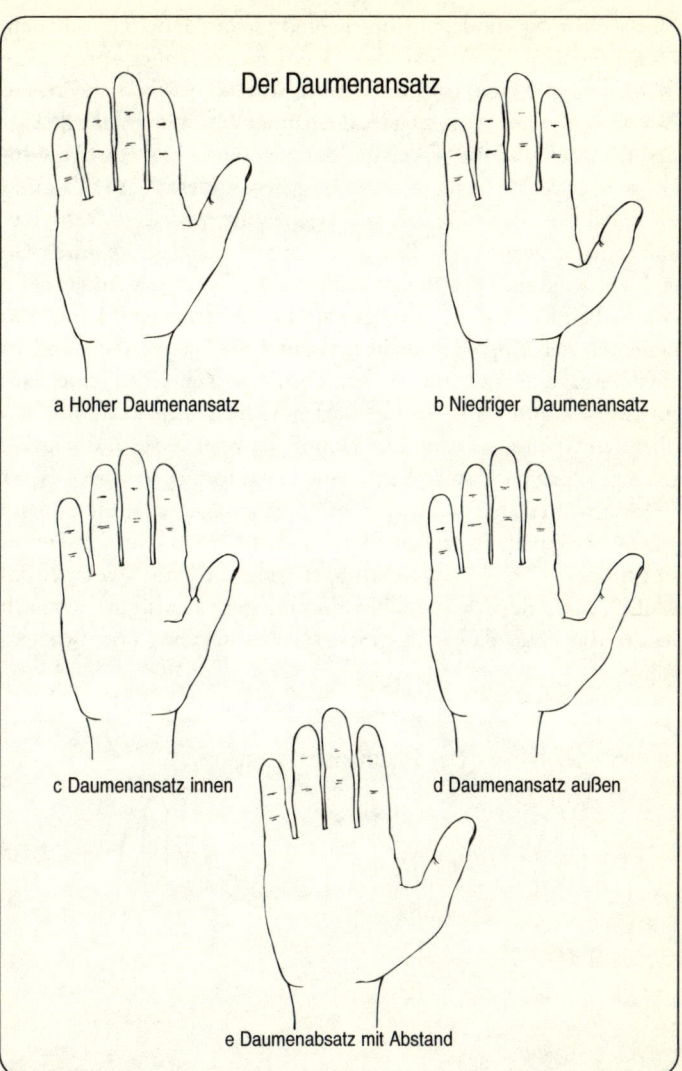

Der Daumenansatz

a Hoher Daumenansatz

b Niedriger Daumenansatz

c Daumenansatz innen

d Daumenansatz außen

e Daumenabsatz mit Abstand

Abb. 11

Nun wollen wir uns dem Daumenspreizwinkel *(Abb. 12)* zuwenden. Dieser entsteht, wenn man den Daumen nach außen spreizt. Ein Winkel von 90 Grad (rechter Winkel) wird als elastisch angesehen. Ein Winkel unter 90 Grad gilt als entsprechend weniger flexibel für den Daumen und die Willensäußerungen seines Eigners. Ein Winkel von über 90 Grad würde eine gewisse Desorientierung und eventuell eine Unfähigkeit, die eigenen Interessen zu vertreten, ankündigen. Man vergleiche auch die Spreizwinkel der Daumen von rechter und linker Hand. Oft ist dieser Winkel in der Arbeitshand (Rechtshänder: rechts) geringer als in der anderen Hand. Das bedeutet, daß Zugreifen nicht freier und flexibler macht, sondern eher verhärtet, wie dies in der folgenden Zen-Geschichte zum Ausdruck kommt: Ein Schüler beklagt sich bei seinem Zenmeister über den Geiz seiner Frau. Der Zenmeister besucht sie und zeigt ihr seine geschlossene Faust. Wenn seine Hand immer so wäre, fragt er sie, wie würde sie eine solche Hand nennen? Sie sagt, diese Hand wäre verkrüppelt. Er hält ihr dann die flache Hand hin: "Und wenn sie immer so wäre?" "Auch verkrüppelt", sagt die Frau. "Wenn du das weißt", sagte der Meister, "bist du eine gute Hausfrau." Danach wußte die Frau, daß man gleichermaßen abgeben und behalten sollte.

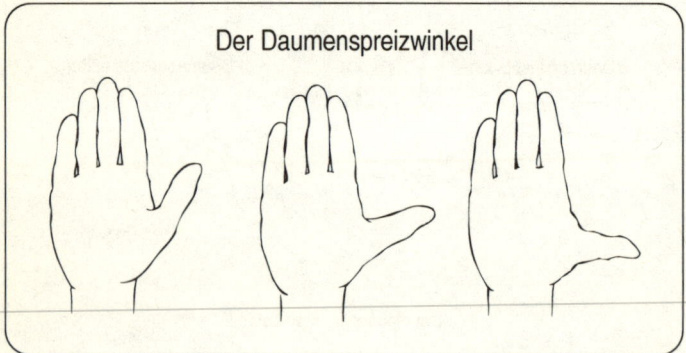

Der Daumenspreizwinkel

Abb. 12

Ich erzähle die Geschichte an dieser Stelle, denn gerade der Daumen ist das Paradebeispiel für Freizügigkeit oder Enge in der Hand. Besonders die Arbeitshand verengt sich und verkrampft, wenn man sie nur als Greifwerkzeug (Haben, Kriegen, Kontrolle) benutzt. Mir ist eine sehr engstirnige Familie bekannt, wo die Frau eine völlig rheumaverkrümmte Hand hat, so sehr ist dort Kontrolle und Festhalten angesagt. (Es sei hier eine gute Übung zum Lockern der Hand empfohlen: Chi-Kung-Kugeln in der Hand kreisen lassen. Eine Bekannte mußte nach einem Skiunfall auf Krücken laufen und litt danach unter der dadurch bedingten Verkrampfung ihrer Hände. Mit Chi-Kung-Kugeln brachte sie die Angelegenheit schnell und natürlich wieder in Ordnung.)

Ein tiefer, außen angesetzter Daumenansatz gibt auch der sogenannten Maus auf der Rückseite der Hand mehr Ausdehnung. Wenn diese Maus *(Abb. 13a)* fest und hoch gewölbt ist, gilt dies als sicheres Zeichen für biologische Vitalität und Kraft.

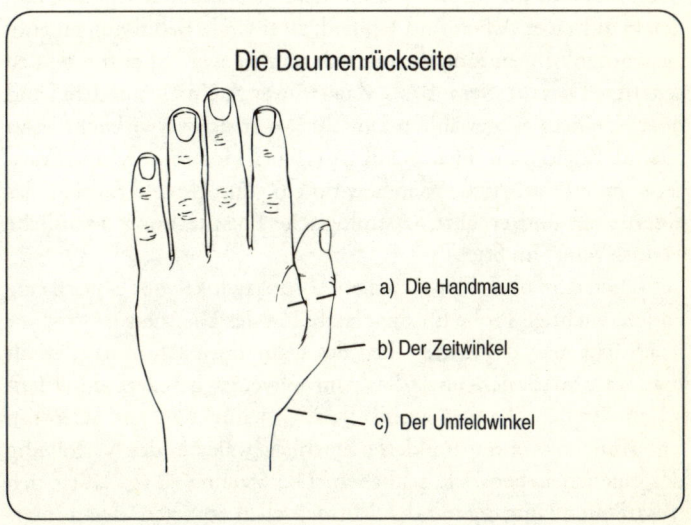

Die Daumenrückseite

a) Die Handmaus

b) Der Zeitwinkel

c) Der Umfeldwinkel

Abb. 13

Wenn wir die Daumenrückseite betrachten, gilt wieder das Prinzip: Platz einnehmen, heißt, sich ins Leben bewegen, sich Ausdruck verschaffen. Der Winkel *(Abb. 14b)* scheint den Daumenansatz noch weiter nach außen zu rücken. Der Wille und die Durchsetzungskraft des Daumens wird so in die Welt transportiert. In der Handlesetradition wird diese Durchsetzung auch auf die Zeit bezogen: Je mehr der Daumen hier nach außen ragt, um so eher richtet sich das Subjekt nach der Zeit, ist pünktlich und verlangt Pünktlichkeit von der Umwelt. Und es stimmt! Ich las einmal die Hand eines Vietnamesen und fand diesen Winkel sehr prominent abgesetzt und fragte ihn, ob er ein sehr ausgeprägtes Verhältnis zur Zeit habe. "Ja", sagte er lachend, "schon als Kind war ich in Vietnam der einzige im Dorf, der sich nach der Uhrzeit richtete, alle anderen kamen ohne Uhrzeit aus ..."

Ein anderes Beispiel, wie die Willenskraft des Daumens in die Außenwelt hineinragt, ist der Winkel *(Abb. 13c)*. Er befindet sich noch mehr an der ursprünglichen Daumenbasis und sagt aus, daß der Handträger Arbeit und Umfeld, zwei vitale Bedingungen also, zusammenbringen möchte, um sich sein eigenes Arbeitsumfeld zu schaffen. Dies tut, wer z. B. als Maler, Autor, Architekt auf dem Land oder in einem ausgewählten Umfeld, wo er sich verwirklicht, etwa auch als Kapitän auf einem Schiff, im eigenen Hotel oder Meditationszentrum etc., arbeitet. Man bewirkt ein gutes Umfeld für sich, das einen trägt und ernährt. (Astrologische Entsprechung: Häusliche Venus, Venus im Stier.)

Neben dem oben besprochenen Abspreizwinkel gibt es noch eine andere wichtige Probe für die Flexibilität des Daumens:

Drückt man das dritte Glied des Daumens nach hinten, erhält man Informationen über die "Umweltverträglichkeit" des Menschen. Ist der Daumen wenig flexibel, kann man auf Starrsinn, Egoismus, sowie ungemilderte Brachialgewalt bei der Verfolgung der eigenen Lebensziele schließen. Die Stellung *(14b)* läßt einen bewußteren Umgang mit den Mitmenschen erwarten, deren Interessen der Daumenbesitzer ebenfalls berücksichtigen kann, wenn er

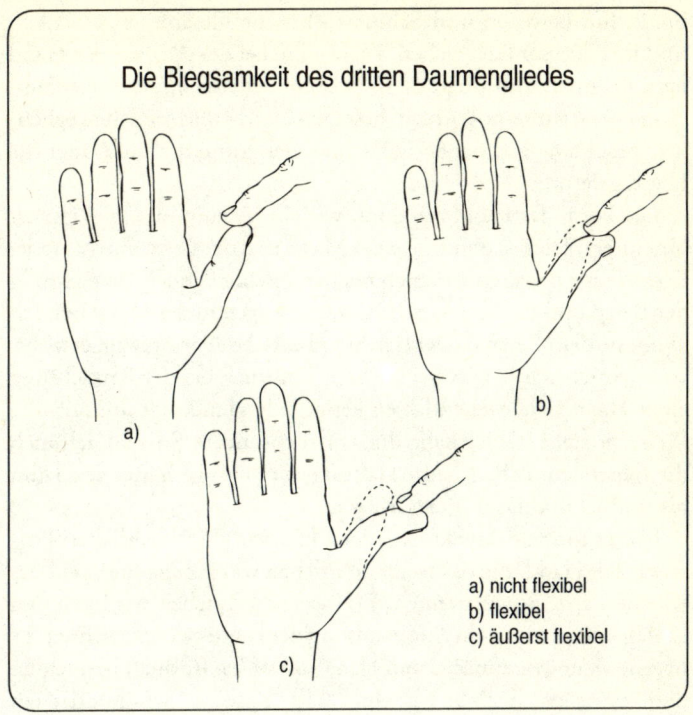

Abb. 14

seine eigenen Projekte verfolgt. Ist das dritte Daumenglied jedoch überflexibel, wird sich die Person eher nach anderen Menschen richten, als ihre eigenen Ziele zu verfolgen. Sie 'schreckt davor zurück', mit bewußter Festigkeit auf ihrem Willen zu bestehen. (Ich erinnere mich an einen Klassenkameraden, der einen sehr flexiblen Daumen besaß, den er immer unter der Schulbank zu unserer Freude tanzen und sich verrenken ließ, er wurde von den anderen aber auch völlig 'untergebuttert' und nie ernst genommen.) Da wir schon dabei sind: Man kann auch das Handgelenk auf seine Flexibilität hin bewegen und Schlüsse über die Gesamtpersönlichkeit und ihre Biegsamkeit ziehen. Man sollte bei der Analyse der Hand dem Daumen unbedingt die Beachtung schenken, die er verdient. Nun haben wir seine Form, d. h. seinen Umriß und seine Beweglichkeit beachtet. Jetzt haben wir schon viel grundsätzliches über die Hand gelernt.

Die Form der Hand zeigt uns, wie ein Mensch in seine Umwelt hineinragt. Dies ist eine Frage der Masse und der Form von Materie. Diese Frage behalten wir auch bei der anschließenden Betrachtung der Berge und Erhöhungen bzw. Vertiefungen in der Hand bei. Ich wünsche dem Leser, daß er sich ein plastisches Formgefühl erwirbt, von dem er sich bereits beim ersten Eindruck bei der Betrachtung einer Hand sicher leiten lassen kann. Jede Hand sagt uns auf ihre Weise: So stehe ich, ich kann und will nicht anders. So stellt sich auch ihr Träger dem Leben: Seine Haltung ist fest bis verhärtet und kann bis flexibel und konturlos variieren.

Dieser formale Aspekt ist jedoch klar von der inhaltlichen Botschaft der Hand, die das seelische Erleben von Freude und Leid des Klienten anzeigt, zu trennen. Das seelische Erleben wird von den Linien und der inneren Ausgestaltung der Hand gekennzeichnet. Es ist, wie wenn wir zunächst ein Haus von außen (formal) betrachten und feststellen, es sieht wie eine Villa, Kaserne, Schule oder ein Bahnhof aus. Doch durch die innere Möblierung (bei der Hand: Linien, Papillarmuster etc.) kann sich ein ganz anderes Bild ergeben. Erst die Kombination von Form und Inhalt gibt Aufschluß über die Frage nach der Verbindung von Mittel und Zweck und dem so angestrebten idealen Leben, das wir uns alle wünschen.

Die Energien der Handberge und Finger

Überall da, wo die Hand Berührungspunkte mit der Welt aufweist, ist sie gepolstert und geschützt. Diese Polster oder Puffer sind jedoch keine tote Masse, denn sie dienen gleichzeitig als Energiereservoir, das wir uns so vorzustellen haben: Auch ein Eishockey-spieler trägt an empfindlichen Stellen, wo er mit dem harten Eis oder mit den Körpern seiner Mitspieler in Berührung kommt, dicke Polster. Wenn er nun in der Pause etwas lesen möchte oder einen Erfrischungstrunk oder eine Vitamintablette zu sich nehmen wollte, könnte er diese Erquickungen an sich am besten in diesen Polstern unterbringen. In einer ähnlichen Situation ist unser Körper. Alles, was er geistig, seelisch oder materiell darstellt, muß er in sich selbst, d. h. als sich selbst speichern.

Diese Speicherkapazität finden wir in der Form (Größe, Höhe, Ausdehnung) oder in der Masse selbst (Fettreserven, Muskeln), oder sie ist in die Nervenstrukturen eingegangen. Energie wird zu Materie und umgekehrt wird Materie zu Energie, wenn die Vorräte aufge-braucht werden. Die Energiereserven in der Hand sind für den Gesamtkörper sogar so wichtig, daß bei extremer Abmagerung, etwa durch Krankheit, die Polster in der Hand nicht abgebaut werden. Unsere gesamten Anlagen und Erfahrungen sind so in unserem materiellen Aufbau enthalten - wie ja auch in den Jahresringen eines Baumes seine zum Wachsen vorhandene Energie sowie die klimati-schen Bedingungen jedes Jahr eingezeichnet werden. An unserer Hand ist also nichts zufällig. Sie ist ein Psychogramm, das über unsere Wachstumskonditionen wie über unseren psychologischen Willen zum Leben Auskunft gibt. Wenn ein Mensch noch bedeuten-de Pläne hat, wird er unbewußt andere Speicher anlegen, als wenn er bereits mit dem Leben abgeschlossen und resigniert hat. Wir brau-chen also in der Hand nur die Funktion eines Areals zu kennen und können daraus den Verwendungszweck und die Energie des gespei-cherten Materials ableiten. Die Energiespeicher in Form der Berge sind in der folgenden Graphik dargestellt.

Wir unterscheiden zwei Arten von Bergen: a) solche, die einem Finger Energiezufuhr leisten, und b) Berge, die wir freistehend in der Hand finden.

Eine Sonderstellung nimmt der Venusberg *(Abb. 15b)* ein, der das erste Fingerglied des Daumens darstellt. Wenn wir die Stärke und

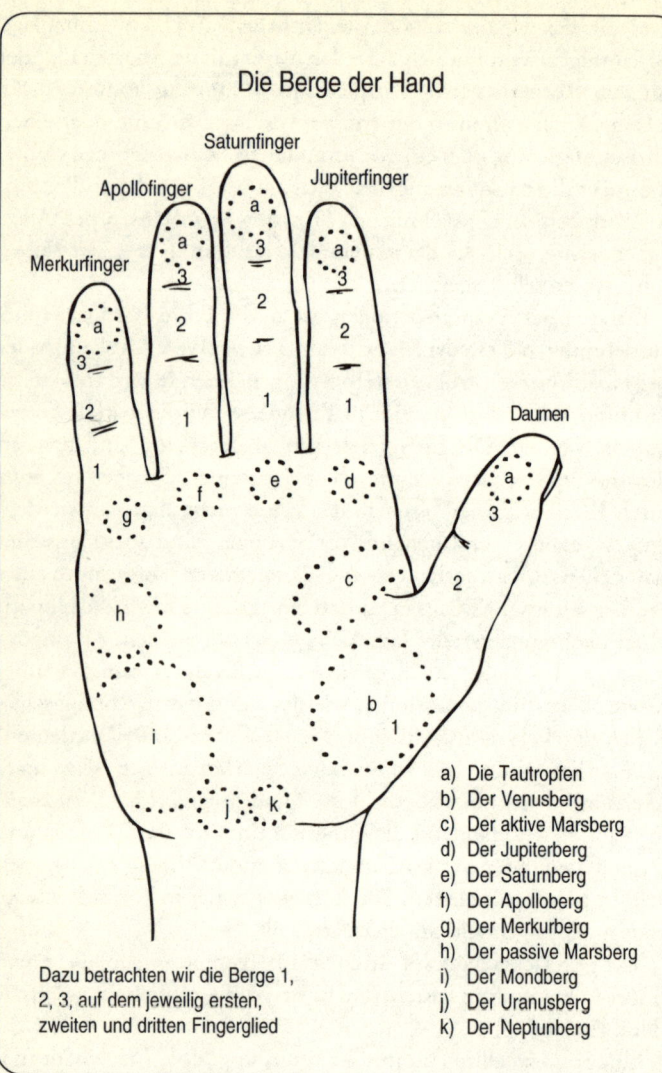

Die Berge der Hand

Saturnfinger

Apollofinger

Jupiterfinger

Merkurfinger

Daumen

a) Die Tautropfen
b) Der Venusberg
c) Der aktive Marsberg
d) Der Jupiterberg
e) Der Saturnberg
f) Der Apolloberg
g) Der Merkurberg
h) Der passive Marsberg
i) Der Mondberg
j) Der Uranusberg
k) Der Neptunberg

Dazu betrachten wir die Berge 1,
2, 3, auf dem jeweilig ersten,
zweiten und dritten Fingerglied

Abb. 15

Qualität der Berge erkunden wollen, sollten wir berücksichtigen, daß die Berge von Körperform und Handform abhängig sind. So speichert die kleine, rundliche Hand des Pyknikers mehr Energie (die Berge sind höher), als die flachere Hand des athletischen Menschen (Energie wird hier nicht gespeichert, sondern gleich umgesetzt). Die große Hand des Leptosomen kann unterschiedlich ausfallen, die Wasserhand ist runder und weiblicher als die Feuerhand. Auf jeden Fall sollte man sich davor hüten, von 'zu hohen' Bergen zu sprechen oder von 'zu flachen' Bergen zu phantasieren. (In einem Buch fand ich den Hinweis auf die 'zu langen' Finger einer Nonne. Zu lang wozu? oder wozu nicht? Wenn es ihr in ihrem Kloster gefällt, kann sie die Geistigkeit ihrer Finger doch dort gut leben ...) Ein Handleser ist kein Sittenrichter oder Moralwächter, er wird auch nicht vom Arbeitsamt geschickt, um zu äußerer Leistung und Professionalität zu motivieren. Sämtliche abwertenden Urteile sollten tunlichst unterbleiben. Betrachten wir nun die zu Fingern gehörigen, gebundenen Berge.

Der Venusberg *(Abb. 15b)*

Der Venusberg versorgt den Daumen (Ausdruck des Willens) mit vitaler und instinktiver Kraft. Da der Daumen auf der persönlichen Ich-Seite der Hand angesiedelt ist, wird dieser Kraft auch eine persönliche, d. h. sexuelle oder libidinöse, Färbung zugeschrieben. Man kann die Kopflinie befragen, ob der Klient eine geordnete 'Linie' für die instinktiven Willenskräfte des Venusberges findet.

Der Jupiterberg *(Abb. 15d)*

Der Jupiterberg verstärkt die Tendenz des Jupiterfingers nach dominierender Selbstdarstellung. Dazu eine Beispiel aus der Praxis: Eine Frau hatte den größten Jupiterberg, den ich je gesehen hatte. Doch sie fühlte sich nicht entsprechend dominierend, auch war der dazugehörige Jupiterfinger nicht übermäßig ausgeprägt. Doch als wir über ihre Lebenssituation sprachen, fanden wir die richtige Deutung. Sie ist Geschäftsführerin in einem Optikerladen und genießt es, daß die Kunden zu ihr kommen und auf ihre gute Arbeit angewiesen sind. So beherrscht sie ihr berufliches Umfeld mit der gebundenen Kraft des Jupiterberges. Mit einem größeren Jupiterfinger hätte sie sich sicher selbstständig machen wollen. Aber so hat sie ja auch genau das gefunden, was sie will: Sie kann dominieren, ohne ein Risiko einzugehen, und nützlich ist es auch.

Der Saturnberg *(Abb. 15e)*

Der Saturnfinger ist der Finger der Mitte. Er ist der mediale Finger und steht auch für Beschäftigung des Menschen mit sich selbst, für Bewußtsein und Meditation. Der Saturnberg unterstützt Tendenzen zur Selbstfindung, nicht zuletzt auch dadurch, daß er der zu erwartende Endpunkt der Schicksalslinie ist und diese anzieht.

Der Apolloberg *(Abb. 15f)*

Der Apollofinger ist der Welt zugewendet und steht für öffentliche Anerkennung durch Kunst und Bildung. Der Apolloberg liefert Energien, die der Zuwendung zu Schönheit, Harmonie und Karrieren auf schöngeistigem Gebiet förderlich sind. Mit seiner Energie finden wir einen Platz, der uns auf kulturellem Gebiet Erfolg genießen läßt.

Der Merkurberg *(Abb. 15g)*

Der Merkurfinger ist das Gegenstück zum Daumen; er sendet und empfängt Ich-Kräfte sozialer Natur. Mit den Kräften des Merkurberges behaupten wir unseren Platz im sozialen Umfeld. Wir machen uns unübersehbar. Merkur ist der Gott des Handels und Wandels und auch der Diebe, so 'stehlen' wir uns gesellschaftliche Bedeutung (oder jemand anderem die Show), wir schmuggeln uns in den Vordergrund. Dann kaufen wir uns ein teures Auto und sagen, es war nur ein unabsichtlicher Fehltritt, weiblicherseits kommt es zu auffälligem Aussehen, das als ganz natürlich zu gelten hat. "Hony soit, qui mal y pense", ein Schelm, wer Schlechtes dabei denkt. Öffentlicher Merkur auf der Weltseite, private Venus *(Abb. 15b)* auf der Daumenseite stehen sich somit augenzwinkernd gegenüber ...

Die traditionelle Handanalyse sieht die Berge den jeweiligen Fingern zugeordnet. Es scheint aber, daß sich in der heutigen Generation eine andere Verteilung findet: Meist gibt es nur drei Berge, eine Kombination von Jupiter-/Saturnberg, daneben finden wir das Ende der Schicksalslinie, dann sehen wir eine Kombination Saturn-/Apolloberg, daneben erscheint der Endpunkt der Apollolinie, danach kommt als letzte Kombination ein Berg, der anteilig aus Apollo-/Merkurberg besteht, ganz außen an der Hand sind dann noch die Samariterlinien *(Abb. 26e, s. S. 118)* zu finden.

Statt von deplazierten Bergen zu sprechen, halte ich es für besser, sich darüber klar zu werden, daß in einem solchen Fall die Kraft der jeweiligen Linie so stark war, daß sie den Berg an seiner normal zu erwartenden Stelle am Beginn des Fingers einebnete. Das Thema, das die Linie biographisch ankündigt, wird somit wichtiger als die Energie des Berges.

Dies hat seine Logik, denn die Ausprägung von Persönlichkeit erscheint heute vielfach vorteilhafter als das Entwickeln von reiner 'Power'. Die durch die Linien vertretenen Eigenschaften wie Klugheit, Diplomatie und bewußtes Sich-Arrangieren erlauben noch persönliche Lebenserfolge im späteren Alter. (Dies ist die zeitliche Einordnung des Raums am Ende des Handtellers.) Man kann hier von einem Sieg der 'Nerven' sprechen, denn die Linien öffnen sich der Nervenstruktur der Hand, und dies verdrängt die Kraftpakete (z. B. Jupiterberg) von ihren angestammten Plätzen. Dieser Vorgang weist auf unsere immer stärker kommunikativ geprägte Lebensführung hin. In der Hand ist ja nie etwas falsch, sie ist immer eine Abbildung unserer Wirklichkeit. Man kann es auch so sehen, daß sich die Berge durch diese Verschiebung vom Einfluß der Finger und Linien freigemacht haben und daß sie selbständiger geworden sind. Dies bringt uns zur Betrachtung jener Berge, die von vornherein keinen Finger 'über sich' haben.

Die ungebundenen Berge

Diese Berge sind besonders wirksam. Ihre Kraft geht direkt nach außen wie die eines Vulkans, der seine Glut herausschleudert. Dies gilt besonders für die beiden Marsberge, die traditionell für unsere Aggressivität stehen. Das Wort Aggression hat heute eine sehr negative Färbung, ursprünglich bedeutete es im Lateinischen nur 'auf etwas zugehen'. In diesem Sinn kann Aus-sich-Herausgehen, Auf-etwas-Zugehen auch eine liebende Zuwendung für einen Menschen oder das Streicheln eines Tieres bedeuten.

Der aktive Marsberg *(Abb. 15c)*

Dieser Berg ist auf der Ich-Seite, der männlichen, selbst-bejahenden Seite angesiedelt. Insofern wirkt sich die Kraft, die er schenkt, als aktiv-aggressive Ladung aus, die zu Kampf, Streit, Durchsetzung befähigt. Für mich ist der Thesenanschlag Luthers eine Handlung, die für die Energie des aktiven Marsbergs typisch ist: sie geschah mit Entschiedenheit und einem Hammer! Im Fernsehen sah ich den Wahlkampf(!)leiter des Präsidenten Clinton - und was für einen aktiven Marsberg dieser Mensch hatte! Ich finde es vorteilhaft, einen pointierten aktiven Marsberg zu haben, man sollte nur eine gute Sache finden, für die man sich streitbar einsetzt. Es kommt darauf an, was man aus diesem Energiepaket macht, privat habe ich ihm den Namen "Streithügel" verliehen. Wer ihn hat, geht keinem Streit aus dem Weg!

Der passive Marsberg *(Abb. 15h)*

Dieser Berg liegt auf der Weltseite. Hier wirken die kollektiven Kräfte, unter deren Einfluß wir alle stehen. Doch da kein Mensch es bis jetzt geschafft hat, der ganzen Welt seinen Willen aufzuzwingen, müssen wir uns auch darin üben, die Welt auszuhalten, uns zurück-zuziehen, passiv abzuwarten, bis günstige äußere Umstände für unsere Ziele eintreten. Die Kraft dazu erhalten wir vom passiven Marsberg. Mit seiner Hilfe können wir mit unseren Kräften haushäl-terisch umgehen und unser Pulver trocken halten, bis die Zeitqualität für unsere Projekte günstig ist. Dazu muß man auch 'Nein' zu Dingen sagen können, die nur Ersatz für das wären, was man anstrebt. Dieses Durchhalten, nötigenfalls im selbstgewählten Exil mitten unter fremden Menschen, wird vom passiven Marsberg unterstützt. Neuerdings wird dieser Berg auch Plutoberg genannt. Pluto steht für das Massenzeitalter. Man muß sich zunächst aus der Masse heraushalten können, um sie dann zu beherrschen. Die dazu nötige Haltung, mit der man immer auf dem Sprung ist, bis man seine Chance bekommt, erhält man von der plutonischen Kraft, die auch die Intelligenz immerwährender Bewegung ist. Der aktive Marsberg wirkt explosiv, der passive Marsberg verleiht den Plänen seines Eigners die Kraft der Dauer.

Der Mondberg *(Abb. 15i)*

Der Mondberg liegt dem Venusberg *(Abb. 15b)* (deshalb in der Literatur auch einmal analog Sonnenberg genannt) direkt gegenüber. Die Anziehungskraft des Mondes auf das Wasser ist bekannt, deshalb wurde auf mittelalterlichen Handlesekarten auf dem Mondberg oft ein Schiff eingezeichnet, was Reisen bedeutete. So sehen wir im Mondberg das Fremde, das nicht Routinierte, die Intuition am Werk. Im Fernsehen oder in Magazinen sieht man bei Prominenten immer wieder einen erhöhten Mondberg. Diese Kraft läßt diese Personen intuitiv ihren Weg in der oft unübersichtlichen Landschaft von Medien, Politik und Sport finden. Um dies auf einen klaren Nenner zu bringen, kann man sagen: Der Venusberg unterstützt uns dabei, zu spüren und durchzusetzen, was wir selbst wollen; der Mondberg hilft uns mit seiner Energie, intuitiv das zu spüren, was die anderen wollen und als ihr Geheimnis unbewußt in sich tragen. Die Energien des Mondbergs sind sehr real, auch wenn sie uns scheinbar irreales Material erschließen. Daß auch Mythen wie die Gralslegende oder die Vertreibung aus dem Paradies und auch politische Systeme und Religionen sehr starke kollektive Energien in sich tragen, wird uns immer deutlicher bewußt. Hier finden wir die Kräfte für den allgemeinen menschlichen Fortschritt und der individuellen Bemühungen zur Erweiterung des Bewußtseins, aber auch zu Kriegen und kollektiver Diskriminierung angesiedelt. Mit einem starken Mondberg ist man immer wie mit einer geheimen Sende- und Empfangsanlage auf die guten wie auch schlimmen Programme anderer Menschen und geheimnisvoller Botschaften eingestellt. Ohne den Mondberg und seine Kräfte wären wir unsensibel für "Kräfte, die außerhalb der geschöpflichen Begrenzung liegen." (Ursula von Mangoldt).

Für mich als Reinkarnationstherapeuten ist der Mondberg der Ort, an dem auch die Kräfte, die aus früheren Leben wirksam sind, gespeichert werden. Der Mondberg zeigt so unsere Visionen, in denen wir leben. Ein hoher Mondberg zeugt von starken Bezügen zu noch unwirklichen Ahnungen und noch nicht geborenen Formen, die es zu realisieren gilt. Oft weiß ein Klient nicht, wie stark diese Kräfte in ihm wirken, es gibt ja kaum Vergleichsmaßstäbe.

Der Neptunberg *(Abb. 15k)*

Der Neptunberg wird auch Ort des Ursprungs genannt, hier entstehen traumhaftes Ahnen und visionäre Wahrnehmungen. Vom außerpersönlichen Bereich eines geistigen Nichtseins taucht eine Seinskraft auf, wie auch das Leben sich in all seinen Formen einst aus dem Meer entwickelte. Der Neptunberg ist ein idealer Platz für den Beginn der Schicksalslinie, da er die Mitte zwischen Ich-Kräften (konkret) und Mondkräften (kollektiv, verschwommen, veränderlich, unfaßbar) darstellt und Anteile an beiden Seiten hat. Diesem zweiseitigen Aspekt entspricht im Tarot die Karte des Gehängten (XII), der zwischen Erde und Himmel umgekehrt hängend die Welt verkehrt herum sieht.

Der Uranusberg *(Abb. 15j)*

Seine Kräfte sind eruptiver als die des Neptunberges. Sie schenken Begeisterung für Geheimes in der Welt, sie ermutigen zum tiefen Eindringen in esoterische Erfahrungen. Die Uranus-spezifische Losung heißt "jetzt oder nie", sie fordert uns dazu auf, "total im Hier und Jetzt" zu sein, was eine explosive Haltung des "Alles oder Nichts" ergibt. Die Tarotkarte, die dieses ungestüme Engagement ausdrückt, ist die des Narren (O). Die Kräfte des Mondbergs lassen sich in der Öffentlichkeit und in den Medien erfolgreich anwenden, Uranus will mehr. Er zwingt zu verwegenem Einsatz, der Pioniergeist und extremen Wagemut erfordert. Hiermit meine ich das Hinabsteigen in Dunkelheit und Auflösung, wie dies die Aufgabe des Schamanen ist, der an den Plätzen der inneren Finsternis und Auflösung stellvertretend für andere um Licht und Erkenntnis ringt. Ein starker Uranusberg gibt seinem Eigner die Kraft, die ihn zum Umsturz alter Ordnungen begeistert.

Die Zeitqualität von Uranus und Neptun

Als Handleser muß man die Zeichen der Zeit erkennen und in den Händen der Klienten wiederfinden können, um sie zeitgemäß zu beraten. Die Stichwörter hierzu sind Wahrheitsfindung, Saturn, Uranus, Wassermannzeitalter. Menschen mit besonderen Zeichnungen und Energiebergen an Uranus und Neptun in der Hand können sich besonders gut auf die Suche nach Auflösung einlassen. Beide Zeichen sind transsaturnisch, d. h. sie sind auf der Mondseite der Saturn- oder Schicksalslinie (linke Seite) der Hand zu finden. Man sagt der neuen transpersonalen Psychologie ebenfalls transsaturnische Qualitäten zu, wenn sie das kontrollierbare Feld der Person verläßt und ins kollektive Unterbewußte, in frühere Leben, in schamanische Visionssuche, in Experimente mit halluzinogenen Stoffen, in die Neugeburt nach Auflösung in der Atemerfahrung (Rebirthing) vordringt. Hier trifft man das 'Andere', hier werden Quellen erschlossen, die dem rational beherrschten Menschen sehr fremd erscheinen müssen. Neptun wurde erst 1846 entdeckt, Uranus ein paar Jahrzehnte zuvor, sie sind geheimnisvolle Planeten, deren Einflußgebiete wir uns erst langsam (aber sicher!) erschließen. Vor 1950 wurde in keiner Schrift über das Handlesen der Uranus-

Neptunbereich erwähnt! Uranusberg und Neptunberg finden sich am untersten Ende bzw. am Beginn der Hand, wo auch die Zeichnung der Papillarien ihren Anfang nimmt. Hier ist die Grenze zwischen unbewußten Vitalkräften (siehe Bereich der Raszetten *(Abb. 35g, s. S. 138)*, in denen die Akupressurpunkte für die Geschlechts- und Fortpflanzungsorgane liegen) und der bewußt beeinflußbaren Lebensgestaltung. Geistig betrachtet stehen beide Planeten für das Prinzip des Uranfangs wie auch der Auflösung und Extase, des individuellen oder massenhaften Kontrollverlustes. In der Sexualität, im Rausch (Drogen) wird Auflösung erlebt, man ging auch so weit (Sri Rajneesh), in der orgasmisch-orgiastischen Extase den Anfang der Suche des Menschen nach Erleuchtung zu sehen.

Ist die Sphäre der Fingerspitzen und ihrer Berge (Tautropfen, *s. S. 84, Abb. 15a)* direkt der Welt und der Öffentlichkeit zugewandt, so finden wir im Uranus- und Neptunbereich unsere intimsten Wünsche nach Auflösung und Extase mit Energie versorgt. In diesem Bereich beginnt auch die Via Lascivia *(Abb. 35b, s. S. 138)*, die mit Drogen und allerlei Lastern in Verbindung gebracht wird. Die Karten des Narren und des Gehängten, die beide frei anders, und auf ihre Art unangepaßt sind, mögen uns Angst machen oder heimlich anziehen, ihrer Herausforderung haben wir uns im beginnenden 'New Age' zu stellen ...

Es hat bereits enorme Veränderungen der Einstellungen gegeben, die sich in einer neuen Bereitschaft zur Erforschung der nicht-rationalen Bereiche im Menschen zeigen. Auch ich spürte Mitte der siebziger Jahre einfach den Drang nach dem anderen, was mich zu Asienreisen und der Tätigkeit in Reinkarnationstherapie und erweitertem Atem, Tarot und Handlesen brachte.

Und in Asien? Ich erinnere mich an mein Staunen, als ich einen buddhistischen Mönch in einem Tempel in Bangkok traf, der einen Stapel Bücher neben sich hatte; von Artur Janov (Urschrei) bis C. G. Jung las er die gesamte westliche Forschung über die Psyche. Und in einem Kloster im Norden Thailands, in Chiang Mai, dort fand ich ebenfalls das Neuste an den revolutionären psychoanalytischen Forschungen des Westens und auch der Kollegen in Indien (Sri Rajneesh und Sai Baba) öffentlich und für jeden, auch weltlichen Besucher in der Bibliothek versammelt. Das Uranisch-neptunische Stichwort 'eine andere Realität' wird zu einer neuen Grenze und Herausforderung werden, die wir wie die Pioniere im amerikanischen Wilden Westen unter Einsatz aller Kräfte immer weiter hinausschieben, bis wir im wirklichen Menschsein ankommen werden. Der diesseits-saturnische, egoistische Positivismus (... Kontrolle ist besser), den auch Freud noch vertrat, genügt den neuen Zeitqualitäten nicht mehr. Loslassen, Vertrauen in neue Erfahrungen, Selbstverwirklichung werden neue Bereiche erschließen. Der Anfang ist gemacht, auch in den neuen Entdeckungen, die unsere Hand für uns bereithält.

Abschließende formale Betrachtungen

Es gibt natürlich unermeßlich viele Kriterien, nach denen wir die Erscheinungsformen der Hand beurteilen können. Hier seien noch einige wesentliche herausgehoben:

Die Tautropfen

Es sind kleine Erhebungen auf den Fingerspitzen, sie sagen viel über die Sensibilität und sinnliche Energie des betreffenden Handeigners aus. Sie befähigen ihn zu intuitiven Massagetechniken und bescheinigen ihm Offenheit und Gespür im Kontakt mit der Welt. Sind auf einzelnen Fingern Tautropfen vorhanden, so bedeuten diese besondere Sensibilität für den Bereich, dem diese Finger entsprechen. Die Tautropfen zeigen insgesamt die Tendenz an, ob man lebt, um zu arbeiten (keine Tautropfen) oder ob man arbeitet um (sinnlich und sinnvoll) zu leben (entsprechend mehr Tautropfen).

Ich lasse hierzu auch eine kleine, aufschlußreiche Geste machen. Ich bitte mein Gegenüber, er möge mit seinen Fingern eine Oberfläche prüfen, wie einen Stoff etwa, den man kaufen will. Dann sind manche Menschen direkt zupackend und benutzen Daumen und Zeigefinger zum Reiben, andere (eher mit Tautropfen ausgestattet) fahren zart mit den Fingerkuppen der ganzen Hand über die zu prüfende Fläche. Dabei kommen ganz tief verwurzelte Strukturen zum Vorschein. Jeder Mensch kann nur mit seiner eigenen Prüfangewohnheit arbeiten. Mit dieser Übung kann man erkennen, wie sensibel und zurückhaltend, dabei sinnlich betont, oder wie aktiv und direkt kritisch prüfend ein Mensch seine Auseinandersetzung mit der Welt führt. Unsere Fingerspitzen sind ja die vordersten und wichtigsten 'Fühler', die wir nach außen ausstrecken. Deshalb tragen sie auch besondere Papillarmuster, auf die wir später zurückkommen werden.

Die Fingerpolster

Die Finger sind innen gepolstert, und hier zeigt sich ebenfalls die energetische Ausstattung der Hand, wie wir sie von der Besprechung der Berge her kennen.

Die nebenstehende Zeichnung verdeutlicht, daß die Fingerpolster als Berge zu betrachten sind, die die Ausstattung der einzelnen Fingerelemente an Energie anzeigen. Sie beziehen sich auf das Thema des einzelnen Fingers und auf ihre Plazierung auf dem Finger:

Unterster Fingerberg, d. h. erstes Fingerglied:

Er zeigt die materielle Basis an. Ein dickes, luxuriöses Polster läßt auf entsprechend materielle Wünsche nach Komfort schließen. Man möchte 'weich gebettet' sein. Ein mittelstarkes Polster zeigt an, daß materiellen Umständen nur eine funktionale Bedeutung zugemessen wird. Ein sehr flacher Fingerberg läßt auf eine spartanische Einstellung schließen, etwa nach dem Motto: "Gelobt sei, was hart macht!" (Hierher gehört auch der Venusberg am ersten Fingerglied des Daumens.)

Die Energien der einzelnen Fingerpolster

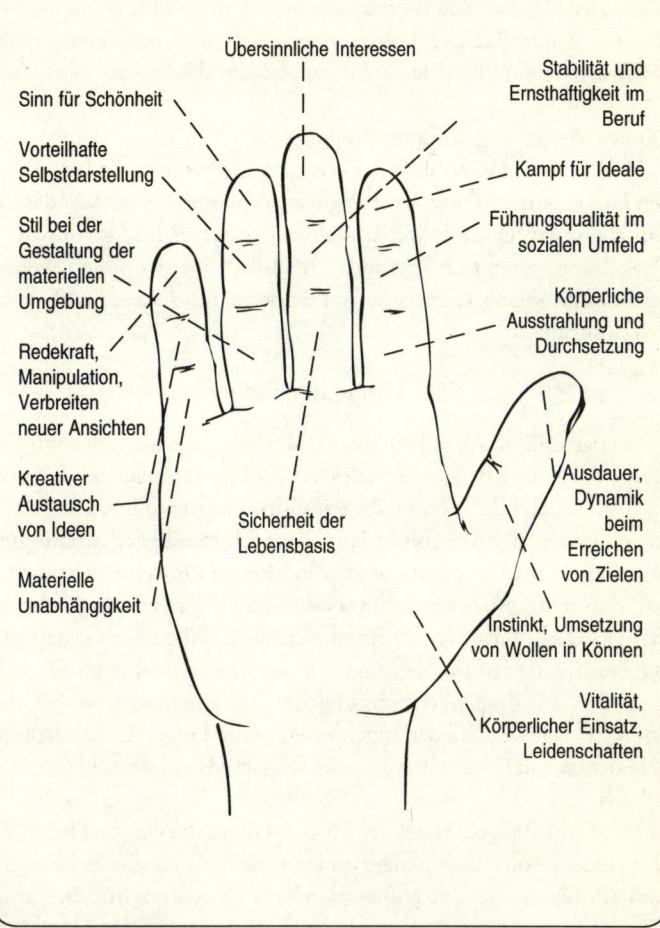

Übersinnliche Interessen

Stabilität und Ernsthaftigkeit im Beruf

Sinn für Schönheit

Kampf für Ideale

Vorteilhafte Selbstdarstellung

Führungsqualität im sozialen Umfeld

Stil bei der Gestaltung der materiellen Umgebung

Körperliche Ausstrahlung und Durchsetzung

Redekraft, Manipulation, Verbreiten neuer Ansichten

Kreativer Austausch von Ideen

Sicherheit der Lebensbasis

Ausdauer, Dynamik beim Erreichen von Zielen

Materielle Unabhängigkeit

Instinkt, Umsetzung von Wollen in Können

Vitalität, Körperlicher Einsatz, Leidenschaften

Abb. 16

Mittlerer Fingerberg, zweites Fingerglied:

Ihn betrachten wir mit Blick auf die seelische Ebene. Hier zeichnet sich die Bereitschaft ab, Freud und Leid auf dem Themengebiet des Fingers zu erleben und zu gestalten. Starke, dicke Polster deuten auf emotionale Suche nach Bestätigung und Wohlgefühl. Weniger starke und damit flachere Polster zeigen an, daß diese emotionale Nestwärme dem Handträger entsprechend unbedeutend erscheint.

Oberer Fingerberg, äußeres Fingerglied:

Hier sehen wir ein Abbild des geistigen Zielbereichs des betreffenden Fingers eines Menschen. Ein gut ausgeprägtes Polster läßt darauf schließen, daß geistige Werte auch in bequemer und genußvoller Umgebung gesucht und gefunden (realisiert) werden sollen. Weniger sinnlich angelegte Berge zeigen Tendenzen zu Askese und Selbstkasteiung an.

Die Länge der Finger

Bei der Einteilung in Feuerhand, Wasserhand usw. haben wir die Länge der Finger bereits als kollektive Einheit kennengelernt. Es ist natürlich auch sehr wichtig, die einzelnen Finger auf ihre Länge hin zu betrachten, denn sie führen ja auch ein selbständiges thematisches Eigenleben. Ihr Wachstum wird vom inneren Dritten Auge gesteuert, das seine Ansichten von Harmonie, Proportionen, lebensthematischen Betonungen, Rhythmus und Willen zur Gestaltung der Biographie auf sie überträgt. Unsere Finger sind jeder für sich auch für eine fragende Ertastung der Welt gemacht, wobei die Energien der Welt wieder angemessen in die Finger zurückfließen. Wie unsere Finger gestaltet sind, so spielen wir auf dem Klavier des Lebens ...

Der Saturnfinger, Finger der Mitte, ist meist der längste Finger. Er kann jedoch vom Jupiterfinger und auch vom Apollofinger überragt werden. Dies hätte eine außerordentliche Bedeutung für die ganze Hand. Dieser Finger übernimmt die Direktion, und sein Thema erhält 'herausragende' Wichtigkeit, er dominiert die Umwelt mit seiner charismatischen Kraft (Jupiterfinger), oder es ist ein absoluter Wille zu Kunst und Bildung (Apollofinger) da. Ein besonders langer Merkurfinger zeigt Willen zur Arbeit mit Menschen an, wie sie etwa für einen Pressereferenten typisch ist, der mit einer Schar kritischer Journalisten fertig werden muß - sich dies jedoch ausgesucht hat ... Dabei hat der Merkurfinger auch einen gewissen Luftcharakter, seine Arbeit ist nicht immer solide, sondern eher suggestiv und spielerisch.

Die Zwischenräume der Finger

Wir haben bereits vom Daumenansatz gesprochen, der eigentlich auch der Zwischenraum zum Zeigefinger ist. Der Abstand der anderen Finger zueinander ist ebenfalls bezeichnend. Wir machen hier die Lichtprobe. Wir halten die Hand gegen eine Lichtquelle und sehen, wo die Abstände zwischen den Fingern unharmonisch verlaufen. Wo sich die Finger nicht harmonisch aneinander schmiegen, entstehen lichtdurchlässige Ritzen. Entstehen diese zwischen den ersten Fingergliedern, besteht Disharmonie an der materiellen Basis. Sind sie an den Außengliedern der Finger anzutreffen, klappt es mit der spirituellen Ausrichtung der betreffenden Finger nicht. Dies sei an einem Beispiel gezeigt. Ein Bekannter hat ein deutliches Gegeneinander von Mittel- und Apollofinger. Er beschäftigt sich mit Jonglieren, hat ein unveröffentlichtes Manuskript zum Thema verfaßt, es zieht ihn zum künstlerischen Ausdruck, aber der Saturnfinger dominiert. Er steht zwischen der materiellen Sicherheit einer Tätigkeit im Sozialbereich und dem Ausleben abenteuerlicher Tendenzen. Der Apollofinger hat den Mut zum Risiko und will formal ausbrechen, aber bei diesem Konflikt bleibt es zunächst. So können die Finger inneren Kampf oder gemeinsame Harmonie in der Auseinandersetzung mit der Welt anzeigen. Man sieht 'widerborstige' Finger, die auf einem Eigenleben zu bestehen scheinen, und

Finger, die sich gegeneinander schmiegen, als wollten sie in sich zerfließen. Mit etwas Übung sieht man sich in diese Thematik ein. Es interessiert in diesem Zusammenhang auch, ob ein Klient beim Zeigen seiner Hand die Finger getrennt hält oder ob er sie fest zusammenpreßt, was einen Unterschied zwischen verkrampfter innerer Disziplin und einer locker-vertrauensvollen Haltung gegen-über dem Handleser anzeigt.

Ein Sonderfall ergibt sich, wenn ein Finger in sich gekrümmt ist. Dies zeigt eine verbogene, verdrehte Einstellung zur Thematik, die der Finger vertritt, an.

Die Fingernägel

Die Fingernägel haben eine instrumentale und aggressive Schutz-funktion, sie sind wie ein Schild, der den Finger abdeckt. Außerdem wachsen sie ständig nach und zeigen in ihren Wachstumsschichten biologische Stärke und Vitalität an. Heutzutage sind Anomalien selten, daher kann man sich ihre Aufzählung ersparen. Man kann aber auf Eindellungen achten, die aus dem Nagel herauswachsen. Ich hatte einmal eine kurze Zeit allgemeiner Erschöpfung, als ich durch eine berufliche Durststrecke gehen und leichtere Erkrankungen hinnehmen mußte, da ich mich zu sehr in die Pflicht genommen hatte. Da entwickelten sich an allen Fingern beider Hände kleine, die Nägel durchquerende Einbuchtungen. Sie wuchsen im Tempo von etwa 3 Millimetern pro Monat, d. h., sie brauchten etwa drei Monate, bis sie an der Nagelmitte angelangt waren. So kann man Krisen der letzten Zeit datieren. Ansonsten gilt für die Nägel, was bereits für die Finger gesagt wurde: je spatelförmiger und breiter, um so materieller und praktischer ist ihre Aussage über den Handeigner. Ovale oder spitz zulaufende Nägel zeugen von Geschmack und Stil. Als schönster und elegantester Nagel gilt die der Haselnuß ähnelnde Form.

Die Flexibilität der Fingerendglieder

Ähnlich des Tests beim Daumen, der zeigte, wie sich dessen drittes Glied zurückbiegen läßt, stellen wir bei den anderen Fingern auch fest, wie starr oder biegsam das Endglied ist. Das Ergebnis ordnen wir der Qualität des entsprechenden Fingers zu. Beispiel: ein sehr flexibles Ende des Apollofingers deutet auf Schwierigkeiten beim Durchsetzen von Zielen im Bereich von Bildung und Kunst hin.

Die Wärme der Hand

Beim Anfassen der Hand wird man feststellen, ob diese sich warm oder kalt anfühlt. Diese Beobachtung ist aufschlußreich bezüglich der körperlichen Energie des Menschen. Wer warme Hände hat, füllt seinen Körper mit Freude aus und ist lebendiger und gesünder.

Energieflecken

Bei Massagekursen, an denen ich teilnahm, zeigte sich, daß energetisch positiv aufgeladene Hände nicht nur warm waren, sondern daß ihre Innenfläche von kleinen, heller und dunkler eingesprenkelten Flecken durchzogen waren. Sie strahlen Energie ab und wirken magnetisch heilsam, wie die energiegeladenen Berge in der Hand.

Die Linien der Hand

Linien sind fließende Kraft

Die zuvor besprochenen Berge sammeln Energie, die Linien verströmen diese Energie. Sie zeigen, wie wir das Leben erleben. Doch bevor wir an die Deutung von Linien wie Kopflinie, Herzlinie oder Leberlinie (Hepatica) gehen, sei erklärt, nach welchen Erkenntnissen man zu diesen Namen kam. Die Linien laufen über Energiepunkte, die in Verbindung mit seit alters her bekannten Energiemeridianen stehen. Diese existieren auch an unseren Füßen, hier setzt die Fußreflexzonenmassage an. Es ist also kein Zufall, warum die Kopflinie und die Herzlinie bzw. die Leberlinie (Hepatica) so genannt werden.

Unsere Handlinien haben also auch psychosomatische Bedeutung. Sie sind Zwischenträger zwischen körperlich-organischen Punkten (Soma) und psychischen Orten, die gleichzeitig seelischen Erfahrungsregionen des Körpers entsprechen. (Der Einfachheit halber nenne ich nun die Mitte von Reflexzonen oder vom Verlauf von Meridianpunkten den Akupressurpunkt. Er soll für unseren Zweck des besseren Verstehens der psychosomatischen Zusammenhänge generell die Region der Hand charakterisieren, in der er zu finden ist.)

Nehmen wir spontan einmal die Schicksalslinie *(Abb. 26a, s. S. 118)*. Sie geht normalerweise von einem Platz, an dem der Akupressurpunkt für die Wirbelsäule (Standfestigkeit, Rückgrat) liegt, zur Basis des Mittelfingers, der für Bewußtsein und Achtsamkeit steht. Somit ist die zentrale Aussage dieser Linie für jedermann verständlich. Diese Linie gibt uns körperlich und seelisch eine Mitte. Für den Handleser zeigt sie an, wie fest oder wankend bzw. unbewußt der Schicksalsweg des Klienten verläuft und wie tief sich dieser Weg in sein Bewußtsein eingräbt. Andere Linien, die mit dem Mondberg zu tun haben, sind mit der Milz verbunden, deren Akupressurpunkt auf dem Mondberg liegt. In der englischen Sprache wird die Milz „spleen" genannt, wir kennen den Ausdruck spleenig-verrückt und wundern uns nicht, daß hier auch die Intuitionslinie *(Abb. 35d, s. S. 138)* sowie die Via Lascivia *(Abb. 35b, s. S. 138)* und manchmal auch der Beginn der Schicksalslinie angesiedelt sind. Sehr eindrucksvoll ist auch die Benennung des ozeanischen Neptunbergs, der organisch der Akupressurpunkt für die Blase ist. Wir verstehen auch den aktiven Marsberg besser, wenn wir wissen, daß er mit dem Akupressurpunkt für den Magen zusammenfällt. Denn das englische Wort „stomach" und das französische Wort „estomac" aus der gleichen Wurzel bedeuten tollkühnen Mut. Daß die Akupressurpunkte für Leber und Galle exponiert an der Außenhand liegen, bedeutet, daß sowohl die Organe als auch die betreffenden Handlinien (Hepatica, die Gesundheitslinie) etwas mit einer Gesundheit zu tun haben, die von außen stark beeinflußbar ist. Etwas läuft uns über die Leber, oder die Galle kocht über, wenn man Dinge sieht, die man nicht ausstehen kann. Daß die Herzlinie über den Punkt für das Herz führt, dürfte nun nicht mehr verwundern. Der besondere Charakter des Daumens ist daran sichtbar, daß auf ihm die Akupressurpunkte für das fünfte, sechste und siebte Chakra, den Orten der höheren Bewußtheit, angesiedelt sind. Diese alte ayurvedische Tradition, Organisches mit Seelisch-Geistigem zu verbinden (Yoga heißt Joch), wurde hier wohl von den Zigeunern eingeführt, deren Haupterwerbszweig im Mittelalter das Handlesen war. Wenn man sich im Handlesen auskennt, hat man einen wirklichen Einblick in Körper, Seele und Geist eines jeden Menschen.

Wir erfahren die Linien als fließende Verbindungen zwischen Kraftpunkten. Ob man nun wie früher an Flüssigkeiten glaubt, die die Organe verbinden und unser Temperament bestimmen (melancholisch bedeutet schwarzflüssig), oder ob man dem modernen Konzept eines elektrisch-magnetischen Energieflusses zwischen den Körperorganen zuneigt, wir dürfen annehmen, daß die Linien der

Hand solche Verbindungskanäle reflektieren, in denen Energien, Erfahrungen und Informationen fließen. Wenn wir die Orte des Flusses kennen, wird klar, daß die Namen Herzlinie, Kopflinie usw. zu Recht bestehen. Dadurch spüren wir intuitiv, warum die Kopflinie so heißt und wie sie fließt, und können sie in allen ihren Varianten richtig interpretieren. Im folgenden Bild sind die wichtigsten uns hier interessierenden Akupressurpunkte der Organe wie der Chakren (Energiewirbel) dargestellt. Es soll zeigen, daß die Hand unseren körperlichen, seelischen und geistigen Aufbau widerspiegelt.

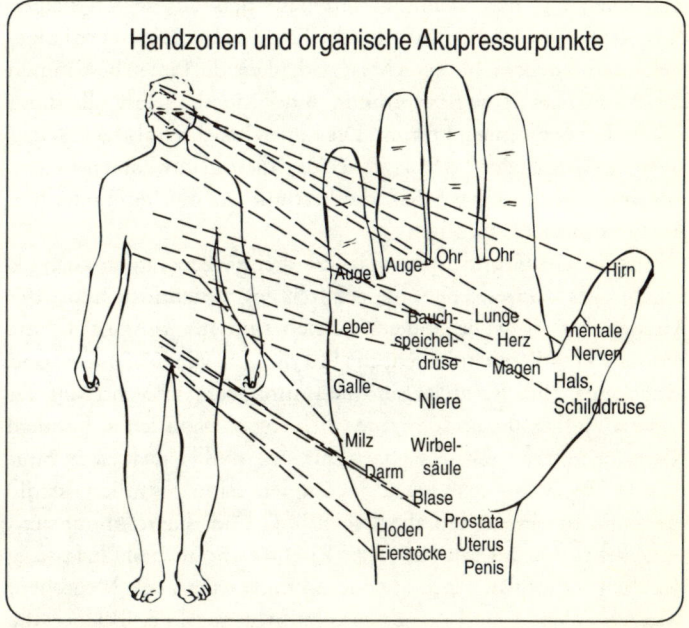

Handzonen und organische Akupressurpunkte

Abb. 17

Diese Abbildung kann nur eine ungefähre Vorstellung der Zusammenhänge vermitteln, die in Wirklichkeit erheblich komplizierter sind. Besonders bei Akupressurpunkten, -Meridianen, Reflexzonen gibt es unterschiedliche indische, europäische bzw. chinesische Auffassungen

Die drei großen Linien:
Lebenslinie, Kopflinie, Herzlinie

Mit diesen drei Hauptlinien bestimmen wir, wie wir uns als Ganzes autonom und aktiv steuern. Sie repräsentieren Energie und Lebenskraft des Menschen. Sie geben eine Linie vor (die einem M ähnelt), nach der ein Mensch sich selbst fühlt und lebt. Dieses Lebensgefühl ist natürlich auch an der Stimme, an der Körpersprache, an der Art des Augenkontakts zu anderen Menschen ablesbar. Man sagt, ein guter 'Handleser' wird aus der Art, wie ein Klient sich setzt, aus der Kleidung und besonders aus seinen Fragen ebensoviel 'herausholen', wie aus der Hand selbst. Dies sei vorangestellt, damit man nicht versucht ist zu denken, die Linien bestimmen den Menschen. Seine Bestimmung ist der Mensch selbst, allerdings nur mehr oder weniger bewußt. Die Linien bedeuten also nicht, daß sie für den Kopf oder das Herz stehen und diese in ihre Bahn zwingen. Sie sind Orientierungslinien, die bestimmten psychosomatischen Ausrichtungen entsprechen.

Aus diesem Grund sollte man die drei großen Linien auch als organisches Ganzes sehen. Sie gehören eng zusammen, und jeder Mensch hat sie. (Die anderen Linien sind nur optional.) Eine indische Handleseschule sieht die Herzlinie als die Lebenslinie und umgekehrt. Ihre Resultate sind bestimmt nicht schlechter als die anderer Auffassungen. Ich freue mich sogar, wenn ich auf andere Meinungen treffe. Dann sage ich mir, das muß ja auch einen Sinn haben. Wie kann man dazu gekommen sein? Natürlich ist die Herzlinie zu einem Teil die Lebenslinie und die Kopflinie und umgekehrt. Die Signale für Herz, Vitalität und mentale Erfassung der Welt beeinflussen sich andauernd und steuern den Menschen. Was ich ablehne, sind nur diese verantwortungslosen Bücher, die nach dem schematischen Muster vorgehen: Kurze Kopflinie 'macht' dumm, fehlerhafte Herzlinie 'ergibt' Herzlosigkeit oder Infarkt, kurze Lebenslinie 'verkürzt' das Leben. Das stimmt auch nicht mit den Tatsachen überein. Denn wir selbst ziehen die Fäden der Linien

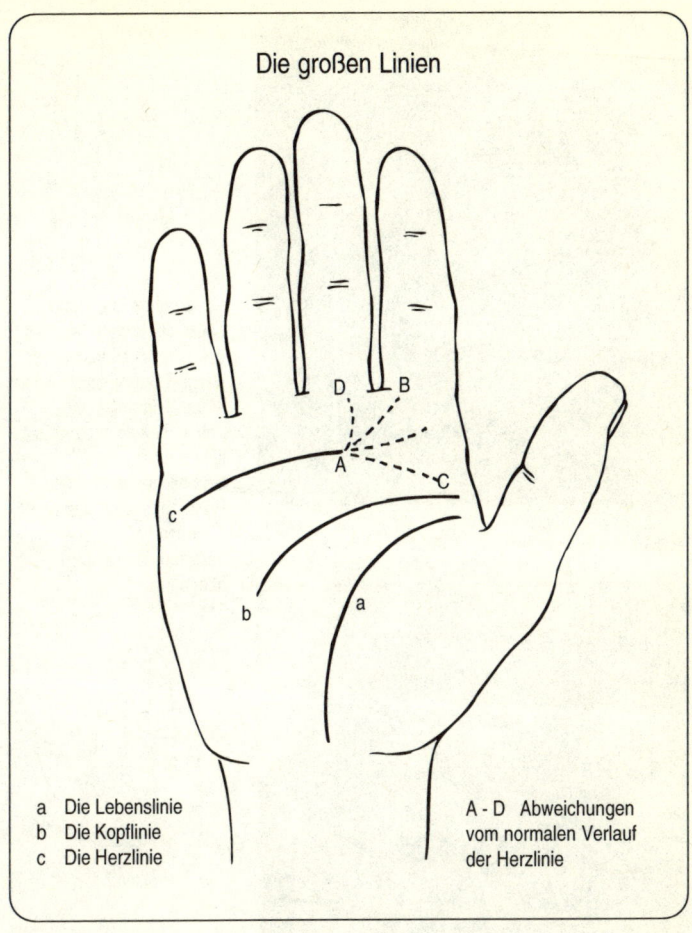

Die großen Linien

D   B

A

c   C

b   a

a   Die Lebenslinie   A - D Abweichungen
b   Die Kopflinie   vom normalen Verlauf
c   Die Herzlinie   der Herzlinie

Abb. 18

über die Hand, wir sind nicht von ihnen abhängig!

Ich schließe einen Abdruck einer kurzen Lebenslinie an, deren
Besitzer das 'Ende' seiner Lebenslinie mit Bravour überlebt und
überlebt ...

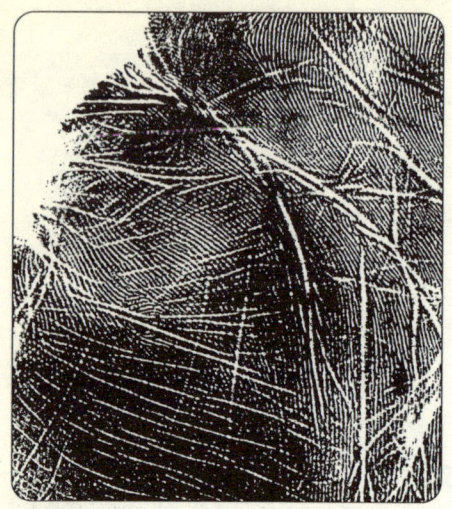

Abb.19

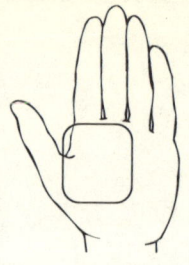

Linke und rechte Hand
eines 47-jährigen Mannes,
der sein Leben fast durch
Drogen und Alkohol ruiniert
hätte. Sein Wille zum
Leben ist jedoch durch die
klar verbesserte
Lebenslinie der rechten
Hand angezeigt. Seit einer
Therapie bei mir ist er
bereits mehrere Jahre
abstinent.

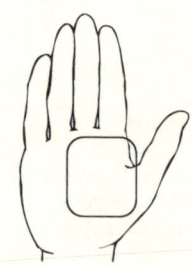

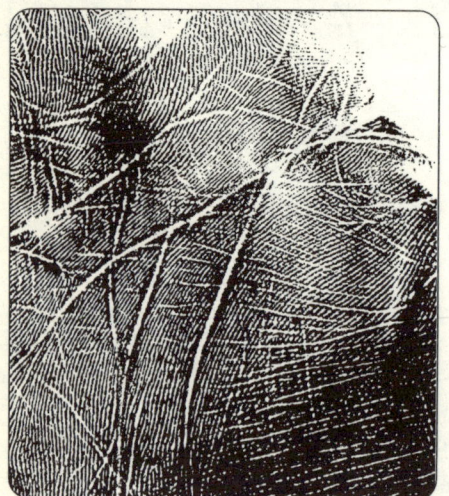

Abb. 20

Wenn wir also Faktoren in der Hand interpretieren, sollten wir wissen: die absolute Wahrnehmung, die absolute Wahrheit gibt es nicht, wie es allenfalls das absolute Gehör gibt, da Tonfrequenzen in sich rein und proportional aufgebaut sind. Das Absolute suggerieren zwar Bücher über Handlesen, die gewisse Faktoren als sicher erkannt haben wollen und dem Leser vormachen, jetzt weiß er ganz genau, was sich in einer Hand abspielt und wie der dazugehörige Mensch sich zwangsläufig verhalten muß. Doch so stellt man seine eigenen Erkenntnisse und Mutmaßungen über den Menschen, um den es geht: den Klienten. Wenn man sich zu sehr als Experte aufspielt, führt das nur zu Peinlichkeiten. Ich besuchte einmal den Vortrag eines Astrologen vor einem selbsterfahrungs-psychologisch ausgerichteten Publikum, das fast meuterte, als er sagte, an Auto, Kleidung usw. könne er sofort astrologische Daten ablesen. Als Widerspruch gegen einen solchen 'Determinismus' aufkam, wollte er seine Grundsätze immer mehr beweisen, doch das Publikum reagierte immer abweisender und höhnischer. Aber er selbst konnte seine Theorie nicht anwenden. Er hätte souveränerweise einsehen müssen, daß er einem vorselektierten, auf Spontaneität eingestellten Publikum gegenüberstand, das seine autoritär vorgetragenen Thesen von schicksalhafter Vorbestimmung bis in letzte Details nicht verstehen konnte und wollte - frei nach dem Motto: „Ich glaube nicht an Astrologie, als Stier bin ich sowieso skeptisch!"

So geschieht alles dennoch nach inneren Gesetzen, und mit diesen sollten wir leben lernen. Manchmal sind Kleinigkeiten aufschlußreich. Ich sah einmal zwei alte Klassenphotos, auf denen jeweils A. Hitler und J. Stalin zu sehen sind. Jeder steht in der hintersten Reihe in der Mitte oben. Es sieht aus, als ob die ganze Klasse vor ihnen wie ein Schutzwall gegen den Fotographen aufgebaut ist, gleichzeitig beherrschen sie das Bild von hinten. Sie nahmen einen ganz bestimmten Sonderplatz ein, selbst wenn der Lehrer sie da hingestellt hat - sie 'landeten' einfach dort. Doch wäre es falsch, jedem Menschen, der auf einem Klassenbild diesen Platz einnimmt, einen Hitler- oder Stalincharakter anzudichten. Inzwischen fand ich auch

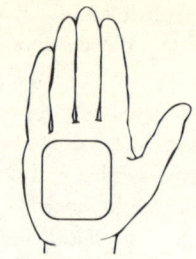

Die vier "großen" Linien in idealer Formation und Ausgestaltung in der Hand eines 35jährigen Agrar-Ingenieurs. Er ist beliebt, freundlich, hilfsbereit, umgänglich, allerdings fehlen dieser Idealhand Kanten und Brüche, alles wirkt glatt und problemlos. Etwas hypochondrische Hepatica.

Abb. 21

Hermann Hesse auf dieser Position auf dem Klassenbild. Es stimmt einfach, daß wir nach unserer inneren Linie bestimmte Plätze mit traumhafter Sicherheit finden und im Leben biographisch ausfüllen.

Einmal war ich in einer Schwitzhütte, die ein sehr guter Schamane abhielt - und am Ende der Zeremonie machte er eine äußerst präzise psychische Analyse jedes Teilnehmers aus der Himmelsrichtung, die ein jeder in der Hütte eingenommen hatte. Die Teilnehmer waren erstaunt, wie genau sie als Süd-West-Mensch oder als Nord-West-Sitzender getroffen waren. Neueste Forschungen besagen auch, daß wir aus alten Zeiten Magnetit-Kristalle (ein magnetisches Mineral aus Eisen und Sauerstoff) im Hirn haben, mit deren Hilfe wir uns nach den Himmelsrichtungen orientieren, ohne es zu wissen.

Wir dürfen also aus dem Trio Kopf-, Herz- und Lebenslinie herauslesen, wie ein Mensch sich in sein Leben mit seinen inneren Kräften in einer Art Aktivitätsdruck einbringt. Betrachten wir also gleich die Lebenslinie im Detail.

Die Lebenslinie *(Abb. 18a, s. S. 105)*

Eine gute, klare, runde, sicher eingeschnittene Lebenslinie zeugt von Kraft und Vitalität. Der Handeigner hat eine instinktive Identität mit sich selbst. Je großzüger der Raum um den Daumenballen ausfällt, um so generöser und verschwenderischer geht der Eigner nach dem Motto: „Leben und leben lassen" vor. Möglich ist auch eine innere Parallellinie, die entweder von verdoppelter Lebenskraft zeugt oder etwas über zwei getrennte Lebensaktivitäten aussagt. Ausgefranste Stellen am Beginn unter dem Jupiterberg, im Verlauf oder gegen Ende unter dem Daumenballen deuten vitale Schwächungen während der Kindheit, im weiteren Lebensverlauf oder im Alter an. (Über Datierungen siehe Kapitel „Zeit in der Hand".) Inseln sprechen von Krankheiten, das Ende der Linie sollte unter dem Daumenballen liegen. Weniger günstig ist ein Ende auf dem Mondberg, weil diese Führung Neptun- und Uranusberg in den inneren Intimbereich der Lebenslinie einschließt. Marlene Dietrich hatte diesen Verlauf und zog sich im Alter in ihre Phantasien zurück, und alles Äußere war ihr egal.

Die Lebenslinie sollte nicht von Linien durchquert sein, denn diese Linien sprechen von Verlusten von Angehörigen, geschäftlichen Problemen, die die Lebenskraft schwächen. (Natürlich verliert man immer wieder Angehörige, aber im Fall dieser Linien leidet man besonders darunter.) Am unteren Ende der Lebenslinie finden sich Reise- oder andere Aktivitätslinien, die etwas 'Besonderes' anzeigen. Dies kann auch ein Trend sein, ins Ausland zu gehen, ein mutiges Projekt zu beginnen usw.

Der unsinnigen Annahme: abgebrochene Lebenslinie ist Tod, trete ich noch einmal entgegen. Analog der Tarotkarte 'Der Tod', die heute auch nicht mehr als tödliche Bedrohung angesehen wird, kann man bei der verkürzten Lebenslinie davon ausgehen, daß 'etwas', nicht aber eine Person stirbt. In einem Fall ging ein Mensch abrupt ins Ausland, ohne sich von irgendjemand zu verabschieden. Auch er hatte eine kurze Lebenslinie. Eine andere Person beginnt zu einem

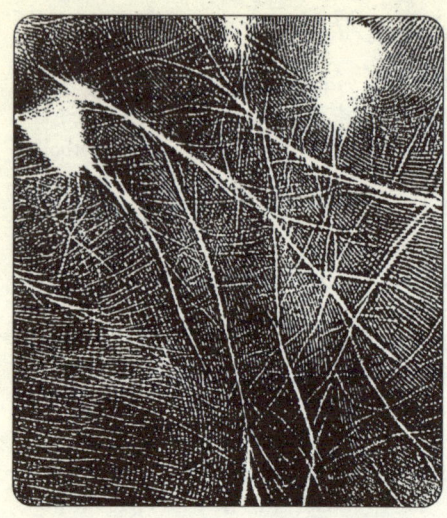

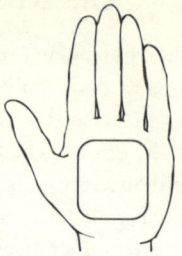

Linke und rechte Hand
einer 50jährigen Kunst-
lehrerin aus Paris. Beide
Hände zeigen eine Insel
in der Kopflinie, die ein
mentales Problem andeu-
tet. Die Lebenslinie ist in
beiden Händen unterbro-
chen und wird von einer
erweiterten Lebenslinie
aufgenommen und fortge-
setzt. Diese Unterbre-
chung wurde durch eine
Psychoanalyse bewirkt.
Der Erfolg dieser Bemü-
hung ist in der klaren
Schicksalslinie der rech-
ten Hand abzusehen.

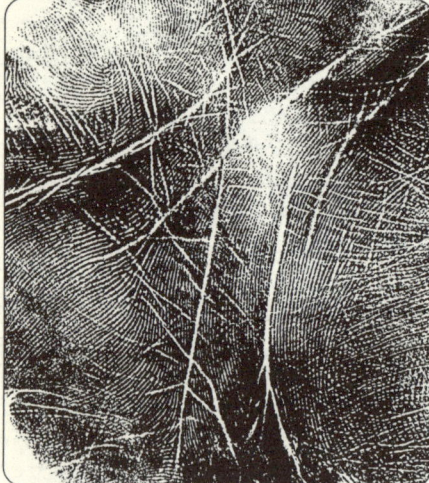

Abb. 22

Zeitpunkt, den ein großer Bruch kennzeichnet, eine Psychoanalyse, wo Altes 'stirbt'. Ein anderer Fall einer kurzen Lebenslinie bedeutete ebenso eine radikale Veränderung in der Lebensführung. Es sind also ganz lebendige Dinge, die von verkürzten oder unterbrochenen Lebenslinien angezeigt werden. Etwas muß sterben, damit radikal Neues beginnt ...

Die Kopflinie *(Abb. 18b. s.S. 105)*

Sie verläuft von der Ich-Seite (ich will, ich denke, ich bin) zur Weltseite (alles ist) und verbindet beide Pole. Eine kurze Kopflinie dringt nicht bis zum Du durch und ist eigensinnig auf ein: „Hoppla, jetzt komm' ich", beschränkt. Eine lange Kopflinie läßt sich mehr von den äußeren Strukturen beeinflussen. So definiert diese Linie den Weg vom Ich zur Erlangung der Ziele in der Welt. Jeder Mensch geht im Lauf seines Lebens eine charakteristische Verbindung mit der Welt in Gestalt seiner Aktivitäten ein. Betrachten wir den Charakter der Kopflinie organisch, so verläuft sie über die Regionen von Magen und Bauchspeicheldrüse sowie der Nebennierendrüsen (die für den Adrenalinausstoß zuständig sind) hin zur Milz. Diese Kombination ergibt geistig die Energiefunktion des dritten Chakras (Manipura), das für Hitze und Verbrennung sowie Streß und insgesamt für Macht und Durchsetzung zuständig ist. Es ist einsichtig, daß dies auf Macht und Machen beruht. Somit ist die Kopflinie keine rein denkerisch-abstrakte Linie. Sie zeigt vielmehr unsere Macht- und Kontroll-wirksamkeit über uns selbst und unsere Aktivitäten. Sie verdeutlicht, wie wir uns aus dem Bauch heraus lenken. Wir sehen ihr an, ob wir dem Leben mutig, kontrolliert, verspielt oder in einer erstarrten Machtposition gegenübertreten. Somit ist bestätigt, was das indische Yoga behauptet: Unsere Gedanken kontrollieren uns normalerweise. Erst wenn wir Gedanken und Tun bewußt für uns einzusetzen lernen, verändert sich die Kopflinie. Die Gedanken machen uns nicht als solche frei, wie es in dem schönen Lied heißt, man muß etwas für die Freiheit tun ...

Wie sich dies praktisch anläßt, möchte ich an einem Beispiel zeigen. Cheiro (Count Louis Hamon), der Autor dreier bekannter Handlesebücher, hat eine zum Mondberg geneigte Kopflinie und sieht sich folglich als romantisch veranlagte Persönlichkeit. Doch als er seine Schüchternheit aufgibt und unter dem Künstlernamen Cheiro anfängt, ein mentales Doppelleben zu führen, wächst eine zweite gerade Kopflinie in der rechten Hand, was die Aktivierung seiner praktischen Fähigkeiten bedeutet. Er hält immer mehr Vorträge, wird in London und Paris Zeitungsherausgeber, er arbeitet sogar als Kriegskorrespondent. Je mehr er seinem Leben eine neue Ordnung gibt, um so dominanter wird seine zweite Kopflinie. So sagt die Kopflinie etwas über den Grad von praktischer Selbstbeherrschung aus, mit der man sich steuert. Diese Steuerung ist natürlich immer nur ein Glaube an sich selbst in der Form, daß man sich etwas zutraut.

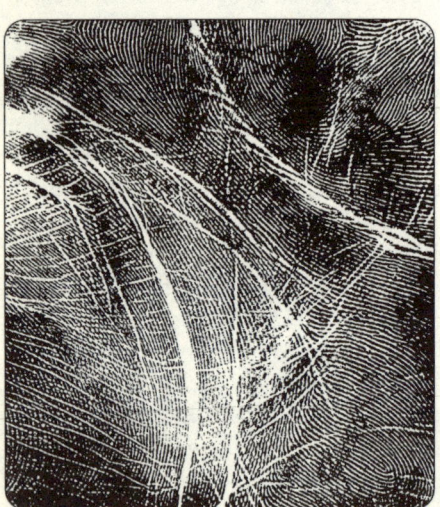

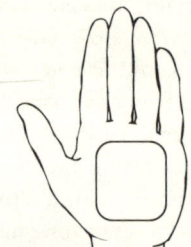

Abb. 23
Linke Hand einer etwa 30-jährigen Frau, die im esoterischen Bereich arbeitet. Die doppelte Kopflinie, die doppelte Lebenslinie und das von der Via Lascivia mit zwei Ästen der Lebenslinie gebildete Kreuz der Befreiung genau auf der Schicksalslinie deuten auf die Suche nach einem Leben gleichzeitig in geistiger Freiheit wie auch in gesicherter Ordnung hin. Zu beachten ist auch die nach innen gerichtete Papillarschleife auf dem Mondberg.

Nach neuesten psychologischen Erkenntnissen ist es sogar wichtiger, an sich zu glauben und die Überzeugung zu entwickeln, Fähigkeiten zu haben, als diese Fähigkeiten tatsächlich zu besitzen. Diesen Prozeß nennt man Selbstwirksamkeit, und eben diese mentale Tätigkeit zeichnet sich in der Kopflinie ab. (Ich habe in der rechten Hand einen Bruch in der Kopflinie, sie verändert sich zur Mondseite hin. Das war, als ich meine Schultätigkeit aufgab, um danach durch Reisen und Therapien meine intuitiven Kräfte zu entwickeln.)

Betrachten wir nun die einzelnen Faktoren, die für die Besprechung der Kopflinie wichtig sind: Zunächst interessiert der Beginn der Kopflinie. Er ist eines der verläßlichsten Zeichen überhaupt in der Hand. Er kann mit der Lebenslinie verbunden sein oder nicht. Je weiter der Abstand am Anfang beider Linien ist, um so radikaler ist der Betreffende in seinen Lebensentscheidungen. Eine weite Lücke signalisiert Unabhängigkeit und Risikobereitschaft. Das Motto eines solchen Lebens ist: nur durch Fehler lernt man wirklich. Man hat keine Angst vor negativen Folgen von Veränderungen. Verlaufen jedoch Kopflinie und Lebenslinie länger zusammen, kann man gesichert davon ausgehen, daß Ablösungsängste bei Beginn neuer Lebensphasen bestehen. Der 'Kopf' sucht immer wieder Rückhalt beim 'Leben' und läßt Vorsicht walten, um dieses Leben nicht zu gefährden. (Mein Abstand ist recht bedeutend, so konnte ich es fast genießen, in einem Pub in Belfast zu sitzen, der schon einige Male durch Bomben in die Luft geflogen war. Oder im pakistanischen Stammesgebiet der Pathanen zu reisen, wo es kein Gesetz und keine Staatsgewalt gab. Mit diesem Linienabstand versehen liebt man einen Flirt mit der Gefahr, obwohl kaum etwas passieren wird, und läßt sich nicht von seinen Todesängsten beirren.) Liegt der Beginn von Kopf- und Lebenslinie zusammen und macht einen verfransten Eindruck, dann kann auf eine unschöne Kindheit geschlossen werden, die durch Leiden unter Zwang und Unverständnis geprägt war, und dies setzt sich als mentale Selbstkontrolle fort. (Anpassung, Autorität: das westliche Zivilisationsproblem ...)

Wenn wir das Ende der Kopflinie betrachten, ergibt sich: Je höher es angesetzt ist und je gerader die Linie dadurch wird, um so stärker ist die mentale Kontrolle des Menschen. Je gebogener und damit zur Handwurzel geneigter die Kopflinie verläuft, desto intuitiver bis konfus aufgelöst ist ihr Figner. Eine lange Kopflinie besagt, daß die Gedanken 'lang' und logisch sind, eine kürzere Linie deutet auf eine eher blitzartige Denkweise. Inseln können mentale Probleme andeuten, in extremen Fällen Berührungen mit der Psychiatrie. Einer gänzlich zur Handwurzel abfallenden Kopflinie werden suizidale Tendenzen nachgesagt. Unser geistiges Potential ist in den Fingern angelegt, deshalb ist es gut, die Kopflinie mit den Fingern zu vergleichen. So wird eine kurze Kopflinie (Tendenz: Kurzschluß mit den eigenen Motiven) zusammen mit langen, knotigen Fingern auf

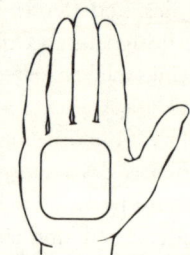

Abb. 24
Verkettung mit den Lebensumständen: Die Schicksalslinie löst sich erst in der Handmitte aus der Lebenslinie, fast ebenso spät verläßt die Kopflinie die Lebenslinie. Die Klientin, eine 33-jährige Hausfrau, hat große Probleme, sich aus dem familiären Bereich zu lösen. Eine begonnene Psychotherapie kann ihr helfen, die Insel, aus der eine zweite Kopflinie wächst, (ein zweiter Anlauf der Befreiung) aufzulösen. Hilfreich wäre eine Hinwendung zur Esoterik, damit die Kräfte des magischen Auges auf dem Mondberg helfend wirksam werden können. Ein reines Davonlaufen wird keinen Erfolg bringen, dazu ist die Klienetin zu pflichtbewußt (Saturnschleife, Loyalitätslinie).

114

einen Menschen hinweisen, der unreflektierte Gedanken in langwieriges Argumentieren umsetzt, ohne zu Resultaten zu kommen. Eine lange Kopflinie mit langen glatten Fingern läßt einen Menschen erwarten, der komplizierte Überlegungen mit kluger Intelligenz für sich nutzbar macht. Die Kopflinie zeigt so das somatische Denkpotential, die Finger zeigen die geistige Umsetzung an.

Die Herzlinie *(Abb. 18c, s. S. 105)*

Die Herzlinie wird oft umgekehrt wie die Kopflinie gelesen, und zwar von der Außenhand zur Innenhand verlaufend. Damit markiert sie ein Fließen vom Welt-Du zum Ich, wie unsere Emotionen ja wohl auch stärker von äußeren Bedingungen abhängig sind als unser Denken. Sie drückt unsere sensible Anteilnahme an der Welt aus und verläuft höher in der Hand als die Kopflinie, wie unser Herz organisch auch über dem dritten Chakra liegt.

Ich bevorzuge allerdings eine Lesung in Richtung der Kopflinie mit Anfang unter dem Jupiterberg. Darin bestärkt mich die Beobachtung, daß Menschen mit kurzer Herzlinie nach meiner Befragung bestätigen, zeitlich recht spät mit ihrem emotionalen Leben (insbesondere der Beziehung zum anderen Geschlecht) begonnen zu haben*(Abb. 18A)*. Ein weiterer Anfangspunkte der Herzlinie ist: auf dem Jupiterberg *(Abb. 18B)*, hier können wir eine idealistisch-dominante, stolze 'Stimme des Herzens' aus dieser Linie heraushören. Bei Beginn in Richtung Kopflinie *(Abb. 18C)* wird man von einer Verflechtung rationaler und emotionaler Interessen sprechen. Die Gefühle sind allgemeiner und logischer. Man hat gesagt, daß Menschen mit dieser Herzlinie mehr von Idealen als von wirklichen Menschen als Objekten ihrer Zuneigung ausgehen. Viele Menschen haben auch einen gespaltenen Beginn ihrer Herzlinie, d. h. sie besitzen beide Anfänge (B und C). Früher verurteilte man dieses Phänomen als Kainsmal von Bisexualität, was heute nicht mehr wichtig ist und außerdem meist nicht zutrifft.

115

Interessant ist auf jeden Fall, daß der Verlauf der Herzlinie sehr variabel ist, wie unser emotionales Leben ebenfalls sehr hin- und hergerissen verlaufen kann. Eine gerade Herzlinie deutet darüber hinaus gefühlsmäßige Kontrolle und Logik an, eine gebogene Herzlinie sieht man als Anzeichen von mehr romantischen Neigungen. Bei einem stark gekrümmten Verlauf *(Abb. 18D)* darf man eine emotionale Verweigerungshaltung annehmen, man läßt die Partner fallen wie heiße Kartoffeln, um sich selbst wiederzufinden. Die Herzlinie wird vom Saturncharakter geprägt, zur Außenhand hin nimmt sie oft ein Ährenmuster an. Das wird als Verflechtung mit der Welt gesehen, und man deutet diese Formation als Ausdruck humanitärer Weltliebe. Ein Beginn zwischen Saturn- und Jupiterfinger wird als männlich-dominanter Ton interpretiert, man geht von sich selbst und seinen Ideen aus. Die Linie wirkt, als traute sie sich nicht hin zum Jupiterberg, und ist so etwas verkürzt. Organisch deutet die Herzlinie auch Herzkrankheiten an. Hier schaut man nicht auf etwaige Verkürzungen, sondern auf Brüche, Fransen, Inseln und tief eingelassene Punkte, die besonders stark durchblutet sind. Als medizinischer Laie sollte man sich hier aber zurückhaltend äußern.

Die gesperrte Hand

Es handelt sich dabei um ein ganzes oder teilweises Zusammenfallen von Herz- und Kopflinie. Herz- und Kopflinie sind Muß-Linien, wir sind ihnen elementar verbunden. Nun geschieht ein ständiger Kurzschluß zwischen der Einstellung 'mit dem Kopf durch die Wand' und emotionalen Urkräften. Menschen mit dieser Formation sind sich selbst ausgeliefert. Sie sind maßlos, unerziehbar, genial, aber auch nie langweilig. Mit dieser Affenlinie (Simian Line) ist der betreffende Mensch sehr auf sich konzentriert und mit sich schicksalhaft verbunden. Unberechenbar und intensiv lebend, eckt man andauernd an, doch haben gerade auch viele bekannte Menschen diese auf sich konzentrierten Linien. Nikita Chruschtschow hatte sie, er konnte einer gegen alle die Verbrechen des Stalinismus vor Tausenden von Menschen auf dem Parteitag anprangern, und die ganze Welt schaute zu, als er in der Vollversammlung der Vereinten Nationen einen Schuh auszog und sein Pult damit behämmerte. Mit einer Affenfurche fällt man auf ... Ironischerweise war sein Gegenspieler J. F. Kennedy mit der gleichen Linie ausgestattet - und zwischen diesen beiden Urgewalten hing bei der Kuba-Krise das Schicksal der Menschheit an einem seidenen Faden ... Eine Frau, die einen Handlesekurs bei mir machte, kam anschließend zu mir und sagte: „In meiner Familie sind Affenfalten weit verbreitet, sogar meine beiden Söhne haben sie - ich weiß jetzt aber auch, daß meine Erziehungsversuche hoffnungslos sind und ich mir weitere Mühen sparen kann".

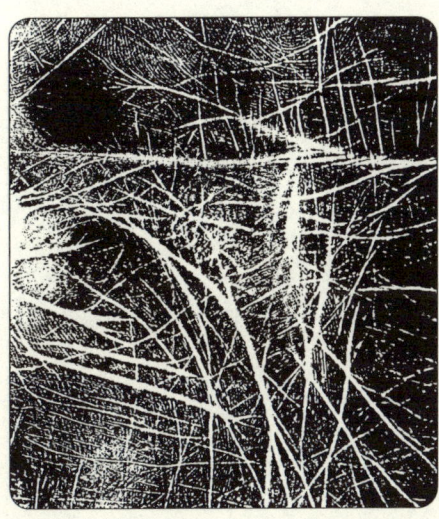

Abb. 25

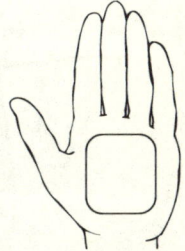

Eine (teil)gesperrte Hand, eine fünffach endende Lebenslinie - die Trägerin der Hand war nie krank, ist 84 Jahre alt - und heute so unbeugsam und auf sich selbst fixiert wie eh und je. Für sie gilt das Motto der Menschen mit gesperrten Händen: "Sie selbst sind ihr Schicksal!"

117

Individuelle Handlinien

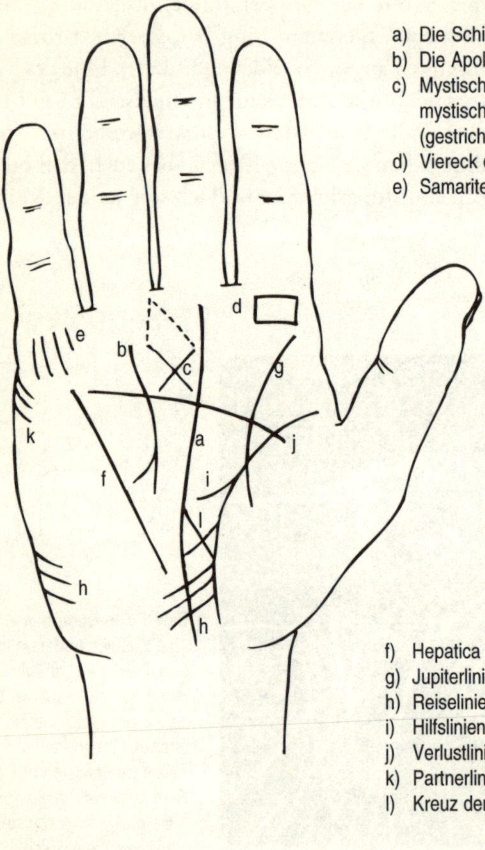

a) Die Schicksalslinie
b) Die Apollolinie
c) Mystisches Kreuz und mystischer Diamant (gestrichelte Linie)
d) Viereck des Lehrenden
e) Samariterlinien

f) Hepatica (Leberlinie)
g) Jupiterlinie
h) Reiselinien
i) Hilfslinien
j) Verlustlinie
k) Partnerlinien, Kinderlinien
l) Kreuz der Befreiung

Abb. 26

Die persönlichen Linien und Zeichen

Herz- Kopf- und Lebenslinie sind grundsätzlich in jeder Hand enthalten. Wir können sie tendenziell nur nach der Verschiedenheit von Lage, Form und Ausdruck unterscheiden.

Die nun zur Besprechung anstehenden Linien und Zeichen sind solche, die auftreten können, aber nicht müssen. Sie können entstehen und wieder vergehen. Sie sind besonders interessant, weil sie zeigen, welche konkreten Reaktionen auf die Welt ein Mensch sich 'zugelegt' hat. Dies kann aus individuellen Gründen geschehen sein, ich denke an innere Entwicklungen, die Verarbeitung von Erfolg/ Mißerfolg usw., es können aber auch von außen bewirkte Zustände ursächlich sein: Druck, Ängste, familiäre und berufliche Probleme. Die nun zu betrachtenden Linien sprechen über Handlungen, Taten und Erfahrungen und zeigen die Höhen und Tiefen unseres persönlichen Lebens an.

Die Schicksalslinie: vorhanden oder nicht

Die Schicksalslinie (Saturnlinie, *Abb. 26a*) ist z. B. bei mir in der rechten Hand unterbrochen: Es ist genau die Zeit von Schulabschluß bis Ende des Studiums. Das war ein Abschnitt, in dem ich mir sehr fremdbeherrscht vorkam. Ich mußte zuhören, Wissen aufnehmen und in Prüfungen wieder abgeben, das war nicht mein Ideal. Es kann andere Gründe dafür geben, daß die Schicksalslinie unterbrochen oder nicht vorhanden ist, etwa wenn jemand problemlos in den Tag hineinlebt. Dann 'braucht' er keine Schicksalslinie. Denn die Schicksalslinie ist im Grund eine Linie des aktiven Bewußtseins. Sie verläuft in der Mitte der Hand und grenzt den Ich-Bereich der Daumenseite vom Welt-Bereich der Außenhand ab. Sie deutet an, daß der Träger der Hand sich bewußt entscheidet und die Grenze zwischen dem Innen (was will ich) und dem Außen (welche Möglichkeiten sind da) bewußt erlebt. In meiner linken Hand verläuft die Schicksalslinie in der fraglichen Zeit normal, da traf ich die Entschei-

119

dungen gemäß meiner Lebensanlage. Doch in der Praxis fand ich als Studierender keine Ausdrucksmöglichkeiten für mich und lebte im Grund nach dem Schülermotto: „Friß, Vogel, oder stirb!" in einer unterforderten, passiven Erwartungshaltung. Somit hatte ich mich schicksalsmäßig abgeschaltet. Dies sei zur einleitenden Charakterisierung dieser wichtigen Linie gesagt.

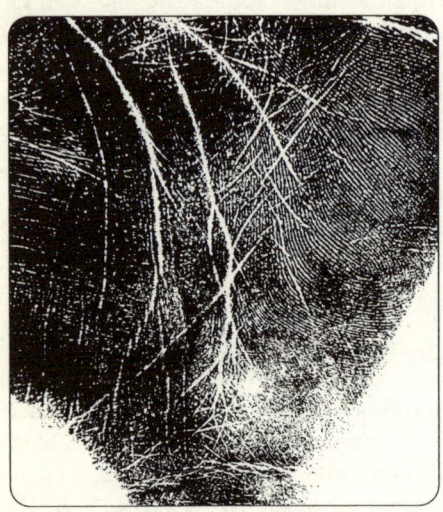

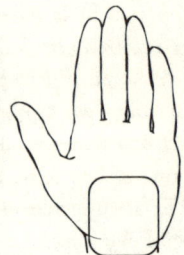

Deutliche Insel (Hindernis, Problematik) in der Schicksalslinie

Abb. 27

Betrachten wir nun die Möglichkeiten ihres Verlaufs.

Wir beachten bei der Schicksalslinie Unterbrechungen - diese beziehen sich auf die gelebte Einstellung zur Frage des Seins oder Nichtseins -, seitliche Verwerfungen - diese deuten Wechsel von Aktivitäten an und mehrere Linien nebeneinander, die gleichzeitig verschiedene Aktivitäten (Berufe, Karrieren) bedeuten; Inseln sieht man als berufliche Durststrecken oder Schwierigkeiten und Hindernisse; Hilfslinien verweisen auf unterstützende Kräfte von außen. Das Zusammentreffen mit der Kopflinie (die ebenfalls eine innere, aber tiefere, mehr instinkthafte Schicksalslinie ist) zeigt das Alter von etwa 35 Jahren an. Zu diesem Zeitpunkt setzt die Aktivität des Dritten Auges turnusmäßig ein (5 x 7 = 35), wir datieren hier den Beginn der 'Midlife Crisis'. Auch die Saturn- bzw. Kopflinie verändern sich an diesr Stelle und zeigen oft neue Formen.

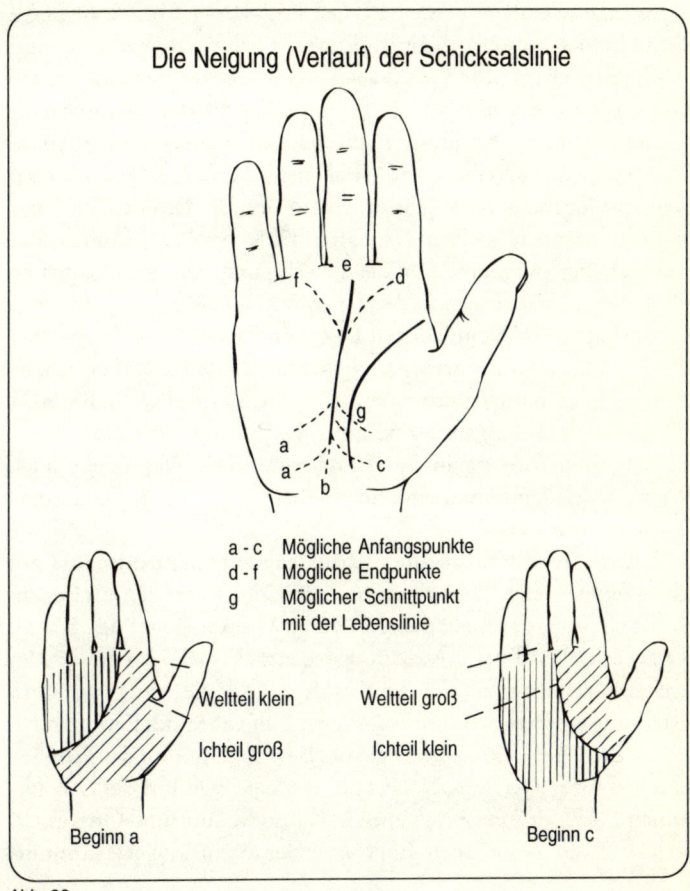

Abb. 28

121

Der Verlauf der Schicksalslinie

Über den Beginn der Schicksalslinie ist festgelegt, ob sich unser Bewußtsein eher vom Mond-, Neptun- oder Venusbereich Energien holt. Grundsätzlich ist durch die Schicksalslinie eine Vorentscheidung zugunsten von Festhalten oder Loslassen getroffen. Auch die Strategie des ganzen Lebens ist durch die Schicksalslinie angezeigt.

Ein Beginn im Mondbergbereich *(Abb. 28a)* bedeutet Suche nach Inspiration, die sich in Nachfolge (Ideen, Guru), dem Wunsch nach Unsterblichkeit, dem Einssein mit dem, was man tut, manifestiert. Beginnt die Schicksalslinie innerhalb der Lebenslinie, *(Abb. 28c)* war wohl die Jugend durch Enge und unterdrückende familiäre Einflüsse geprägt. Dann verbleiben Tendenzen zu Kontrolle, Ordnung, Revierverhalten wirksam. Für die Bewältigung von schicksalhaften Problemen ergeben sich so drei Grundvarianten.

Bei Beginn im Mondberg ist Loslassen, Versinken in Chaos oder Davonlaufen (Grundtendenz: Nichtstun, Laufenlassen) zu erwarten, bei Beginn im Venusberg sind Kämpfe, Kontrollversuche, Sich-Zusammenreißen, Zähne-Zusammenbeißen angesagt.

Bei einem Anfang in der Handmitte *(Abb. 28b)*, siehe auch Neptunberg, kann man eine Auswahl zwischen beiden Reaktionsmustern herauslesen.

Wo die Schicksalslinie die Lebenslinie durchschneidet und aus dem Venusbereich 'herauskommt' *(Abb. 28g)*, ist zeitlich ein Beginn von Befreiung zu sehen, die z. B. durch Loslösung von den Eltern, Ortswechsel und der Entwicklung eigener Perspektiven erfolgt. Im weiteren Verlauf erhält sich diese Tendenz. Geht die Schicksalslinie in Richtung Jupiterfinger *(Abb. 28d)*, wird im Leben des Betreffenden eine willensbeherrschte Strategie des Bewußtseins und der Empfindungen vorhanden sein. Nähert sich die Schicksalslinie dem Apollofinger *(Abb. 28f)*, so ist Aufgehen in Kunst, Bildung und Öffentlichkeit zu erwarten. Bei einem Ende unter dem Saturnfinger (Handmitte *Abb. 28e)*, ist die Haltung des Klinten gemäßigt. Er wird sich fragen, was er selbst eigentlich will, und versuchen, dies bewußt und ohne extreme Bewußtseinsschwankungen anzustreben.

Die Raumaufteilung durch die Schicksalslinie

Hier wird uns eine Psychologie des Paradoxen vor Augen geführt. Bei einem Ende der Schicksalslinie wie in Abb. 28c wird die Daumenseite der Hand verkleinert und die Weltseite der Hand vergrößert. Das bedeutet, je ichbezogener die Kontrollfunktion des Bewußtseins sich gibt, umso größer wird der Weltanteil der Hand. Man wird die Erfahrung machen (müssen), je mehr man über sein Ego seine Umgebung oder Firma machtvoll wie ein Napoleon kontrollieren will, um so unkontrollierbarer und größer wird der unbearbeitete Weltteil. So schließen sich Diktatoren immer mehr von den immer größer werdenden Anteilen der Außenwelt ab, die sie nicht mehr kontrollieren können. Sie verrennen sich in fixe Ideen und spüren nicht mehr, was im Land draußen vorgeht. Diktaturen schaffen ein Chaos, weil die Machthaber sich abschotten und dennoch meinen, alles straff unter Kontrolle zu haben. Umgekehrt wird der Anteil der Innenhand um so größer, je mehr der Verlauf der Schicksalslinie zur Mondseite *(Abb. 28a)* hin tendiert. Nun geschieht das Umgekehrte: Das Ich fordert sein Recht. Strahlende Stars beginnen heimlich zu trinken oder holen sich sonstwie zurück, was sie im Wirbel der nach außen gerichteten Aktivitäten verloren haben. Sie stellen enttäuscht fest, trotz vieler Kontakte und Bekanntheit hat man keine Freunde und keinen schützenden eigenen Intimbereich erwerben können. Dann folgt Scheidung auf Scheidung, Skandal auf Skandal. Wer die Welt gewinnen will, darf seine Seele (sein Inneres) darüber nicht verlieren. So tritt das Paradoxe ein: Führt unser Weg zu weit in die Welt, frißt uns diese auf, weil unser Ich destruktiv wird und sich aus Frust selbst zerstört. Führt man ein starres Regime und bleibt dabei den Kräften des eigenen Willens verhaftet, bauen sich immer mehr revolutionäre (Mond-)Kräfte um den 'Sonnen'könig auf, die ihn besiegen werden. Kommt die Schicksalslinie radikal aus dem Innenhandbereich, wird man abhängig von Kontrolle und Erstarrung (ich-betonte Weltsicht, dargestellt in der starren Haltung des männlichen Kaisers und Hierophanten des Tarot), verläuft sie extrem zur Mondseite, kann man seiner öffentlichen Rolle zum Opfer fallen. (Im Tarot: man ist auf auf das Schicksalsrad geflochten; das Schicksal ist weiblich ...) Für C.-G.-Jung-Freunde: Die kontrollierende, aus dem Daumenbereich aufsteigende Schicksalslinie wird vom Animus (männlich) gelenkt, die mondgenährte Schicksalslinie von der Anima (weiblich). Eine vermittelnde mittlere Schicksalslinie wird zwar keine so rauschenden, extremen Höhepunkte und Tiefen bescheren, dafür bringt sie Erfolge durch Bedächtigkeit und Achtsamkeit. Diese werden von Dauer sein, und man wird sie gut verkraften können.

Der Orakelspruch der Schicksalslinie: magisch oder dämonisch leben?

Das Geheimnis, dessen Bann wir uns fügen, liegt in dem bedeutsamen Unterschied: Leben wir durch die Kraft eines Magiers oder eines Beschwörers von Dämonen, zu welcher der beiden Möglichkeiten neigen wir?

Die Ich-Seite der Hand und unser von ihr repräsentierter Wille stehen für letztlich magische Kontrollversuche. Wie der Zauberer die Bühne und sein Publikum will man selbst seine Umgebung beherrschen. Alles muß wie am Schnürchen klappen. So sind viele 'große' Führer besonders kleinlich und abergläubisch. Ihre Auftritte müssen bis auf die letzte Kleinigkeit durchorganisiert und geordnet verlaufen. Oft gehen sie zu Wahrsagern, denn sie haben ein magisch orientiertes, manipulatives Weltbild: Sie wollen wissen, wie muß (!) man was tun, damit man seinen Willen durchsetzen kann. So stehen sie zwar ganz oben, sind aber ihre eigenen Sklaven. Hauptsache, die Fassade stimmt. Diese Form, sein Leben zu führen, ist die männlich-magische Durchsetzung des eigenen Willens.

Wer sich jedoch auf einen Dialog mit der Welt einläßt, muß mit ihren dämonischen Kräften zurechtkommen. Diese Welt ist von vornherein nicht zu beherrschen, ihre Kräfte sind zu vielgestaltig. So haben dämonisch orientierte Menschen die Hände 'am Puls der Zeit' und sie 'träumen vor', was andere Menschen ersehnen. (Martin Luther King: „I had a dream ...") Man baut eine intuitive Beziehung zu vielen Menschen auf und widmet sich dieser ganz. Viele Menschen haben so Erfolg und ahnen, was sich die Masse wünscht. Sie befriedigen diese Bedürfnisse mit Musik, mit Filmen und Büchern (immer wieder Dracula, der Ur-Dämon, oder Ödipus oder Romeo und Julia, das ewige Liebespaar), in denen sie kollektive Phantasien, Ängste und Wünsche immer neu gestalten. Hier beschwört und dient man Dämonen, die uns kollektiv im Unterbewußten (Mondseite) haften und uns auch besitzen können. Die Masse, der Erfolg, das Beschwören von Träumen und Idealen werden zum Lebenselixir, nach dem man süchtig werden kann. Und nur Charlie Chaplin, der selbstverliebte Mondmensch konnte Adolf Hitler, den zwanghaften Ich-Menschen so wunderbar pathetisch und weiblich wie einen Traumtänzer (der Chaplin ja selbst wirklich war) darstellen ...

Mit der Ich-Seite (Innenseite der Hand, Wille, Praktisches, linke Hirnhälfte) will man also auf magische Art seine Umgebung beherrschen. Doch man verschanzt sich dazu hinter Vorschriften, Gewohnheiten und Regeln und hält diesen Standpunkt für objektiv und gerecht und bekämpft jede Veränderung. Diesen Standpunkt beziehen z. B. auch die männerbeherrschte Amtskirche und Machtpolitik.

Läßt man sich jedoch auf den Geist ein, der überall weht, muß man die obige scheinbare Festigkeit opfern. Der Einsatz für Ideale, wie Demokratie, Natur, Kunst, Friede, Freiheit, Selbstverwirklichung, verlangt, daß man mit seinen Gefühlen statt mit seinem Willen arbeitet. (Man kann Demokratie nicht erzwingen.)

Wie sehr wir heute jedoch in der Gefahr stehen, von unseren

Gefühlen abgeschnitten zu werden, zeigt die in einer psychologischen Zeitschrift ernsthaft aufgeworfene Frage, ob wir Gefühle überhaupt noch brauchen. Ohne Gefühle wäre doch alles viel einfacher, meinen viele Willensmenschen. Die Beherrschung des Umfeldes erscheint real, sachlich und kontrolliert. Das Herantreten an die Öffentlichkeit ist jedoch eine Angelegenheit der Phantasie und der Kreativität, sogar des Chaos' der Träume und Gefühle.

Die Welt ist weiblich, der Wille ist männlich - diesem Dualismus entkommen wir nicht. Ein eingehendes Studium der Schicksalslinie zeigt, wie unsere Neigung zwischen Ordnung und Freiheit, Wille und Welt verläuft und ob und wie wir das eine Prinzip durch das andere Prinzip befruchten können. Ein Slogan des Umschwungs von 1968 hieß: „Die Phantasie an die Macht!" Doch das Studium der Hand zeigt, daß Phantasie und Macht so verschieden wie männlich und weiblich, links und rechts, genormt und individuell sind. Beide Teile sollen sich in einem Menschen sinnvoll verbinden, aber ihre

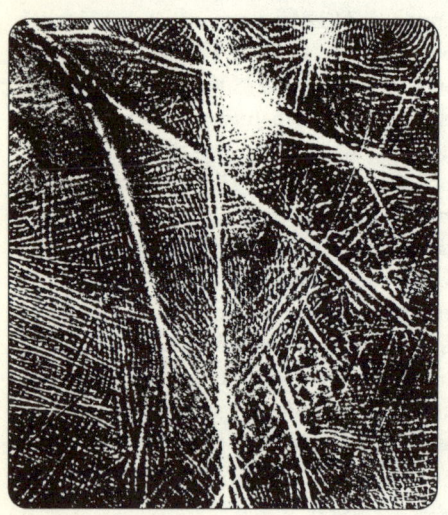

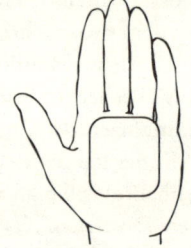

Äußerst gerade verlaufende Schicksalslinie und Kopflinie einer 44jährigen Frau. Sie sucht mit Gewalt Klarheit und Geradlinigkeit. Die Schicksalslinie bricht unter dem Druck. Die Klientin hat bereits Probleme mit der Wirbelsäule (Starre Haltung in der Mitte!)

Abb. 29

126

Verschiedenheit wird bestehen bleiben. Unsere Schicksalslinie ist ein Abbild unserer individuellen Entscheidung, ob wir uns den dämonischen Weltkräften opfern (Beginn auf dem Mondberg) oder in einer durch persönliche Magie scheinbar beherrschbaren Welt (Beginn innerhalb der Lebenslinie) leben wollen oder ob wir in einer bewußten Mischung von beiden Anteilen (bei Beginn im Neptunberg) leben.

Die Apollo-Linie

Keine Panik, wenn man sie *(Abb. 26b, s. S. 118)* nicht oder nur teilweise vorfindet. Diese Linie ist meist nicht komplett vorhanden. Sie ist die Schwesterlinie der Saturnlinie, die wir eben kennengelernt haben, und somit ebenfalls eine zusätzliche Linie. Ihr Eigner kann sich Erfolg in der Öffentlichkeit ausrechnen. In Indien hieß diese Linie früher die Linie der Bildung und Erziehung, da die Pundits (Schriftgelehrten) in der Öffentlichkeit herausragten und neben Ruhm auch über Reichtum (durch wohlgemeinte Spenden) verfügten. So zeigt diese Linie Prominenz, Erfolg und Reichtum an, es kommt nur auf die Gesellschaft und die Vermarktungsbedingungen an, die jeweils den Rahmen für Glück und Reichtum bieten. Um die Art des Erfolgs zu deuten, sollte die ganze Hand gesehen werden. Ist die Energie der Hand in der Masse (dicke Pakete in den Energiebergen) angelegt, liegt der Erfolg in praktischer Durchsetzungskraft begründet (Seminartätigkeit, Gründung von Instituten, Firmen, Politik). Man sollte sich zusätzlich die Lebenslinie als Anzeichen für Vitalität ansehen, um auf besondere Erfolgsmöglichkeiten zu schließen. Liegt die Aussagekraft der Hand in der Vielfalt der Linien, so kann man Erfolg in Mode, Stil, Form, Geschmack, Kommunikation (Theater, Presse, als Talkmaster) haben. Hier ist zusätzlich die Herzlinie als Indikator der Kräfte für Kommunikation und menschliches Miteinander heranzuziehen. Liegt die Betonung der Hand in den Papillarmustern, so wird der Betreffende sein eigenes, bewußtes

Erfolgs'rezept' finden, das in seiner unverwechselbaren Person und seiner Hartnäckigkeit im Glauben an sich selbst begründet ist. Bereiche des Erfolgs sind hier Sphären, wo der Betreffende als 'genialisches Original' tun und lassen kann, was er will. Hier sind besonders die Kopflinie, der Mondberg, das mystische Kreuz, der Jupiter- und Salomonring als Anzeichen weiterer hilfreicher Bewußtseinskräfte von Bedeutung.

Mystisches Kreuz und mystischer Diamant

Das mystische Kreuz *(Abb. 26c, s. S. 118)* zeugt von besonderen Interessen für das Okkulte und Geheimnisvolle. Es liegt zwischen Kopf- und Herzlinie und kann auch mehrfach vorhanden sein. Tatsache ist, daß praktisch alle an Esoterik interessierten Menschen es besitzen. Eine besondere Formation, die der Aufmerksamkeit der handlesenden Zunft entgangen zu sein scheint und dennoch recht häufig erscheint, ist eine spezielle Weiterführung des mystischen Kreuzes: Die Apollo-Linie wird aus dem Raum zwischen Herz- und Kopflinie heraus in ein Parallellogramm eingebunden, dessen Beginn ein mystisches Kreuz bildet. Nun verbinden sich Schicksalslinie, Herz-, Kopf- und Apollolinie zu einem kraftvollen, sich gegenseitig stützenden Muster.

In etwa 30 Büchern habe ich keine Beschreibung dieser Formation gefunden, da mußte ich zu einem neuen Namen greifen und nenne diese Konzentration von Linienkraft in Anlehnung an das mystische Kreuz den '**mystischen Diamanten**'. Wieder und wieder sehe ich ihn in den Händen meiner Freunde und Klienten. In einem Buch über die Hände prominenter Showstars in Großbritannien ist diese bemerkenswerte Formation ebenfalls in 20 von insgesamt 22 abgebildeten Händen zumindest ansatzweise, oft aber absolut deutlich vorhanden. (Die Ausnahmen waren eine gänzlich linienarme Hand und eine Hand, in der die Apollolinie so stark und gerade war, daß

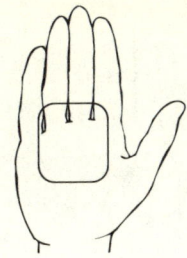

Mystisches Kreuz und
mystischer Diamant

Abb. 30

sie keine 'Unterstützung' brauchte.) Das häufige Vorkommen des mystischen Diamanten hängt mit unserer Medienzeit zusammen, die zunehmend auch medial veranlagte Menschen in die Öffentlichkeit bringt. Ich sehe den tieferen Sinn des mystischen Diamanten darin, daß die Saturnlinie ihren Grenzcharakter aufgibt und zum 'Du' hin (Apollolinie) ein Areal in Form eines Parallelogramms aufbaut, das zum geschützten Kraftfeld eines künstlerischen Potentials wird, das sich gerne und erfolgreich in der Öffentlichkeit präsentiert. Ein ähnlich abgegrenztes Areal ist das Rechteck des Lehrenden (teacher's square) auf dem Jupiterberg *(Abb. 26d, s. S. 118).* Eine zusätzliche Deutung des mystischen Diamanten ergab sich in einem Gespräch mit einer Klientin, die in ihrem mystischen Diamanten die Odinsrune sah. Es ist genau die gleiche Form, wobei Odin (Wodan) der Siegesgott und auch der Gott der Dichtkunst ist, dem die beiden weisen Raben Hugin und Munin zur Seite stehen - eine vollendete Verbindung von Mystik, Schicksal und Kunst. Man sollte unbedingt in jeder Hand nach diesem Zeichen Ausschau halten!

129

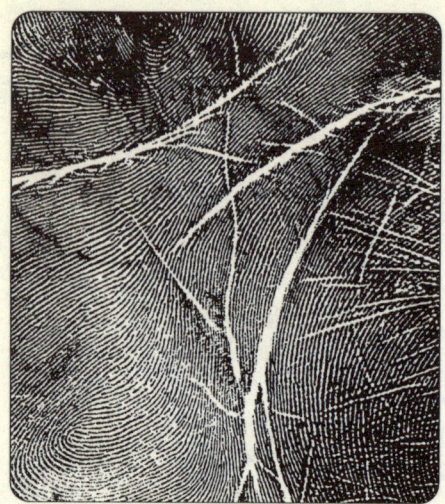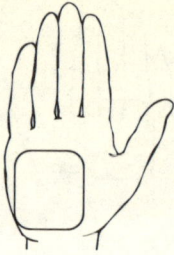

Abb. 31

Hand eines 50jährigen Künstlers, der asiatische Musik macht. Wenige Linien bedeuten hier Offenheit und Konzentration auf essentielle Dinge des Lebens. Mystisches Kreuz und Uranuslinie wie auch Mondberg-Papillarschleife weisen auf Umgang mit Transzendenz und Kreativität hin. Diese Einfachheit fand ich auch in den Händen vieler indischer Sadhus (Heiliger Männer). Man beachte auch die starke Reiselinie am Ende der Lebenslinie.

Das Kreuz der Befreiung

Bei meinen an ihrer eigenen Entwicklung meist sehr interessierten Klienten, die bereits einen intensiven Befreiungsprozeß im frühen Erwachsenenalter durchgemacht haben, finde oft ich eine Linienformation, die ich Kreuz der Befreiung *(Abb. 26l)* nenne. In der Nähe der Handwurzel verläßt eine starke Nebenlinie die Lebenslinie und kreuzt eine Linie, die von der Gesundheitslinie (Hepatica) oder der Schicksalslinie ausgeht. Es kann sich auch um die Via Lascivia

(Abb. 35b, s. S. 135) als kreuzendes Element handeln. Entsprechend interpretiere ich dieses Kreuz. Die Befreiung kann schicksalhafter Natur sein (z. B. Auswanderung), wenn die Schicksalslinie betroffen ist. Sie bedeutet die Übernahme der Verantwortung für eine Krankheit oder deren Überwindung, wenn die Hepatica im Spiel ist. In Verbindung mit der Via Lascivia erfuhr der Betreffende eine moralische Befreiung. Wichtig ist, daß die Energie der Lebenslinie eine Übertragung von Lebenswillen auf ein Hindernis bewirkt, das dann mit einem explosionsartigen Schub weggeräumt wird. Ein Hindernis ist ja immer ein verkappter Segen, das weiß man besonders dann, wenn es überwunden ist.

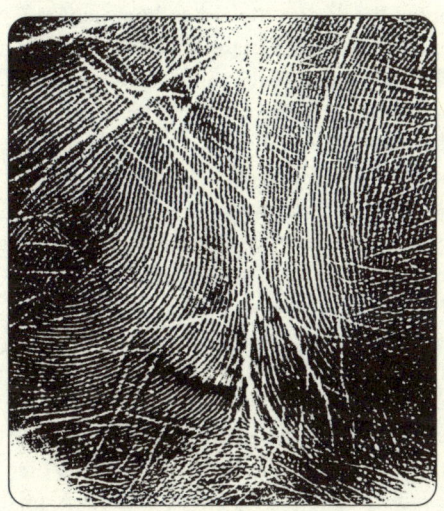

Abb. 32

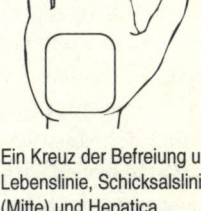

Ein Kreuz der Befreiung um Lebenslinie, Schicksalslinie (Mitte) und Hepatica (rechts) kennzeichnet einen 30jährigen Vietnamesen, der eine Auswanderung nach Deutschland als Glück empfindet.

Die Stufenleiter des Erfolgs

Linien haben zwei Möglichkeiten der Richtungsänderung: Entweder sie krümmen sich, oder sie versetzen sich seitlich. Auf das Zeitliche übertragen heißt das: Wenn eine Linie in mehreren Strichen nebeneinander existiert, so deutet dies auf verschiedene, für die Linie charakteristische Aktivitäten gleichzeitig hin. Man sieht diese Stufen meist im fortgeschrittenen Lebensalter am Ende des Handtellers zu den Fingern hin. Die Lebenserfahrung des Handeigners schlägt sich nun in vielfachen Beschäftigungen nieder. Nehmen wir an, ein Schauspieler handelt seine Verträge selbst aus und regelt seine Finanzen selbst, er schreibt Stücke oder komponiert Lieder und gründet seine eigene Truppe. Bei diesem Menschen kommen mehrere Berufe zusammen, die sich in einer variablen Tätigkeit verbinden. Es geschieht auch, daß sich entlang der Schicksalslinie mehrere Rechtecke bilden, die dann wie eine echte Leiter wirken. Bei einer Künstlerin wechselten die Vierecke von einer Verbindung zur Lebenslinie zu einer Miteinbeziehung der Apollo-Linie. Das bedeutet einen Wechsel von physischem Erfolgsstreben (Arbeit, manuelle Tätigkeiten) zum ästhetischen Erfolgserleben (Anerkennung, Verfeinerung des Kunstschaffens).

Was man vielfach als Hobbys sieht, werden für den betriebsamen, engagierten westlichen Menschen fast schon Nebenberufe. So finden wir versetzte Linien immer häufiger. Ein Sonderfall hierzu sind die oben bereits besprochenen Samariterlinien *(Abb. 26e, s. S. 118)* unter dem kleinen Finger. Sie werden als Linien der helfenden Berufe (Ärzte, Krankenschwestern, Pfleger usw.) gedeutet. Doch auch hier ist Vielseitigkeit wichtig. Für ihre Besitzer ist unterstützende Kommunikation beim Helfen/Heilen ein Muß, dem sie sich nicht entziehen können. In diesem Zusammenhang sei anschließend gleich die 'Hepatica' besprochen.

Die Gesundheitslinie (Hepatica)

Vorbemerkung: Die Hepatica *(Abb.26f, s. S. 118)* bedeutet biographisch die Auseinandersetzung mit Krankheit und Heilen. Hat man sie, ist das Thema in der Hand angesprochen. Ohne diese Linie ist Gesundheit schlicht kein Thema für den betreffenden Menschen, es ist ihm relativ egal, wie gesund oder krank er oder andere sind. Hepatica heißt Leberlinie und drückt vorhandenes Gesundheitsbewußtsein aus. Sie ist nur intuitiv zu erfassen und sie hat traditionell mit Willen, Identifikation, Gefühl im Gesundheits- bzw. Krankheitsbereich zu tun. Persönlich nenne ich sie auch die **Immunlinie**. Denn sie grenzt den Innenbereich nach außen ab, wie auch unser Immunsystem gegen äußere Einflüsse mit Fieber und körperlichen Reaktionen wie Krankheiten kämpft. (Nicht-Esoterikern sei gesagt: Krankheiten sind eigentlich gesund und vollkommen natürlich, sie stellen einen Erfahrungsweg dar und korrigieren unsere Abweichungen vom Weg des Höheren Selbst. Für manche Menschen funktionieren sie wie die Leitplanken neben der Autobahn - oder sind sie Leidplanken?)

Nehmen wir die Leiterin eines Altenheims als Beispiel: Ich kenne sie gut, sie ist Mitte siebzig und hatte viel mit Krankheiten, Pharmazeutika sowie Pflege ihrer Heimbewohner zu tun und ist/war da äußerst engagiert. Gleichzeitig ruinierte sie ihre eigene Gesundheit in dem Beruf, klagt seit Jahrzehnten über Krampfadern, Blasensenkung, diese und jene Operation. Dennoch ist sie fröhlich und hilfsbereit, unternimmt trotz ihres angeschlagenen Gesamtzustandes Reisen in die gesamte Welt, kein Dschungel ist vor ihr sicher. Und sie hat eine Gesundheitslinie (Hepatica) wie aus dem Bilderbuch. Hier wird klar, sie 'braucht' die Auseinandersetzung mit Krankheit. Krankheit ist ihr Lebenselixir und Kommunikationsmittel und hält sie aufrecht. So muß man als Handleser einfach warten, bis ein typischer 'Fall' auftaucht, damit man das Wesen einer Linie verstehen lernt.

Ein anderer Fall der Ambivalenz Gesundheit/Krankheit bot sich mir in einer biologischen Gärtnerei - das Gemüse, die Radieschen und Früchte, alles war eine herrliche Pracht, doch die anwesenden Kundinnen unterhielten sich intensiv über Operationen, an wem was wo und wie und durch wen behandelt wurde ... Der Wille zur Gesundheit hat immer eine gewisse hypochondrische Qualität, der auch in der Hepatica zum Ausdruck kommt. Der Wille zur Gesund-

 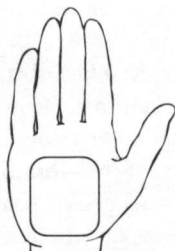

Abb. 33

Wille versetzt Berge! Die Hand einer 44jährigen Beamtin zeigt eine starke Hepatica. Sie entdeckte im Alter von 20 Jahren, daß sie an perniciöser Anämie litt und fand in ihrer Befreiung (Kreuz der Befreiung) Abstand von der Krankheit. Nun löst sich auch die Schicksalslinie aus der Hepatica. Sie heiratet einen Arzt (Die folgende Scheidung erkennt man an einer Unterbrechung der Schicksalslinie, wo sie durch die Kopflinie geht), lebt zeitweise politisch radikal engagiert, arbeitet zwölf Jahre lang in Südamerika für eine soziale Organisation. Heute ist intensives Trommeln (afro-kubanische Rhythmen) für sie wichtig. Die doppelte Uranus-Linie bestätigt ihren Drang zum Aufgehen in Trance und im Anrufen der Götter. Eine Stufenleiter des Erfolgs wird von Schicksals- und Apollolinie gebildet und beginnt auf der Hepatica. Sie kämpft um Gesundheit: für sich und andere.

134

heit kann zwar auch leicht zum Krampf werden, aber ebenso kann man sich durch Krankheit gesund halten, denn Töpfchen mit einem Sprung halten am längsten!

So ist die Hepatica kein absolutes Zeichen für Krankheit, sie ist eine Verlängerung der Samariterlinien und deutet Kommunikation mit Krankheitsbildern an. Sie verläuft auch über die Akupressur-punkte von Pankreas, Herz, Leber, Galle, Milz, Blinddarm, Darm, Blase, also durch die Somatik des Internisten. In diesem Sinn einigt sich die Literatur über Handlesen auf eine abwartende Haltung gegenüber der Hepatica. Eine gute Hepatica ist ein Zeichen dafür, daß das Thema Gesundheit für einen Menschen eine Rolle spielt, eine zerrissene Hepatica kann gesundheitliche Zerrüttung anzeigen. Man ist sich auch einig, daß die Hepatica nicht in den Bereich des Venusberges eindringen sollte, indem sie die Lebenslinie durch-schneidet. Dies läßt gesundheitliche Probleme, die den Internisten betreffen, erwarten.

Letztlich sollte man mit dem Menschen, in dessen Hand sie vorkommt, ein kleines Gespräch darüber führen, ob er eine gesunde Einstellung zu Krankheit (als reinigenden Prozeß) hat oder ob er eine krankhafte Haßliebe zum Thema Gesundheit/Krankheit aufgebaut hat. Im Grunde ist die Hepatica die Merkurlinie, die ihrer Bestim-mung nach Kommunikationslinie sein muß. Und unser Immun-system ist ein Kommunikationssystem par excellence. Es erkennt und reagiert auf alle 'fremden' Stoffe, mit denen wir umgeben sind. Wenn wir unser Immunsystem nicht spüren, ist es für uns am besten. Es wäre dennoch sinnlos, eine sterile Atmosphäre herzustellen, um das Immunsystem zu schonen. Wir brauchen Krankheiten und Gefahren, auch den Tod, um unseren Lebenswillen zu spüren und auch zu genießen. Dann spüren wir so richtig: „Es ist gut, daß ich da bin!" (Die Via Lascivia *(Abb. 35b, s. S. 138)* ist ähnlich interessant für das Thema der Faszination durch das Böse.)

Die Jupiterlinie

Da sie *(Abb. 26g, s. S. 118)* seltener vorkommt, wird sie auch wenig besprochen. Das finde ich fast ein bißchen schade, da ich sie selbst auf beiden Händen habe. Allerdings ist sie bei mir erst vor etwa zehn Jahren aufgetaucht. Wenn sie Erwähnung findet, spricht man von ihr meist als Ehrgeizlinie. Aus eigener Erfahrung sehe ich diese Linie eher als die Verwirklichung-von-Ehrgeiz-Linie an. Denn man kann auch ehrgeizig sein ohne den Willen, das Ziel des Ehrgeizes zu einem guten Abschluß zu bringen.

 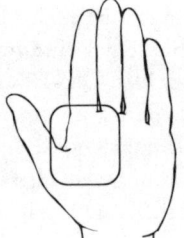

Abb. 34

Diese künstlerisch rund geschwungene doppelte Jupiterlinie ist in der Hand eines Erziehers zu finden, den eine spontane, natürlich frohe Autorität auszeichnet. Er stammt aus dem russischen Hochadel. Indienreisen, Musik und Meditation sind für ihn erfreuliche Begleiterscheinungen eines intensiven, ohne Konflikte geführten Lebens.

Sie tauchte bei mir auf, als ich anfing, mein Leben zielgerichtet in Ordnung zu bringen, um mir einen Bereich zu schaffen, in dem ich mich entfalten konnte. Für mich war es eher der Wunsch, zurückgezogen, unabhängig und frei zu werden, als ehrgeizig die Öffentlichkeit zu suchen. (Auf englisch heißt die Jupiterlinie 'ambition line': 'ambition' bedeutet, man läuft in der Öffentlichkeit herum, um sich zu zeigen, ein Ausdruck aus der römischen Politik.) So würde ich die Jupiterlinie eher generell als Zeichen dafür sehen, daß jemand seinen Willen konsequent und resolut verwirklicht. Die Linie kommt schließlich in den meisten Fällen aus dem aktiven Marsberg.

Weitere Linien der Hand

Hierher gehören Linien, die Reisen, Partnerschaft, Kinderzahl Gewohnheiten, Vorlieben, Abneigungen usw. betreffen. Bei ihrer Besprechung muß man in Betracht ziehen, daß sich die diesbezüglichen Werte und Empfindungen ständig wandeln. In der indischen Handlesekunst sagte man beim Vorhandensein unterstützender Linien Hilfe durch die Verwandtschaft väterlicher- oder mütterlicherseits voraus, da war man noch viel stärker auf Hilfen innerhalb von Kaste und Familie angewiesen. Solche Formen der Unterstützung findet man hierzulande selten. Auch Reiselinien spielen heute eine untergeordnete Rolle, da Reisen zu einer fast alltäglichen Angelegenheit geworden sind. Selbst die Partnerschaftslinie spielt bei unserer heutigen Praxis der Beziehungsformen keine bedeutende Rolle mehr. Ich möchte dennoch einen kompletten Überblick über die in unserer Hand angelegten Linien geben, sie sind vorhanden und bedeuten etwas, sonst wären sie ja nicht da. Die inneren Einstellungen zu den Punkten von zwischenmenschlichem Interesse sind weiterhin wirksam und zählen mehr denn je. Wenn heute immer mehr Menschen immer schneller den erlernten Beruf wechseln (müssen), kommt es immer stärker darauf an, welche *innere Linie* sie im Verlauf ihres Lebens finden werden.

Diese nun folgenden Linien zeigen den Fluß seelischer Energien an. Sie liegen im äußeren Bereich und bedeuten, daß sich in uns etwas bewegt. Sie zeigen Motive für unser Handeln und praktische Auswirkungen von inneren Einstellungen an.

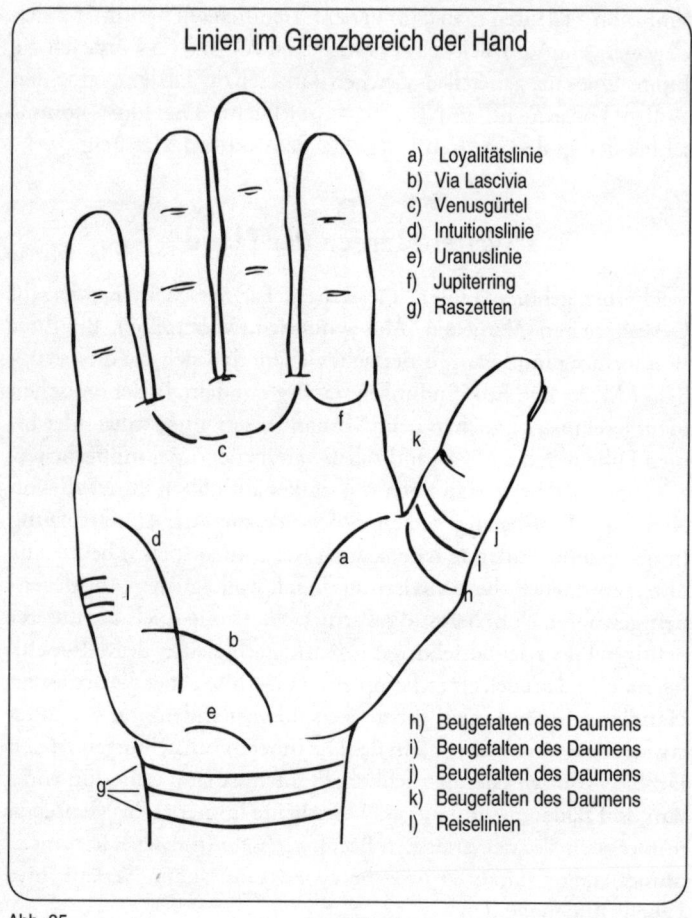

Linien im Grenzbereich der Hand

a) Loyalitätslinie
b) Via Lascivia
c) Venusgürtel
d) Intuitionslinie
e) Uranuslinie
f) Jupiterring
g) Raszetten

h) Beugefalten des Daumens
i) Beugefalten des Daumens
j) Beugefalten des Daumens
k) Beugefalten des Daumens
l) Reiselinien

Abb. 35

Gewinnlinien, Reiselinien, Verlustlinien

Das Leben ist eine Reise. Innerhalb dieser Reise finden viele tatsächliche und innere Reisen statt. Reiselinien lernte ich in Indien als Nebenlinien an der Lebenslinie kennen *(Abb. 26h, s. S. 118)*. In der europäischen Literatur werden diese Linien an der Außenkante des Mondbergs *(Abb. 26h , s. S. 118)* gefunden. Doch Reise ist nicht gleich Reise, deshalb sollten wir tiefer gehen. Sehen wir diese Linien in heutiger Bedeutung, wo Reisen keine Sensationen mehr sind, dann markieren diese Linien am Mondberg besondere Vorkommnisse und Erwartungen. Sie bedeuten besondere Ausflüge in die Welt der Kommunikation, die sich gewinnbringend erweisen. Man spricht, handelt, geht zu Menschen, die man versteht. Die Linie am Ende der Lebenslinie *(Abb. 26h, s. S. 118)* wird noch kaum beachtet, dennoch finde ich sie ganz klar und deutlich recht oft in meinem Umkreis vertreten. Sie ist eine neptunische Erwartungslinie - sie kennzeichnet Menschen, die darauf vorbereitet sind, daß ihnen noch etwas Besonderes geschieht. Reisen bedeutet ja eigentlich Entfernung vom Normalen, sich ins Ungewisse, Nicht-Vorgeformte wagen. Die Lebenslinie erhält so einen transsaturnischen Aspekt einer Suche nach dem Unfaßbaren, das man aber konkret erleben möchte. Erfüllen sich diese Hoffnungen nicht, können diese Linien auch Energieverlust anzeigen, indem sie ausgefranst wirken. Man sollte sich mit dieser Linie also auf die Reise nach dem „Anderen" wagen. Früher waren konkrete Reisen in fremde Kontinente sicher gefährlicher und unberechenbarer als unsere heutigen (transformativen) Unternehmungen. Auf jeden Fall: Reisen bildet und bringt Gewinn, egal welcher Art die 'Reise' ist ...

Des weiteren gibt es in der Hand stützende Linien, die zu Lebenslinie, Schicksalslinie, Kunstlinie usw. führen und hilfreiche Einflüsse bedeuten. Kamen diese früher aus dem Kreis der Familie, etwa durch reiche Heirat, so sind heute eher Geschäftsverbindungen und eigenes Geschick für günstige Wendungen zuständig. Diese Linien sollten hilfreich in die größeren Linien hineinlaufen, sie aber

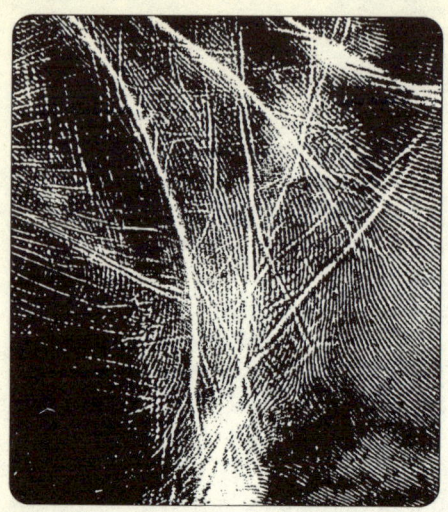
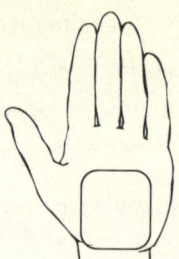

Abb. 36

Bei einem esoterischen Buchhändler, Anfang vierzig, bedeutet eine Hilfslinie vom
Mondberg zur Schicksalslinie Reisen und geschäftliches Vorwärtskommen durch
Anschluß an eine bedeutende Vertriebsorganisation. Zuvor mehrere Kreuze der
Befreiung, die nicht sehr konsequent wirken.

nicht durchkreuzen oder brutal durchschneiden. In diesem Fall
deuten sie schmerzliche Erfahrungen mit äußeren Hindernissen an.
Manchmal findet man die ganze Hand mit einer Vielzahl von
gitterartig vernetzten Linien durchzogen. Sie deuten einen Gewinn
an Sensibilität und sehr feine seelische Energien an, andererseits
fühlen sich vor allem Frauen mit dieser 'Linienhand' auch stark von
ihren hohen, die eigene Person betreffenden Anforderungen einge-
engt. Oft sind diese Netzwerke auch Zeichen angestauter Energie,
von sexueller Energie im Bereich des Venusgürtels *(Abb. 35c,
s. S.138)* oder von spiritueller Energie auf dem Mondberg. Zu viele
dieser Linien verleiten dazu, lieber nichts zu tun, als klare einfache,
praktische Lösungen (die immer unvollständig und fehlerhaft sein
müssen) zu finden. So stehen diese Netzlinien im Endeffekt in der

140

Gefahr, zu reinen Frustlinien zu werden, obwohl sie gute Energien anzeigen.

So ist jede Verlustlinie *(Abb. 26j s. S. 118)* ein Zeichen von enttäuschter Hoffnung. Doch alle Verluste sind gedachte Verluste, d. h. sie existieren nur in unserer Vorstellung. Anders als bei 'Hans im Glück' fühlt sich unser Bewußtsein von einer Besitzminderung 'überfahren', traumatisiert oder durch ungewollte Vorgänge bedrängt. Dann fühlt es sich isoliert und vereinsamt und trauert oder revoltiert. Deshalb wurden Verlustlinien auch Feindschaftslinien genannt, da die meisten Verluste von anderen Menschen verursacht erscheinen, die man dann Feinde nennt. Da jedoch die Reaktion auf Verluste von der Intensität der Trauer abhängt, sind Verlustlinien nicht automatisch bei jedem Verlust zu erwarten. Je stärker ein

 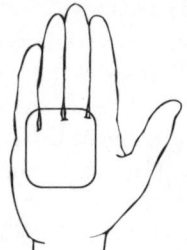

Abb. 37

Eine Verlustlinie durchquert den oberen Handraum, der auch durch einen aufgelösten Venusgürtel gekennzeichnet ist. Eine Jugendliebe, bei der alles stimmte, hat ihre Spuren bei einer 35-jährigen freiberuflichen Werbefachfrau hinterlassen, die inzwischen eine "Vernunftehe" eingegangen ist.

Mensch auf Verluste mit Gefühlen der Sinnlosigkeit und Nervosität reagiert, um so ausgeprägter sind diese Linien, die ihrer Art nach unharmonisch und trennend wirken. Sie durchschneiden Lebens-, Schicksals-, Kopf und Herzlinie und sind wie Querbalken durch die Hand gezogen. Eine Frau, die auch aus früheren Leben ungute Erinnerungen mitgebracht hat, meinte, bis zu ihrem 20. Lebensjahr habe sie nur Verluste gehabt, den 'Weggang' ihres Vaters durch Tod empfand sie als Verlust, ebenso wie ihre Scheidung keine Befreiung, sondern eine Art Tod des Partners war. Sie empfindet jede Veränderung bereits als Verlust, sagt sie. In einem anderen Fall konnte ich die Trennung von 'der' Jugendliebe als eindeutige Ursache einer bedeutsamen Verlustlinie ausmachen. Man kann in der Beratung versuchen, mäßigend auf diese Verlustmentalität einzuwirken, aber wenn viele solcher Linien vorhanden sind, geht es um tief verwurzelte Einstellungen, die man wohl schon als Selbstbestätigung verinnerlicht hat: „Mir passiert immer das Schlimmste", dabei passiert das Gleiche und Schlimmeres anderen auch. Ein Blick in die Zeitung genügt.

Doch wo das Urvertrauen geschwächt ist, kann man nur schwer helfen und heilen. Eine Frau litt seit ihrer Kindheit an einer verstopften Nase und erfuhr in einer Reinkarnationssitzung bei mir die Ursache, was auch eine Desensibilisierung bedeutete. Nach der Sitzung war die Nase völlig in Ordnung, doch sie begann sofort zu zweifeln, ob das alles echt war, was sie erlebt hatte. Dieser Zweifel beeinträchtigte die Heilung unmittelbar.

Wenn man an der Welt zweifelt, ob sie gut und heilsam ist, bekommt man leider eine Verlustmentalität, die sich immer wieder selbst bestätigen wird. Doch man kann niemand gegen seinen Willen ohne Krücken gehen lassen, wenn er sich so schön an sie gewöhnt hat. Alle Linien sind natürlicher Art und liegen in der inneren Natur des betreffenden Menschen begründet, bloße Aufforderungen zu Veränderungen (sieh' alles nicht so negativ!) sind unangebracht und wirken nicht. Wir müssen lernen, Verluste innerlich in befreiende Gewinne zu transformieren, dann sind wir heil, was immer auf der Reise unseres Lebens geschehen mag. Ein indischer Weiser sagte in einem

Gespräch, das ich miterleben durfte: „Wenn jemand stirbt, ist das nur dann für die Nachgebliebenen ein Verlust, wenn dadurch bewußt wird, daß man mit diesem Menschen etwas versäumt hat ..."

Partnerlinien, Kinderlinien

Partnerlinien *(Abb. 26k, s. S. 118)* verlaufen als Hilfslinien zur Schicksalslinie. So sind sie auch datierbar. Man findet sie quer unter dem Merkurfinger an der Außenhand. Heute zeigen diese Linien eher die Tendenz der Treue zum jeweiligen Partner oder die Wichtigkeit, die man dem Partner einräumt, an. Hat man Partnerlinien und ist trotzdem 'single', dann wäre es in der Person angelegt, eine gute Partnerschaft zu führen. Das gleiche gilt für die Zahl der Kinder. Stimmt die Analyse der Hand nicht mit den Fakten überein, wird gesagt: „So hätte es sein sollen ..." Gerade auf diesem Gebiet kommt es zu unscharfen Interpretationen, die auch unnütz sind, denn jeder Mensch weiß ja, wieviele Partner er hat oder Kinder er anstrebt. Für Überraschungen ist das Leben trotzdem gut ...

Die Samariterlinien

Diese Linien finden wir immer zu mehreren unter dem Merkurfinger *(Abb. 26e, s. S. 118)*. Sie bezeugen starke Zuneigung und Sympathie für die Außenwelt. Diese Regungen werden auch ausgelebt - sonst wären die Linien nicht da! Da die Außenseite der Hand ja das Gegenteil von Willen und Durchsetzung repräsentiert, erfüllt sich ein Träger der Samariterlinien meist in einer dienenden, helfenden Funktion, wobei die anderen Menschen und nicht die eigenen Interessen im Vordergrund stehen. Die Samariterlinien tragen also ihren Namen völlig zu Recht. Man beachte den Übergang zur Hepatica (wenn vorhanden), hier setzen sich Mitleid und Helfenwollen als Beschäftigung mit (meist eigener) Krankheit fort, diese Linie führt ja auch weg von der Welt ins Innere ...

Die Loyalitätslinie

Dies *(Abb. 35a, s. S. 138)* ist eine ganz besondere Linie: sie trennt den aktiven Marsberg vom Venusberg. Sie wurde früher sehr treffend auch Militärlinie genannt. Man nennt sie auch die Karma-Linie, denn Karma bedeutet ursprünglich die Tat. In der Bhagavad Gita findet man die Lehre des Karma Yoga, auch im Zusammenhang mit Kriegerkaste und Töten. Der Held (Arjuna) soll einfach tun, was seine Aufgabe ist, Feinde töten. So bedeutet diese Linie einen gradlinigen Kampf für das eigene Lager und unbeirrbares Stehen zu einer Sache und damit zu sich selbst und seiner Aufgabe. (Und natürlich ist Töten im Licht der Wiedergeburt irreal, in diesem Sinn soll Arjuna lernen, daß Pflicht und Karma über scheinbaren Realitäten stehen ...)

Ein Mann mit einer ausgeprägten Loyalitätslinie, mit dem ich Rückführungen machte, hatte bezeichnende Erlebnisse: Er war in einem früheren Leben ein junger Adliger in Japan, doch seine Besitztümer wurden von Rivalen und Feinden weggenommen. Er erlernte die Kampfkunst und forderte seine Feinde einen nach dem anderen zum Kampf heraus. Er konnte so geschickt mit dem Schwert umgehen, daß er seinen Gegnern, die sich nach dem Ehrenkodex der Samurai zum Einzelkampf stellen mußten, die Kehle durchschneiden konnte, ohne sie wirklich zu berühren. Später war er Wikinger, ebenfalls ohne zu kämpfen, er genoß nur die Atmosphäre von Kameradschaft und Abenteuer und er wurde dann auch zum Anführer. In einer anderen Sitzung erlebte er sich als Adler, der frei und losgelöst über Indianersiedlungen in Nordamerika schwebte, bis er von einem Pfeil getroffen wurde. Heute ist er Managementtrainer und von einem Partner 'ausgebootet' worden, betrachtet das nur wie einen Film und leitet keine rechtlichen Schritte ein. Er ist mit einer Japanerin (!) verheiratet und schätzt ihre Art, oft auf gewisse Dinge lange nicht zu reagieren, bis für sie die Zeit 'richtig' ist. Bei ihm zeigt die Loyalitätslinie seine Art an, sich treu zu bleiben und seinen Einstellungen gegenüber loyal zu sein, auch wenn scheinbar Nachteile entstehen. Er rief mich kürzlich an, die strittige Sache hat sich erledigt, er steht sogar besser da als zuvor.

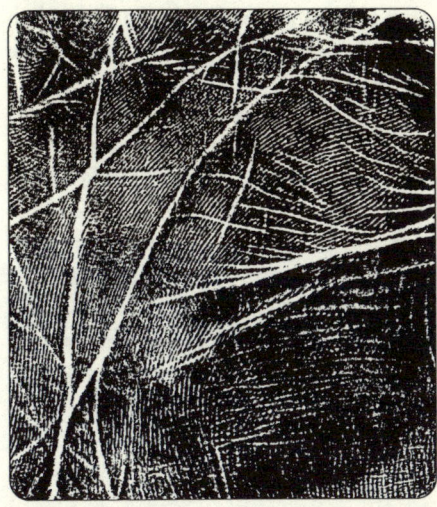 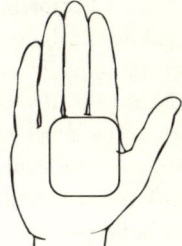

Abb. 38
Eine klare Loyalitätslinie, eine großzügig geschwungene Lebenslinie sowie eine Jupiterlinie, die mit der Schicksalslinie zu einem offenen Rechteck verbunden ist, bestimmen die Ich-Seite der linken Hand eines erfolgreichen Verlegers und Architekten.

Auch wenn andere Menschen niedrig und gierig sind, wird der Mensch mit einer ausgeprägten Loyalitätslinie sich nicht anstecken lassen und sich treu bleiben und seinen Weg gehen. Loyalitätslinien haben Menschen (Advokaten, Politiker, Idealisten), die kämpferisch für sich und andere eintreten können, doch in der Wahl ihrer Mittel sind sie bewußt. Sie schlagen nicht emotional zu oder nutzen Schwächen ihrer Feinde aus. Für sie ist der Kampf selbst die Kunst und das Wesentliche. Diese Kampflinie erscheint mir ichbewußter und dramatischer zu sein als die Hepatica, die ja auch mit uneigennützigem Helfen und Medizin im weitesten Sinn des Wortes zu tun hat. (Eine Florence Nightingale, die stolz und ehrfurchtgebietend durch die Lazarette geht, wird eine Loyalitätslinie haben und für ihre Patienten kämpfen; eine Florence Nightingale, die hauptsächlich Krankheiten als böse Dämonen aus der Welt schaffen will, wird eine Hepatica entwickeln.)

Man kann des Guten aber auch zuviel tun, was dann mit der berühmten Nibelungentreue zu umschreiben ist. Ein Bekannter mit starker Loyalitätslinie kämpfte sich durch den gesamten zweiten Weltkrieg von Sizilien bis Moskau und zurück und wurde dabei schwer verwundet, ohne daß es ihm in den Sinn gekommen wäre, sich in eine Etappe weit vom Schuß abzusetzen. Hier heißt die Loyalität: „Right or wrong, my country", und die Plazierung zwischen Venusberg (Wille, Durchsetzung in praktischem Gebiet) und aktivem Marsberg (Kampf annehmen, dem Feind die Stirn bieten) ist in ihrer Symbolik offensichtlich.

Die Via Lascivia

In meiner Tätigkeit als Reinkarnationstherapeut und gleichzeitig chirologisch Interessiertem gilt mein Hauptinteresse dem Mondberg und den dort wirksamen Kräften. Denn hier, in der Region des Unterbewußtseins, werden unsere ererbten Energien in Linien kanalisiert und verschlüsselt abgebildet.

Ein besonderes Zeichen ist die Via Lascivia *(Abb. 35b, s. S. 138)*, die oberflächlich gesehen so etwas wie Lasterlinie heißen könnte. Diese Linie trennt den Mondberg halbkreisförmig vom Rest der Hand ab, somit erhalten die im Mondberg angesiedelten Kräfte einen abgeschlossenen intimen Charakter. Eine Frau, die diese Linie hat, erlebte in ihren Rückführungen folgendes:

1) Sie wird in eine Schlangengrube geworfen, ein indisch/orientalisch aussehender Mann schaut unbeteiligt zu -

2) sie wird von Soldaten getötet, diese bringen auch ihre Kinder um, mit denen sie glücklich in einem einsam liegenden Haus lebte

3) sie wird von einem Schild erdrückt -

4) sie fällt von einer Kutsche, nach einem 'wilden' Leben im amerikanischen Westen und wird von einem Pfeil getroffen - dazu kommen noch einige ähnlich dramatische Szenen, in denen die Täter- mit der Opferrolle wechselt.

Zunächst erhalten wir eine Erklärung und Linderung für Spannungskopfschmerzen sowie diverse Halsschmerzen (aus Leben 2 und 4 stammend). Des weiteren wird klar und weniger bedrohlich, warum sie nachts oft panische Angst um ihre Kinder hat: Sie wurden ihr ja einmal weggenommen. Dann berichtet sie, sie habe 'hysterische Anfälle' und machte wütende Ausfälle gegen ihren Mann - was, wie sie jetzt versteht, geschieht, weil sie sich in der Schlangengrube als unbeachtet und alleinegelassen erfuhr. Sie hat, das verstehen wir nun besser, die Via Lascivia, die ihr hilft, die Unbill der früheren Leben kämpferisch zu kompensieren und auszugrenzen: Sie bekommt Panik, wird grundlos ausfällig und kümmert sich manchmal tagelang nicht um ihr Labor. Dazu hat sie einen Hang zum Alkohol, nahm Kokain, und als junges Mädchen führte sie ihre Mutter durch die Rotlichtviertel der Stadt, weil sie von der schummrigen Atmosphäre dort angezogen wurde. So kommt hier alles zusammen, was man der Via Lascivia nachsagt, denn man nennt sie außerdem noch die Suchtlinie, die Giftlinie, und man rühmt ihren Trägern eine besondere Beziehung zu medizinischen, besonders homöopathischen Heilmitteln nach. Dazu hat die Klientin eine ausgezeichnete Schicksalslinie, sie leitet ein medizinisches(!) Labor, sie kommt mit dem Leben gut zurecht, bis auf ihre aggressiv-hysterischen Tendenzen und Ängste ... Sie sagt, sie kommt sich vor wie die Prinzessin auf der Erbse: Wo andere auf dem harten Boden schlafen, spürt sie durch dicke Decken hindurch noch die geringste Unebenheit. Ihre Via Lascivia ist als Zeichen eines Bewußtseins zu sehen, das sehr differenziert und mit einer eigenen Magie und Sensibilität an der Grenze zwischen konventionell gut und böse wandelt. Sie schrieb mir danach, sie bestrafe jetzt ihren Mann weniger und wolle ihn auch zu ein paar Sitzungen vorbeischicken ...

Wenn die Via Lascivia im Spiel ist, sind also meist sehr tiefgehende Neigungen und Veranlagungen wirksam. So auch im Fall eines männlichen Klienten, der eine sehr starke Energiehand mit Via Lascivia vorweist: Er hat eine spirituelle Lebensgeschichte, war mehre Jahre in einem Priesterseminar, danach schloß er eine Ausbildung zum Meditationslehrer einer weltweiten Organisation an, dann riß seine Mutter das Familiengeschäft, in das er viel Arbeit investiert hatte, an sich - und er ließ es geschehen. Vielleicht war dies eine Form der Reinigung und Entsagung. In den Rückführungen sah er viel Licht, schwebte im Kosmos, nahm Verbindung zu wunderschönen Kristallen auf, dennoch spürte ich eine starke Unruhe in ihm sowie starke Anforderungen, die er an mich zu richten schien. Er erwartete wohl den perfekten, ewig-heiteren Apoll in mir, der lächelnd über der Welt zu stehen hatte (sorry). Doch dann erlebte er sich als Priester in Ägypten, der Frauen auspeitschen ließ und sich wohl daran ergötzte - dann gestand er, er habe heute ähnliche Gelüste, dabei mit mehreren Frauen zugange zu sein und und und ... Er hatte eine unübersehbare Via Lascivia. Daß er Sado-Phantasien hegt, ist nicht tragisch, problematisch scheint mir eher, daß er diese nicht zugibt und ständig glaubt, schlecht in gut verwandeln zu müssen. Somit weicht er der Herausforderung seiner Via Lascivia aus, indem er meint, Unzulänglichkeiten abzulehnen und Reinheit und Erhabenheit von anderen zu fordern, sei bereits spirituelle Arbeit (die man, wie so oft, von *anderen* fordert ...). Viele heilsversprechende Organisationen ziehen solche Menschen an und versprechen eine Schnellreinigung von geheimen Lüsten und Phantasien, gerade weil sich diese Menschen zwischen Himmel und Hölle stehend wissen. Ich sagte ihm, das käme mir so vor, wie wenn Autos mit verschiedenen Farben in einer Garage ständen und er käme mit einem Farbspray und nebelte alle mit weißer Farbe zu - alles wäre jetzt weiß und rein anzusehen, doch unter der Auflage bliebe alles gleich. Wer die Via Lascivia hat, wandelt gerne auf einem spitzen Grat zwischen teuflisch-dämonisch und göttlich-erhaben, weil es dort am interessantesten und spannendsten zu sein scheint. Einst blätterte ich ein Handlesebuch in einem esoterischen Buchladen in London durch - da war der Abdruck einer Hand mit unglaublichen Energien und mehreren Sicherungsstrichen, die den Mondbereich abgrenzten, dazu kam eine phänomenal ausgeprägte Via Lascivia. Der Besitzer, entnahm ich dem Buch, schrieb erfolgreiche esoterische Horror(!)-romane. Die Hand zeigte genau diese Zerrissenheit und Abgründigkeit, die ihn seine Esoterik wohl genüßlich mit dem ausstatten ließen, was man sich unter diesbezüglichem Horror vorstellt: mit Skeletten, schwarzen Messen, Blut und perversen Orgien etc. Doch all dies ist ein Produkt der Phantasie, denn der Platz der Via Lascivia ist ja der Mondberg.

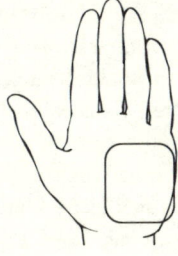 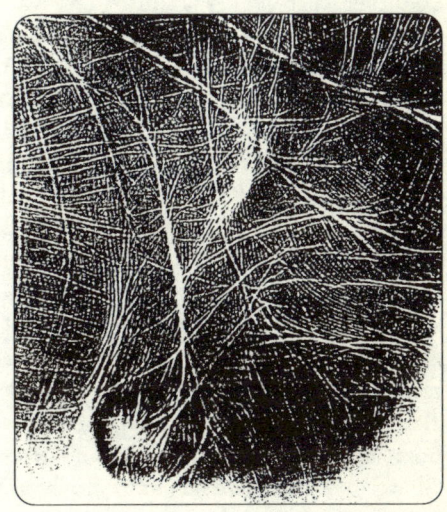

Abb. 39

Linke Hand einer 38jährigen Geschäftsfrau. Der Mondberg ist 4fach von einer Via Lascivia durchschnitten. Die Klientin litt an nicht verarbeiteten Traumen aus früheren Leben.

149

Die Abwesenheit der Via Lascivia läßt auf mehr Harmonie und weniger Zwiespältigkeit im spirituellen Bereich schließen. Ich zeige dies am Beispiel einer Frau, die keinerlei Thema-Linien auf dem Mondberg hat. Sie lebt so, als existierte das Böse, Ungewollte nicht für sie. Obwohl sie eigentlich nur Pech in ihrem Leben gehabt hat, macht sie einen eher glücklichen und zufriedenen Eindruck. Sie entstammt einer Vergewaltigung bei Kriegsende in Pommern. Nach einer Notheirat lehnte die Mutter das Kind ab und zunächst wußte niemand von der Schwangerschaft. Sie wurde heimlich nachts im Freien geboren. Ihre Großmutter wurde ihr gegenüber als Mutter ausgegeben. Ihr späterer Stiefvater traumatisierte sie, indem er sie zu mißbrauchen versuchte. Ihr Mann starb später an Krebs und hinterließ ihr ein (Wunsch-)Kind. Heute hat sie einen langweiligen Job bei einer Versicherung - Formulare und Computer bestimmen die Arbeit. Dennoch sehe ich eine klare, spirituell-psychische Hand ohne Frust- und Verlustlinien, die Hand erscheint mir wie die Hand eines Glückskindes, über dem nur die Sonne scheint. In Rückführungen erleben wir nur Positives, einmal eine Liebe am Meer, die sie, obwohl schon älter, in vollen Zügen genießt. Ein anderes Mal ist sie im Orient Tänzerin und genießt Körperlichkeit, Musik und ihre Attraktivität. In einem anderen Leben ist sie eine weise Frau, die allein lebt. Dann ist sie ein Mann, der sich sehr naturverbunden als Jäger und Fallensteller in Sibirien erlebt. Als letztes Leben der Sitzungen kommt ein Leben als Zirkusartistin am Trapez, hier genießt sie wieder Liebe, Aufmerksamkeit und ihre Attraktivität - bereits als Kind ist sie die von allen verwöhnte und geliebte kleine Prinzessin vom Zirkus. Aus diesen erinnerten früheren Leben geht hervor, daß das sogenannte Böse in ihr keine Anknüpfungspunkte hat, sie ist wirklich ein Glückskind und fühlt sich sehr erleichtert und in ihrer innerlich-frohen Art bestätigt. Nun hat sie eine ungetrübte Begeisterung für das Leben wiederentdeckt, und macht jetzt wieder Bauchtanz und qualifiziert sich weiter, um eine interessantere Tätigkeit auszuüben.

Doch die Gleichung: Via Lascivia ist Hinwendung zu Drogen und Abgründigem stimmt nicht so einfach. Man kann auch drogenabhängig sein und keine Via Lascivia vorzeigen. Bei einem Klienten gab es eine jahrelange Drogenkarriere, die ihn fast umgebracht hätte. Doch als er in Rückführungen, Atemsitzungen und Gesprächen mit mir spürte, daß es Besseres und Interessanteres gab, als sich kaputtzumachen und illusorische Befreiung in Bewußtlosigkeit zu suchen, hörte er sofort mit Drogen auf. Hier ist keine geistige Abhängigkeit vom Faszinosum des 'Bösen' gegeben, er hat mit ungewöhnlichen Mitteln das Gute gesucht - es ist bei ihm keine Via Lascivia vorhanden. Dazu ist noch zu bemerken, daß die meisten wirklichen Beendigungen von Drogenabhängigkeit spontan ohne jedes Entzugsprogramm geschehen. Die Betroffenen sagen sich innerlich: „Mir reicht's", und die Sucht ist beendet. So sind gerade die Handlinien und besonders die Via Lascivia Anzeichen für die Lebensqualität und Integrität eines Menschen. Eine Musikerin aus Österreich, die in ihren früheren Leben fast nur schlimme Dinge sah, hat einen heiteren, völlig linienfreien Mondberg. Die Erklärung dafür ist, daß sie in ihren Rückführungen auch tragend schöne Erlebnisse aus dem Tier- und Pflanzenreich hatte, die ihr als heutigem Menschen Halt und Sicherheit geben. Eine andere Frau hatte ebenfalls völlig intakte Linien und keine Andeutung einer Lascivia, dabei eine kerzengerade Schicksalslinie - obwohl sie früher als Drogenabhängige total in der Gosse gelandet war. Sie konnte es kaum glauben, daß sich aus dieser Zeit in ihrer Hand keine Spuren und Dispositionen mehr nachweisen ließen. Doch es ist so: Wenn der Geist von etwas nicht berührt wird, kann er von keinen äußeren nachteiligen Umständen 'befleckt' werden - und die Hand zeigt dies in aller Klarheit!

Betrachten wir abschließend diese Linie, indem wir ihr die Anrüchigkeit etwas nehmen, die ihr früher zugeschrieben wurde. So schrieb eine resolute, viktorianische, handlesende Dame (Katharine St. Hill, es existiert ein indischer Nachdruck von 1974) über die arme Via Lascivia: „Die Schreiberin hat diese Linie nur ein oder zweimal in vielen tausend Händen gesehen. Einmal war sie stark in den Händen einer Halbweltdame ausgeprägt, die viele Männer ruiniert hat... Die Linie war mit Inseln durchsetzt und gebrochen, was sich für sie und ihre Opfer um so schlimmer auswirkte. Glücklicherweise ist diese Linie sehr ungewöhnlich und braucht deswegen wenig Beachtung, aber wir (!) können mit einem modernen Autor nicht darin übereinstimmen, daß sie jemals zu exzellenten Resultaten führen kann." Wenn Frau St. Hill die Halbweltszene so kompromißlos verurteilt, ist auch klar, warum so wenige Träger dieser speziellen Linie den Weg zu ihr fanden. Auf dem beigefügten Bild sieht sie jedenfalls aus wie eine Generalin der Heilsarmee und wie eine uneinnehmbare Burg der Moral. Es gibt allerdings gute Lösungen für Träger der Via Lascivia, wie die, von einer Nonne vorgelebte. Sie betreute den Kräutergarten und die Klosterapotheke. So nutzte sie die Affinität der Linie zum heilend-homöopathischen Bereich, ohne selbst süchtig zu werden.

An der Via Lascivia scheiden sich jedenfalls die Geister, deshalb ist sie eine so interessante Linie. Sie zu haben oder nicht zu haben, ist eine intime Unterscheidung beim Handlesen, und ihre Besprechung verlangt Taktgefühl und delikates Einfühlungsvermögen für Verführungen und Süchte aller Art, ohne die wir alle ärmer wären, denn dann könnte man sie weder bekämpfen noch genießen. Daß man dieser Problematik nicht einfach durch Ausgrenzung beikommt, zeigt ein Leserbrief in einer Zeitung, dessen Schreiber Zensur für gewisse Darstellungen fordert: „... habe zumindest ich persönlich papierne Bilder aus dem Playboy u. a. im Kopf, die ich heute eigentlich lieber nicht mehr darin hätte." Wie man sich vor dem eigenen Kopf und seinen sündigen Seitenblicken schützt, dazu habe ich allerdings keine Rezepte ... Eine andere Linie, die ebenfalls Kopf- oder Herzzerbrechen bereiten kann, stelle ich anschließend vor:

Der Venusgürtel

Auch hier hat man eine Linie *(Abb. 35c, s. S. 138)* mit einem suggestiven Namen versehen. Sie hat abschließenden Charakter, ist ringförmig und trennt den obersten Teil des Handtellers von der übrigen Handfläche ab. In diesem nun entstandenen 'Reservat' liegt der mittlere Berg der Hand, meist zusammengerückt aus Saturn- und Apollo-Berg, die für Bewußtsein und Kunst zuständig sind. Da dieser Venusgürtel auch als verdoppelte Herzlinie gesehen werden kann, bieten sich Vermutungen über geheime, intensiv erlebte Liebschaften in Form eines emotionalen Doppellebens geradezu an. Da die Linie zumeist gestrichelt verläuft, wird sie als Anzeichen eines schwankenden, zerrissenen Liebeslebens und wie ein Bastard der Herzlinie gesehen.

So schreibt man dem Venusgürtel Affären mit viel Plüsch und geheimem Ausleben von Leidenschaften zu. Während die Via Lascivia für ein eher phantastisch-irreales Ausleben von Spiritualität und für verborgene lunatisch-verrückte Tendenzen zuständig scheint und die Öffentlichkeit somit scheut, spricht der Besitz eines Venusgürtels für ein eher zupackendes, sinnenfrohes Ausleben emotionaler Triebhaftigkeit. Liebe, Sexualität und Bewußtsein (z. B. in Künstlerkreisen), die als bewußte Ablenkung von der oft tristen Realität gesucht werden: der vom Venusgürtel abgegrenzte Freiraum könnte so etwas darstellen. Man feiert Feste und wird wieder normal, ohne sich in abgründigem Tiefgang mit Suchtcharakter zu verlieren. Mir fallen die Saturnalien (Saturnberg!) des alten Rom ein, die der Vorläufer unseres Karnevals waren. In Zenklöstern gibt es einen Tag im Jahr, an dem wirklich alles erlaubt ist, danach wird wieder streng meditiert. So kann man den Venusgürtel als die etwas flippige Schwesterlinie zur Herzlinie ansehen. Irgendwo in der Hand muß auch Platz für Genuß ohne allzuviel Reue markiert sein. Bei einem sehr feinen, zerstrichelten Venusgürtel kann man auch einen entsprechenden Triebstau vermuten.

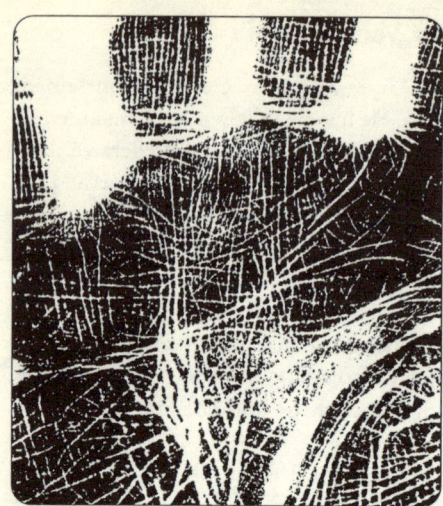
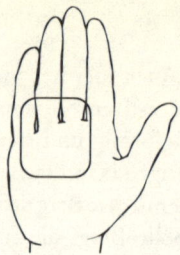

Abb. 40
Eine gitterförmige Struktur aus Venusgürtel, Schicksals- und Apollolinie zeigt höchste und feinste Sensibilität an. Die Besitzerin fühlte sich früher aufgrund dieser Disposition sehr zerrissen und verkrampft, was sich bis in organisches Leiden steigerte. Durch Atemübungen und Meditation gelingt es ihr heute, ihre Feinfühligkeit positiv als Bereicherung ihres Lebens zu erfahren.

Die Intuitionslinie

Es ist wichtig, diese Linie *(Abb. 35d, s. S. 138)* nicht mit der Via Lascivia zu verwechseln. Man kann sich hier leicht helfen, indem man die Lascivia als ein abgrenzendes, sperrendes Element sieht, während die Intuitionslinie eine harmonische, halbmond- oder sichelförmig verlaufende Formation ist. Auch mit der Hepatica kann man sie nicht verwechseln, da diese geradlinig verläuft.

Die Intuitionslinie zeugt von einfühlsamer Empfindung für lunare Aspekte in anderen Menschen - und davon, daß diese Begabung auch Bedeutung erlangt und ein Thema im Leben des Handträgers ist. Jeder Mensch ist intuitiv begabt, nur achten die meisten wenig auf ihre 'inneren Stimmen'. Ich habe diese Linie nicht und sehe mich dennoch als sehr intuitiven Menschen an, aber die Energien des gut entwickelten Mondberges fließen in andere Bereiche. So mache ich die Erfahrung, daß meine Intuition unterschwelliger und umfassender funktioniert. Oft habe ich nicht das Gefühl, 'ich' weiß, was ich vielleicht mit einer guten Intuitionslinie hätte, sondern eher, 'es' weiß. Informationen fliegen mir zu, aber diese Selektion geschieht unbewußt, ohne mein Zutun. So habe ich den Eindruck, ich finde auf eine chaotischere Art als andere Menschen Zugang zu meinen Informationen. Doch die Arbeit von Intuition kann man nicht vergleichen, die Resultate schon eher!

Ich schreibe dies nicht, um mich zu loben, sondern um die verschiedene Wirkung von Kräften darzustellen. Diese unterschwelligen Energien unter den Bergen ohne Linien kommen mir wie flüssig-heißes Magma vor, das überall unter der Erdoberfläche existiert. Doch nur da, wo die Erde sich auftut und das Innere ausbricht und zur Oberfläche kommt, entstehen vulkanische Gräben. (Von solchen sind besonders die Böden der Meere durchzogen.) So kann man sich die Linien der Hand wie Erdrisse oder Vulkangräben vorstellen, die einen Austausch Lava/Luft oder Kommunikation innen/außen herbeiführen. Linien sind wie Rauch, die anzeigen, daß da etwas ist. So kann man den Klienten mit einer gut gezeichneten Intuitionslinie darauf ansprechen und fragen, wie er seine Intuition benutzt - und meist wird er sich seiner Begabung kaum bewußt sein, sie geschieht ja ganz normal und alltäglich.

Wer sich mit Handlesen beschäftigt, wird sogar ganz neue, intuitive Kräfte entwickeln. Da die Intuitionslinie den unteren Teil des Mondberges (innere Eingebungen) mit dem passiven Marsberg (auch Pluto: Heraustreten in die Öffentlichkeit) verbindet, ist auch ihre Rolle unschwer zu erkennen. Die intuitiven Erkenntnisse sind passiv-duldender Art, man erkennt viel, aber man weiß auch gleichzeitig, daß diese Einsichten in der Öffentlichkeit meist nur indirekt gezeigt werden können. Man kann sie anderen Menschen nicht konkret aufzwingen, man muß warten, bis sie von selbst zu Verstand und Einsicht kommen ... Eine Zen-Geschichte schildert diese Kraft der passiven Wirkung der Intuition: Ein Zen-Meister wurde angeklagt, Vater des Kindes eines Mädchens aus der Nachbarschaft seines Tempels zu sein. Er sagte nur: „Ist das so?" Durch diese Affäre verlor er seinen Ruf, mehr noch, als ihm das Kind gebracht wurde und er nun in der Umgebung um Milch betteln mußte, um es zu versorgen. Er wurde verlacht und verspottet. Doch als man das Kind mit dem Eingeständnis zurückverlangte, ein anderer sei der Vater, sagte er ebenfalls nur: „Ist das so?" Intuition ist die Stärke zu wissen, was

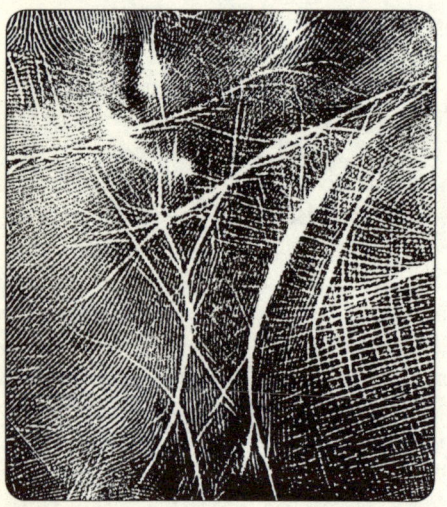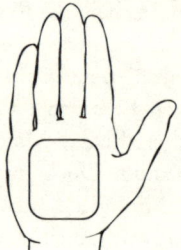

Abb. 41
Rechte Hand einer 45jährigen Frau. Man erkennt klar die Via Lascivia, die Intuitionslinie, aus der die Schicksalslinie kommt, und das mystische Kreuz. Die Hepatica ist wie mit dem Linial gezogen. Dazu finden wir eine ausgeprägte Merkurschleife und Samariterlinien. Die Klientin führt ein heiter-besinnliches Leben mit viel Tiefgang und stellt keine großen materiellen Ansprüche an die Welt.

richtig ist, aber es ist nicht ihre Art, dieses Richtige zu beweisen, indem man es an die große Glocke hängt oder hinausposaunt. Denn dann geht diese Kraft leicht wieder verloren ...

Die Uranuslinie

Wir besprechen weiterhin Linien, die sich im Außenbereich der Hand befinden und somit extreme Positionen anzeigen. Die Uranuslinie *(Abb. 35e, s. S. 138)* finden wir ganz unten am Handteller. Sie ist gebogen und verbindet den Neptunberg mit dem Uranusberg. Neptun steht für Wandelbarkeit, Empfänglichkeit, fließendes Sich-Öffnen. Uranus steht für Neuerung, Spontaneität, Kreativität. Ihr Platz in der Hand ist der des Uranfangs, des Entstehens. Die Uranuslinie kann man bei Menschen finden, die in sich den Kontakt zum Urgrund finden wollen und die diese Suche bis zu totalem Loslassen und völliger Auflösung verfolgen. Diese Auflösung erfahren sie in einem besonders für sie spürbaren 'existentiellen Mutterleib' und gehen gestärkt aus dieser Erfahrung hervor. Doch die Frage ist, wo findet man hier und heute in der Praxis solche Wege? Eine Frau, die eine doppelte Uranuslinie hat, fand entsprechende Erfahrungen in afro-kubanischen Trommelrhythmen, in denen die Götter angerufen und auf elementare Weise herbeigezaubert werden. Sie sagt, wenn sie diese Trommeln nur hört, ist sie schon 'weg'. Dahin führt sie ihre Uranuslinie.

Die Plutolinie

Sie ist im Bereich des Mondberges auf der Außenhand zu finden *(Abb. 42a, s. S. 158)* und wird auch Isislinie genannt. Sie wird von Menschen gebildet, die ihre Selbstfindung extrem nach außen tragen. Solche Menschen haben suggestive Kräfte und können andere besonders stark beeinflussen. Es gelingt ihnen, eine ausgesprochen bildhafte, hypnotisch wirkende Sprache zu entwickeln. (Vgl. die bereits besprochene Energieausbuchtung an der gleichen

Stelle, die eine ähnliche Wirkung hat - Beeinflussung zum Mitmachen - Jupiter befiehlt, Mondberg beeinflußt ...)

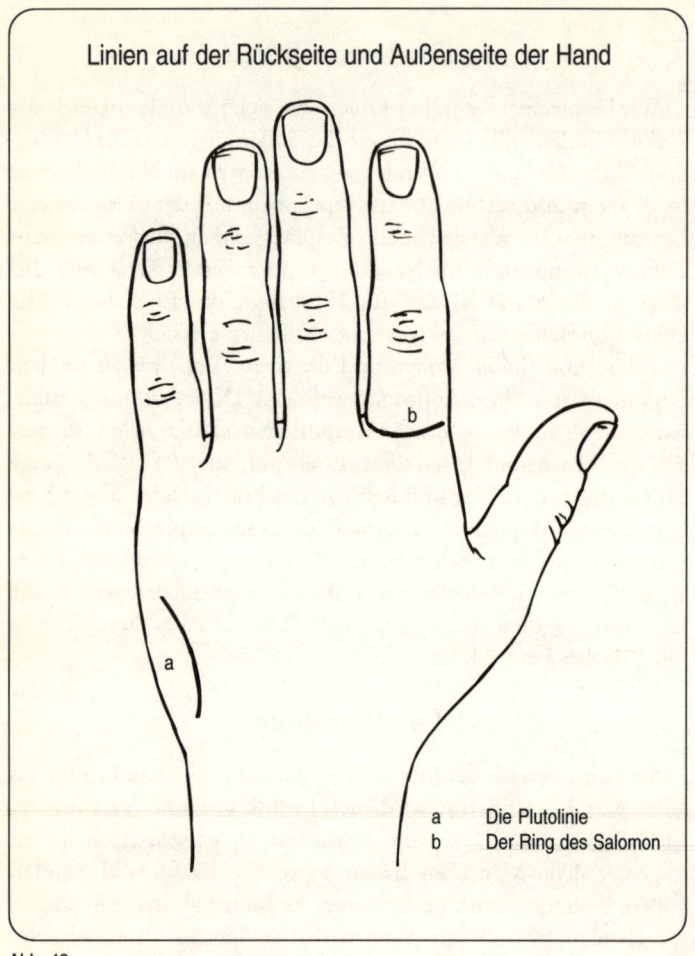

Linien auf der Rückseite und Außenseite der Hand

a   Die Plutolinie
b   Der Ring des Salomon

Abb. 42

Der Ring des Salomon

Diese Formation finden wir auf der Rückseite der Hand *(Abb. 42b)*. Er kann sich auch in die Innenseite hinein fortsetzen und wird dann Jupiterring genannt, getrennt gibt es diese Ringe ebenfalls. Ich möchte hier die Aufmerksamkeit eines jeden Handlesers auf ein wichtiges Phänomen richten. Der Gestaltungswille des Menschen zeigt sich in der Hand auch im Übergang von Innenhand (mit Papillarmustern ausgestattet) zum Handrücken. Bei jedem Menschen gestaltet sich dieser Übergang anders. Auch Kopf-, Lebens- und Herzlinie können einen Teil des Handrückens vereinnahmen, und die Grenze der Papillarmuster kann sich nach außen verschieben. Papillarien und Linien sind ja gegliederte, persönliche Formen, die sich nun weiter in die unpersönlichen, amorphen Hautzonen vorschieben. Wir können daraus positive Neugier, Suche nach Transzendenz, Streben nach Erweiterung des Wissens ableiten. So ist eine persönliche Formation auf dem Handrücken in Gestalt des Salomonringes eine große 'Sensation'! Wer diesen Ring hat, wird klug und weise ein Weltverständnis verbreiten, das über die Faktoren der Innenhand hinausweist. Solche Menschen haben dann meist auch eine über den Dingen stehende Bedürfnislosigkeit und sind kaum bestechlich, was einen Weisen wie Salomo sicher ebenso auszeichnete.

Der Jupiterring

Dieser Ring *(Abb. 35f, s. S. 138)* unterbricht und mäßigt die Jupiterkräfte, die zu Dominanz animieren. So zeugt auch dieser Ring von Weisheit und Klugheit. Er gilt aber als weniger spirituell als der obige Salomonring.

Die Raszetten

Westliche Handleser tun sich mit der Deutung der Raszetten *(Abb. 35g, s. S. 138)* schwer. Sie liegen außerhalb der papillaren Muster und sind eigentlich Hautfalten. Es ist normal, daß sie keine Linien, sondern kettenförmige Strukturen darstellen. Betrachtet man die indische Diagnostik, dann liegen in diesem Gebiet die Akupressur-punkte für die Sexualorgane (Eierstöcke, Hoden, Penis, Prostata, Uterus sowie die Lymphdrüsen). Bei der Fußakupressur sieht man die entsprechenden Punkte um den Knöchel, also ebenfalls nicht auf der Sohle, die dem Handteller entspricht, angesiedelt. Die Raszetten gehören auch nicht zur Hand, sondern zum Handgelenk, sie liegen also im Körperbereich.

Traditionell werden Raszetten, die sich bogenförmig in den Bereich des Handtellers vorschieben, mit Problemen im Bereich der Fortpflanzung assoziiert. Im antiken Griechenland wurden Frauen mit solchen Raszetten als Tempelpriesterinnen ausgewählt, um ihnen Probleme beim Gebären von Kindern zu ersparen. Es erscheint auf jeden Fall vernünftig, bevor man hier Prognosen stellt, a) die Festigkeit und Stärke des Handgelenks zu überprüfen - b) nach Ernährungsgewohnheiten zu fragen, denn Ernährung und Fruchtbarkeit stehen in einem direkten Zusammenhang und deformierte Raszetten sollen sich nach einer Ernährungsumstellung in bessere Exemplare verwandelt haben. Jedenfalls wurden seit der Antike drei wohlgeformte Raszetten als Zeichen von Glück, Gesundheit und Reichtum angesehen.

Linien auf den Fingern

Wichtig in diesem Zusammenhang ist es, daß Längslinien in Fingerrichtung auf den unteren beiden Fingergliedern normal sind *(Abb. 43a)*. Dies gilt auch besonders für den Venusberg, der ja das erste Fingerglied des Daumens ist. Findet man auf den Fingern jedoch Querlinien *(Abb. 43b)*, so kann man davon ausgehen, daß auf dem Themengebiet des Fingers Frustrationen oder Hindernisse existieren. Je nach Finger gelten diese Durchkreuzungen so für den Bereich des Willens (Daumen), der Umweltdominanz (Jupiter), der seelischen Mitte (Saturn), der öffentlichen Anerkennung (Apollo) oder der erfolgreichen Kommunikation (Merkur). Sind die Querlinien im ersten Fingerglied vorhanden, zeigen sie Probleme im häuslich-materiellen Bereich an, finden sie sich auf dem zweiten Fingerglied, sind die Probleme auf dem Gebiet der seelischen Umsetzung oder in der Kommunikation im Beruf angesiedelt. Querlinien auf dem dritten Fingerglied beziehen sich auf den geistig-ideellen Bereich des Fingers.

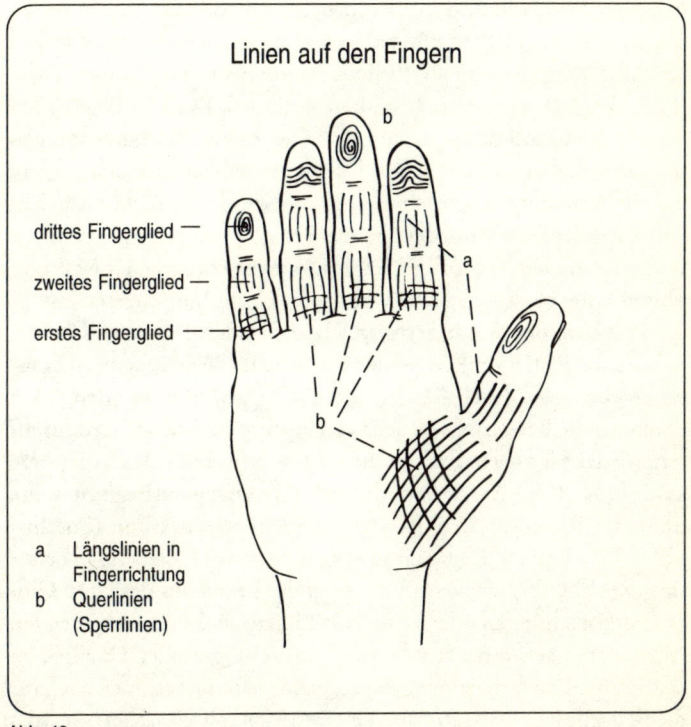

Linien auf den Fingern

drittes Fingerglied —
zweites Fingerglied —
erstes Fingerglied —

a   Längslinien in
    Fingerrichtung
b   Querlinien
    (Sperrlinien)

Abb. 43

161

Die Beugefalten am Daumen

In der indischen Lesung handelt es sich an der Daumenbasis um die Malika Rekha *(Abb. 35h, s. S. 138)*, die schlecht gezeichnet (gebrochen, viele Inseln) Verlust des Familienvermögens und der Ehre der Familie anzeigt. Gut gezeichnet (klar, durchgehend) bedeutet die Malika Rekha Glück und ein langes Leben. Die folgende Linie ist nicht in allen Händen vorhanden. Die nach ihrem Entdecker so benannte Gastinlinie wird tiefsitzend als Rathi Rekha gesehen, die auch Mohini-Linie genannt wird *(Abb. 35i, s. S. 138)* und den Daumen wie einen dreiteilig gegliederten Finger aussehen läßt. Sie bedeutet Eheglück und mit zusätzlich einfließenden Linien legalisiertes Zusammenleben mit mehreren Ehefrauen (the yoga of several wives). Findet man die Gastinlinie weiter oben im Daumen *(Abb. 35j, s. S. 138)*, wird es leicht unkonventionell. Der Handeigner hat nun die Mana Rekha und unterhält ungesetzliche Bindungen zu von ihm ausgehaltenen Frauen. Im Fall einer weiblichen Handträgerin hat sie Beziehungen zu mehreren Männern (die sie nicht aushalten kann, wie der Ehemann, der über das Vermögen der Familie verfügt). In der westlichen Deutung wird um so mehr körperlicher Mut und Unternehmergeist angesetzt, je höher die Gastinlinie angesetzt ist. In der Praxis werden sich bei erfolgreichen Geschäftsleuten und Unternehmern ebenfalls unkonventionelle sexuelle Beziehungen zu Frauen ergeben, die durch Macht und Erfolg gefördert werden. Man denke an die Besetzungs-couchs von großen Hollywood-Produzenten, wo der Sage nach die Starrollen vergeben werden. Auch die obere Linie *(Abb. 35k, s. S. 138)*, wo das letzte Daumenglied beginnt, sollte uns einen Blick wert sein. Es ist die Weizen- oder Reislinie (Puschpa oder Phala Rekha). Diese Linie zeigt gute vorige Leben an; je besser sie gezeichnet ist, um so müheloser ist das Leben des Besitzers. Gibt es Unterbrechungen oder kreuzende Linien, sind in der angezeigten Altersstufe nach indischer Lesung Not, Hunger oder Unglück zu erwarten. Natürlich gelten entsprechende Interpretationen auch für die Beugelinien in den anderen Fingern. Man soll alles, alles beachten und sich einen gründlichen Eindruck von all den Faktoren machen, die unsere Hand aufbauen. Altes Wissen können wir in der Terminologie unserer Zeit neu faßbar und verständlich machen. Mit Mut zu Intuition und einem wachen Gefühl für die uns umgebende Welt sehen wir alle klassischen Themen der Menschheit, wie sie sich immer wieder im Spiegel unserer Hände wiederholen. Was früher durch die Familie und die soziale Stellung bestimmt wurde, wird heute noch an Leistung und beruflicher Qualifikation gemessen und in der nahen Zukunft werden Kommunikation und menschliche Qualitäten immer mehr den Ausschlag für Glück und Zufriedenheit geben. Nach dem Zeitalter von Lüge und ideologischer Verblendung und des Todes, Durga Yuga, das noch nicht ganz überwunden ist, naht das Satya Yuga, das Zeitalter der Wahrheit.

Die Papillarleisten

Die Kraft der Wahrnehmung: die Papillarien als Muster des Begreifens

Eine Handanalyse ist immer so gut, wie die Fragen, die wir in ihrem Rahmen stellen. Nachdem meist nach Besitz und Erfolg bzw. Partnerschaft und Familie gefragt wird, sollte nun auch die Frage nach den Möglichkeiten des geistigen Bewußtseins gestellt werden. Diese Frage beantworten unsere Papillarmuster.

Wir betrachten nun die kleinen Erhebungen, die sich zu Mustern vereinigen und die man vom Fingerabdruck in der Kriminalistik kennt. Die gesamte Handfläche ist mit diesen Rillen durchzogen. Ihre Bedeutung steigert sich, wenn man weiß, daß überall auf diesen Leisten, die ja wie kleine Aussichtspunkte wirken, Nervenenden liegen. Macht man sich mit der Kunst des Handlesens vertraut, wird man große Unterschiede bei der Ausstattung der verschiedenen Hände mit Papillarmustern feststellen.

Wir wissen, daß in der Natur nichts Überflüssiges oder Nutzloses existiert, und fragen uns daher, warum die Natur so viel Arbeit in die Verschiedenheit der Gestaltung der Papillarien investiert.

Zunächst sei daran erinnert, daß sich die Papillarien beim Embryo bereits sehr früh zusammen mit der Ausbildung des Gehirns entwickeln und daß sie sich dann ein Leben lang nicht mehr verändern. Bei Verletzungen der Hand wachsen sie wieder nach, werden sie durchtrennt, finden die Enden an beiden Seiten der Narbe wieder Kontakt zueinander. Während sich die zuvor besprochenen Handlinien verändern können und so unsere Einstellung zu Glück und Leid spiegeln, stehen die Papillarien ein für allemal fest. Sie sind ein Bauplan unserer Wahrnehmung. Sie sind der Maßstab unseres

Erlebens, daher absolut und keiner Subjektivität unterworfen.

Um die Kraft der Papillarien zu erfahren, beginnen wir mit einem kleinen Versuch. Du fährst mit den Fingerspitzen über ein Tuch oder ein Stück Holz oder die Schneide eines Messers. Danach führst du die gleiche Bewegung mit der Haut des Handrückens durch. Diese Wahrnehmung wird unschärfer ausfallen. Mit den Fingerspitzen kannst du Einzelheiten ertasten, mit dem Handrücken nur grobe Strukturen. Die Handrillen auf der gesamten inneren Handfläche sind also besser zum Erfassen materieller Eindrücke geeignet als unsere übrige Körperhaut. Sie sind Stellen erhöhter Energie, was die Strukturen des Austauschs mit der Außenwelt betrifft.

Nachdem wir gesagt haben, daß jedes Detail im Menschen für sein Ganzes spricht, wollen wir auch bei der Betrachtung der Papillarien so vorgehen: Kompliziertere Muster lassen auf ein komplexeres Weltverständnis des Handeigners schließen. Wenn wir Zeitungsbilder mit der Lupe betrachten, sehen wir, daß sie aus Punkten bestehen, die heller oder dunkler sind: Zusammen ergeben sie das Bild. Je kleiner die Rasterpunkte sind, um so feiner erscheint das Bild dem Auge. Genauso steht es mit den Rillen der Hand: gröbere Rillen ergeben eine gröbere Wahrnehmung. Eine hohe Konzentration von Handrillen läßt feiner strukturierte Wahrnehmungen erwarten.

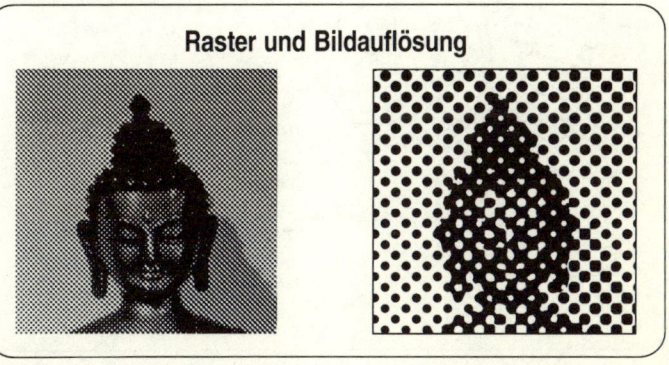

Raster und Bildauflösung

Abb. 44

Bei der Hand sind die Papillarien jedoch nicht viereckig oder geometrisch, dafür wirken sie eher verspielt, etwa wie Strömungen eines Flusses mit Nebeneinmündungen, Wirbeln und Wellen. Dennoch ist ein Grundmuster in jeder Hand vorhanden, das sich von den Raszetten bis zu den Fingerspitzen als typisch erweist.

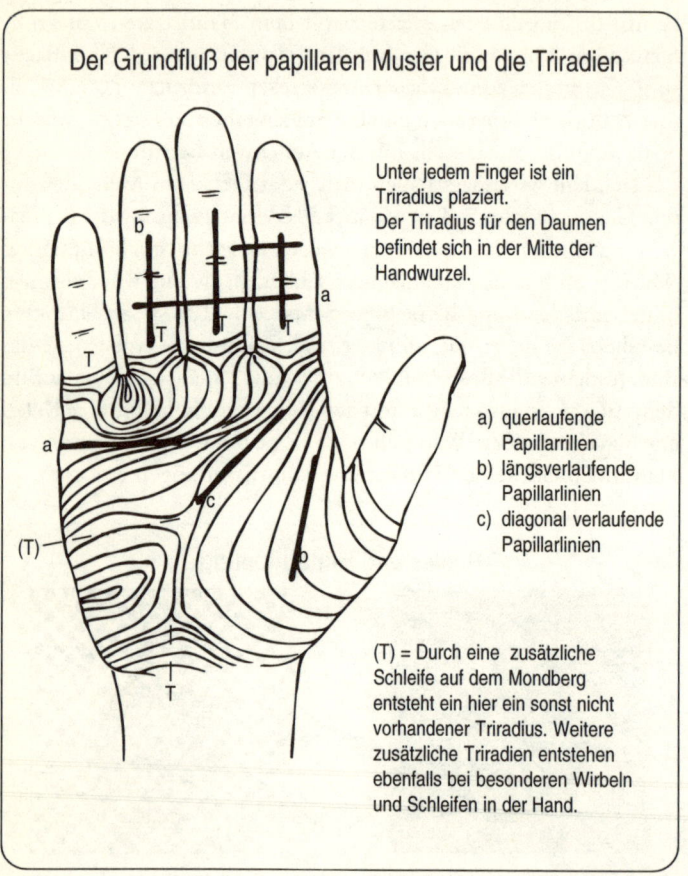

Der Grundfluß der papillaren Muster und die Triradien

Unter jedem Finger ist ein Triradius plaziert.
Der Triradius für den Daumen befindet sich in der Mitte der Handwurzel.

a) querlaufende Papillarrillen
b) längsverlaufende Papillarlinien
c) diagonal verlaufende Papillarlinien

(T) = Durch eine zusätzliche Schleife auf dem Mondberg entsteht ein hier ein sonst nicht vorhandener Triradius. Weitere zusätzliche Triradien entstehen ebenfalls bei besonderen Wirbeln und Schleifen in der Hand.

Abb. 45

166

Die Sprache der Papillarmuster:
vom Längs- zum Runddenken

Die Tastbewegung unserer Handfläche geschieht entweder in Längsrichtung, im Quersinn (hin und her) oder schräg. Die Papillarrillen auf den Fingern verlaufen also quer *(Abb. 45a)*, im Handinneren längs *(Abb. 45b)* oder diagonal *(Abb. 45c)*, unsere Tast- und Fühlbewegungen werden so in Erfahrungen von Reibung übersetzt, die dem Hirn gemeldet werden. Wie Worte durch Schallwellen in uns eingehen und verstanden (entschlüsselt) werden, so wird taktiles Material durch die Papillarien zu einer Botschaft, die vom Hirn so erfahren wird: Ich fühle Tuch oder Holz. (Die Papillarien sind somit wie Wellblech oder ein Waschbrett, sie bieten Querwiderstand zu einer Längsbewegung.) Im Hirn muß der Verlauf der Rillen so aufgezeichnet sein, daß die Tastberührungen jeder beliebigen Rille der Hand charakteristisch entschlüsselt werden. Nun würde es genügen, die Fingerspitzen alleine mit Tastrillen auszustatten. Meist benutzen wir ja diese, um Material zu erfühlen. Aber nein, die gesamte Handfläche ist mit Sensorenmustern ausgestattet, d. h., auch der Mondberg mit seinen Kräften ist beteiligt, auch der Venusberg spürt, was eine andere Stelle der Hand erfährt. Die Hand als Gesamtinstrument unserer Psyche ist ein kompliziertes Wahrnehmungsmuster, das wir nun eingehend betrachten werden. Die Papillarien an den einzelnen Stellen zeigen uns dabei, in welcher Richtung es in der Wahrnehmung 'langgeht'.

Um an den Fingerspitzen ein Gefühl des Tastens zu erzeugen, bräuchten die Papillarien nur quer zur Tastbewegung wie die Rillen eines Waschbretts zu liegen und dem Hirn ihre Eindrücke zu melden, wenn die Rillen in Längsrichtung über einen Widerstand reiben. Doch damit wären schräge oder seitliche Bewegungen der Fingerspitze kaum faßbar. Also hat die Hand Muster in allen möglichen Richtungen ersonnen und diese verfeinert. Betrachten wir zunächst die Formen der Rillen auf den Fingerspitzen in ihren möglichen längs und quer verlaufenden Abstufungen.

Die Papillarmuster auf den Fingerspitzen

a) Bogen

b) Zeltbogen

c) Schleife, nach rechts geöffnet

c) Schleife, nach links geöffnet

a) und c) Bogen und Schleife

d) Pfauenauge

e) Wirbel nach links drehend

e) Wirbel nach rechts drehend

e) Zwei Wirbel im Yin-Yang-Muster

f) oval

g) Kreis

Abb. 46

Nur längsgerichtete Parallellinien kommen nicht vor, wir finden den Bogen *(Abb. 46a)*, den Zeltbogen *(Abb. 46b)*, die Schleife *(Abb. 46c)*, das Pfauenauge *(Abb.46d)*, den Wirbel *(Abb.46e)*, das Oval *(Abb. 46f)* und den Kreis *(Abb. 46g)*.

Ab dem Zeltbogen finden wir einen Triradius (T) in der Mitte, ab dem Muster der Schleife *(Abb. 46c)* existiert ein Radialteil am Rand. Hier ist nun auch ein 'ridge-count' möglich, man zählt die Rillen quer durch, je mehr Rillen da sind, um so feiner und differenzierter ist auch die Wahrnehmung. (Als Durchschnitt werden etwa zwölf Rillen angegeben, ihre Anzahl kann bis zu ca. 25 ansteigen, um so differenzierter sind die Wahrnehmungskapazitäten einzuschätzen.) Ab dem Wirbel *(Abb.46e)* sind zwei Triradien vorhanden.

Männliches und weibliches Bewußtsein in den Papillarien: Zupacken und Loslassen

Auch in den Papillarmustern wiederholt sich die Orientierung anhand der Strukturen: Ich/Welt, rechts/links, männlich/weiblich, wie wir sie aus der Opposition Innenhand (Daumen, Venusberg, Jupiterfinger) und Außenhand (Merkurfinger, Mondberg, Apollofinger) her kennen. Der Ich- Seite entspricht der Tag und die zielgerichtete Logik, der Weltseite entspricht die Nacht und die passiv-empfangende Intuition. Auch die Linien haben ihren Anteil an Intuition (Intuitionslinie, Via Lascivia) oder Ich-Durchsetzung (Loyalitätslinie, Ehrgeizlinie). Da verwundert es nicht, wenn auch die Papillarien einen männlich-beherrschenden Charakter oder einen intuitiv-weiblichen Aspekt anzeigen. So werden der einfache Bogen *(Abb.46a)* und der Zeltbogen *(Abb.46b)* als Hinweise auf eine einfach bzw. starr strukturierte Wahrnehmung gedeutet. Kreis- oder wirbelförmige Muster stehen für komplexe Wahrnehmungsformen. Hier werden viele Aspekte verknüpft, die Wahrnehmung wird netzartig und rund, statt direkt und linear zu verfahren. So unterscheiden wir zwischen einfachem, zugreifendem, direktem, also

männlich-kämpferischem Bewußtsein, das natürlich auch bei Frau-
en existiert, und einem komplexen, intuitiv auch das 'andere' verste-
henden, einfühlsamen weiblichen Bewußtsein, das wir selbstverständlich auch bei Männern vorfinden. Diese Unterscheidung drückt
sich praktisch etwa so aus: In Bertholt Brechts kaukasischem Kreide-
kreis sind zwei Frauen dargestellt, von denen jede behauptet, die
Mutter eines Kindes zu sein. Ein Richter setzt fest: Sie sollen das Kind
aus einem Kreis herausziehen. Welcher Frau es gelingt, das Kind auf
ihre Seite zu ziehen, solle das Kind zugesprochen werden. Die eine
'Mutter' zieht mit allen Kräften, um sich das Kind zu sichern, die
andere Mutter läßt los, um das Kind nicht zu gefährden - und der
weise, aber verrückte Richter teilt das Kind der Frau zu, die losgelas-
sen hat. Sie scheint die bessere, die 'bewußtere' Mutter für das Kind
zu sein, so sieht es der Richter. Sie fühlt weiblich und rund und
bezieht die Interessen des Kindes in ihre Handlung (Loslassen) mit
ein. Doch die andere, die 'Löwenmutter', ist nur mit dem eigenen
Wunsch nach dem Kind identifiziert und kämpft blind um ihr Kind,
sie fühlt männlich, und das ist eigentlich auch nicht so übel ...

Um einen Ausgleich der beiden Tendenzen geht es in einer
schönen Geschichte aus Asien. Immer wieder besuchen Schüler
ihren spirituellen Meister, der auf einer Insel lebt. Eines Tages läßt
sich ein Schüler von einem Fährmann übersetzen und dieser macht
abschätzige Bemerkungen ("Scharlatan, Verrückter") über den Meister. Doch der Schüler verkneift sich eine Reaktion. Der nächste
Schüler packt den Fährmann, als dieser mit seinen Bemerkungen
ansetzt, und droht, ihn zu verprügeln und ins Wasser zu werfen. Sie
kommen zusammen zum Gespräch mit dem Meister und berichten
über ihr Verhalten im Fährboot. Zum ersten Schüler sagt der Meister,
er hätte dem Fährmann Prügel androhen sollen. Zum zweiten
Schüler sagt der Meister, er hätte sich mehr zurückhalten und auf
seine geistige Achtsamkeit besinnen sollen. Beide Schüler begehren
auf, warum der Meister keine allgemein gültige Richtlinie festsetze.
Doch der Meister gibt zu verstehen, der eine Schüler sei zu meditativ
und ließe sich immer alles gefallen, der andere Schüler sei zu

aufbrausend und wolle jeden Menschen attackieren, wenn ihm etwas nicht paßt - ein jeder müsse sein Verhalten überprüfen und auf alte Gewohnheiten verzichten.

Hier zeigt sich, das ideale, so oder so geprägte Bewußtsein gibt es nicht. Wenn in einer Hand mehr Anzeichen für männlich-linear denkende, wenig intuitive Reaktionen vorhanden sind, sollte man dem Eigner empfehlen, entsprechend bewußtere Reaktionen zu entwickeln. Stehen die Zeichen mehrheitlich für einen intuitiv-weiblichen rund denkenden Typ, dann sollte man mehr direktes Durchsetzen anraten. Wie immer man auf seine Instinkte, sein angeborenes Programm oder seine archetypischen Formen exemplarisch reagiert, wir sollten dies zu überprüfen lernen.

So verstehen wir die Hand genau im Hinblick auf die Strukturen der Papillarien und ihre Deutung. Sind die Fingermuster einfacher strukturiert, geht die Botschaft sofort in die Schaltzentrale des Hirns. Kinder sind sofort 'meine Kinder', beim Gedanken an Erfolg steht der eigene Erfolg im Vordergrund. Unmittelbar tritt eine abstandslose Identifikation mit dem gedachten, gefühlten Inhalt ein. Man kann sich kaum vorstellen, daß auch andere Menschen auf ihre Hautfarbe, ihr Land, ihr soziales System stolz sind. Sind die Muster komplizierter, ist die Leitung etwas 'länger', man kann eine abstrakte Form als solche begreifen. Haus, weiß man dann, ist ein Haus von vielen, es könnte auch eine Palmhütte sein oder ein Iglu der Eskimos. Die einfach strukturierte Hand weist auf eine Realität hin, und augenblicklich ist der Handbesitzer mit dieser Realität identifiziert, das verleiht Durchschlagskraft und ungebremstes Durchsetzen von Interessen. Der Einsatz für die eigene Familie, das eigene Land usw. wird jedoch nicht hinterfragt. Der Eigner einer formbetonten Hand (viele Wirbel) spürt, daß er selbst als Wahrnehmender existiert. Damit ist auch gleich die 'Negativ'seite dieses Formbewußtseins angedeutet. Parteilichkeit und das kämpferische Vertreten ausschließlich der eigenen Interessen fallen schwerer, man muß sich fast dazu zwingen. Vor kurzem las ich den Satz: "Das nächste Jahrtausend wird weiblich." Wenn damit das Ende von rücksichtsloser Ausbeu-

171

tung und Durchsetzung eigener Interessen und Profite gemeint sein soll und ein komplexes, rundes Verständnis für die Interessen und Wünsche möglichst vieler Menschen folgt, wäre das wunderbar.

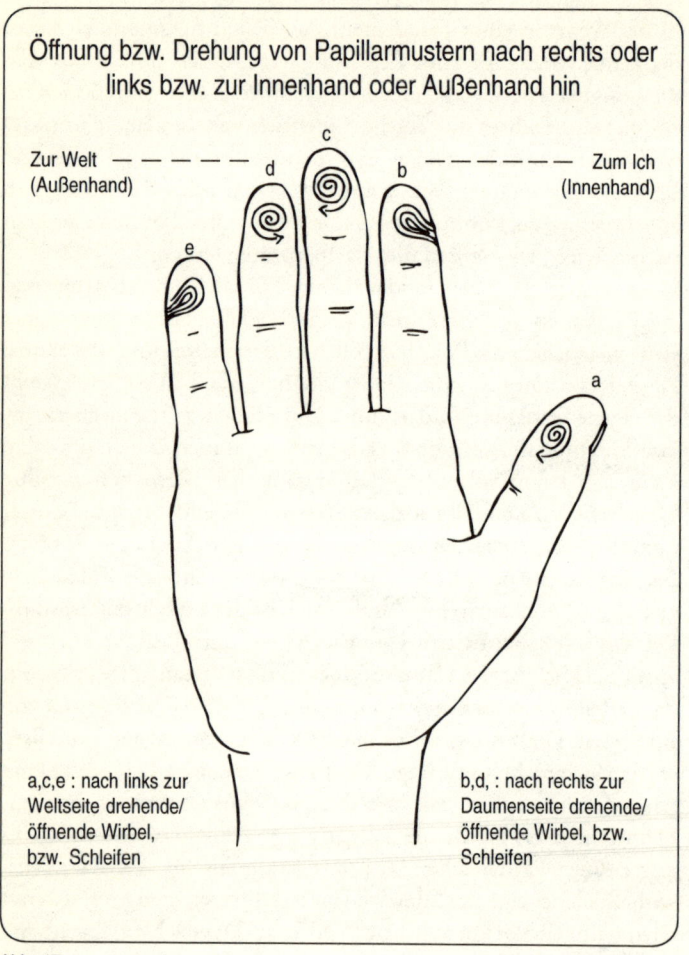

Öffnung bzw. Drehung von Papillarmustern nach rechts oder links bzw. zur Innenhand oder Außenhand hin

Zur Welt
(Außenhand)

Zum Ich
(Innenhand)

a,c,e : nach links zur
Weltseite drehende/
öffnende Wirbel,
bzw. Schleifen

b,d, : nach rechts zur
Daumenseite drehende/
öffnende Wirbel, bzw.
Schleifen

Abb. 47

Die Öffnung und Drehrichtung von
Schleifen und Wirbeln

In den meisten Handlesebüchern wird einfach behauptet, Menschen mit besonders komplizierten Papillarmustern seien eine Art 'Sonderausgabe' der Natur. Wer mehr als sechs Wirbel an den Fingerspitzen beider Hände hat, dem wird bereits ein gewisses Mißtrauen entgegengebracht, so andersartig kann der Betreffende sein. Wie kommt es zu diesem Vorurteil? Erinnern wir uns an das, was im Kapitel zur rechten und linken Hand gesagt wurde. Der Wirbel, der in uns nach links wirkt, ist einer, der uns in die Welt hineinzieht und uns intuitiv für sie öffnet. Der rechtsgerichtete Wirbel ist unser Antrieb, er gibt uns Sicherheit, mit ihm sind unsere Ich-Kräfte identifiziert. (Daher ist es auch sinnvoll, Schrauben und Wasserhähne nach links zu öffnen, d. h. Loslassen, und nach rechts zu schließen, d. h. Kontrolle, Daumen drauf!)

Die Natur braucht und liebt den Gegensinn, so sind bei Rechtshändern die Wirbel und Schleifen der rechten Hand in der Regel nach links orientiert. Die Wirbel und Schleifen der linken Hände von Rechtshändern drehen oder öffnen sich nach rechts. In den Händen von Linkshändern geht es umgekehrt zu. (Eine Ausnahme stellt zumeist der ichbetonte Zeigefinger dar: er verstärkt die Gesamtheit der Hand, bei Rechtshändern gehen Wirbel oder Öffnung der Schleife der aktiven Hand nach rechts, bei Linkshändern nach links.) Das bedeutet, und das sollte man beim Handlesen genau verstehen, bei Menschen mit vielen Schleifen und besonders Wirbeln ist immer ein Gegendrehmoment vorhanden. Handeln sie völlig ichbezogen, ist ihr weltliches Bewußtsein dem ein Stück entgegengesetzt. Etwa nach dem Muster: man ist total verliebt und gleichzeitig macht man sich vor sich selbst lächerlich. Oder man fährt schnell Auto und ist dabei 'besonders vorsichtig'... So ergibt sich aus diesem Rechts-Links-Gegensatz ein besonderes, gespaltenes Bewußtsein, das aber seine Vorteile hat, denn das Jesus-Wort: "Die Ersten werden die

Letzten sein", bezieht sich auf Menschen mit einem einseitig beton-
ten Bewußtsein. Mit ihnen kann man die Welt gewinnen und das Ich
verlieren (linksdrehend, weiblich) oder seinen Willen durchsetzen
und die Welt verlieren, man wird einsam und isoliert (rechtsdrehend,
Männer haben keine Freunde ...) Der Handleser muß hierfür
Verständnis aufbringen, das Leben seiner Klienten wird zumeist von
starken inneren Schwankungen bestimmt sein. Von außen mag das
unverständlich wirken, wenn jemand zwischen 'Vollgas und Voll-
bremsung' hin- und herpendelt oder sich sowohl als Erster als auch
als Letzter fühlt ... Aber für den Betreffenden ist dies die einzig
angebrachte Methode, er wird sich auch weniger in Sackgassen
verrennen (wie Napoleon oder der abgehalfterte Politiker, der starrsinnig und peinlich wirkt, oder eine gewisse 'eiserne Lady': kompromißlos und uneinsichtig ...). Da ein Mensch mit besonderen Papillarmustern jedoch weniger berechenbar erscheint, bringt ihm die
Handleseliteratur ein gewisses Mißtrauen entgegen, das jedoch völlig
unberechtigt ist. Denn je komplizierter unsere innere Steuerung ist,
um so weniger sind wir nach außen anfällig und können aus der
inneren Mitte heraus leben.

Die zentrale Papillarleiste

Während die Schicksalslinie unsere seelische Bewußtseinsmitte
anzeigte, spiegelt der Papillarfluß durch unsere Hand die Richtung
unserer geistigen Wahrnehmungskräfte wider. Dies prüfen wir so:

Vom Triradius unter dem Jupiterfinger ausgehend, verfolgt man
die Handrillen weiter bis zu ihrer Mündung auf der Außenseite der
Hand. Diese zentrale Strömung kann in verschiedene Richtungen
abbiegen. Sie kann in die Herzlinie einmünden *(Abb. 48a)*. Diese
Option läßt auf ein Bewußtsein mit stark gemütsbetonten Inhalten
schließen. Wer eine solche Hand besitzt, trägt seine Seele im Bewußtsein mit sich herum und ist empfindsam und einfühlend. Etwas
tiefer verlaufend dringt die papillare Mittelleiste in den seelisch-

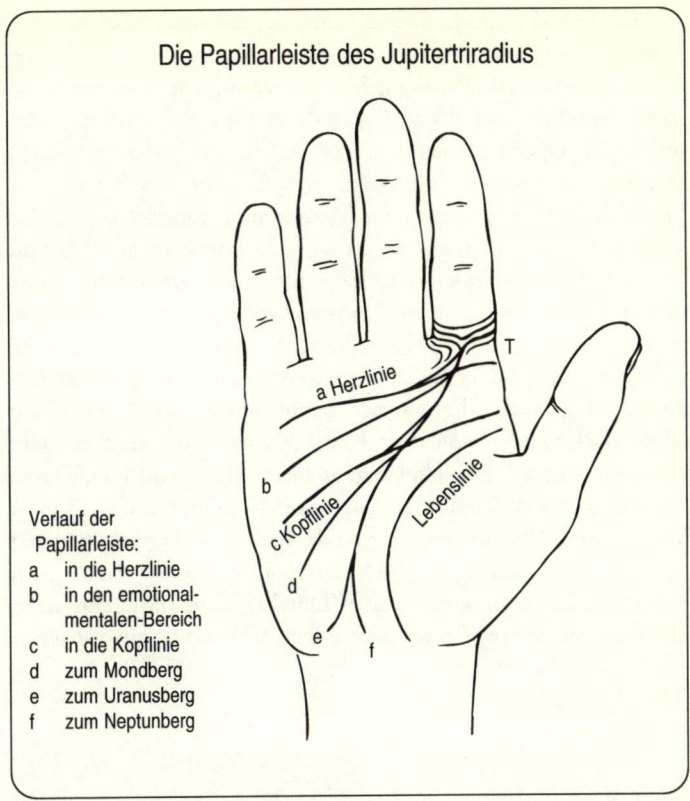

Die Papillarleiste des Jupitertriradius

T

a Herzlinie

b

c Kopflinie

Lebenslinie

d

e

f

Verlauf der
Papillarleiste:
a   in die Herzlinie
b   in den emotional-
      mentalen-Bereich
c   in die Kopflinie
d   zum Mondberg
e   zum Uranusberg
f   zum Neptunberg

Abb. 48

mentalen Raum zwischen Herz- und Kopflinie ein. Dies bedeutet
Schwanken zwischen Gefühlen und ihrer mentalen Kontrolle *(Abb.
48b)*. Verläuft der papillare Mittelstrom in die Kopflinie hinein *(Abb.
48c)*, wird das Bewußtsein des Betreffenden stark von seinem
mentalen Empfinden geprägt. Ist die Kopflinie hoch angesetzt und
gradlinig, wird man eher seinem kühlen Kopf als dem heißen Herzen
und seinen Dramen folgen wollen. Mit einem solchen Bewußtsein

175

könnte man der ideale Richter sein, der kalt und trocken, aber bewußt unparteiisch seine Paragraphen anwenden wird. (Wie verklemmt eine solche Haltung jedoch sein kann, zeigt Shakespeare in seiner Komödie 'Maß für Maß'.) Ist die Kopflinie 'mondlastig' oder verläuft die Querleiste direkt zum Mondberg *(Abb. 48d)*, wird man karmisch-unbewußte Phantasien verstehen und archetypisches Material in allen Symbolen der Menschen erkennen können. Die anderen Linien sollten gut ausgeprägt sein und Halt im Hier und Jetzt vermitteln, sonst kann das Bewußtsein sehr mondhaft geprägt sein und leicht seine eigenen Konturen verlieren. Verläuft die Leiste sogar bis zum Uranusberg*(Abb. 48e)*, zapft das Bewußtsein uranische Kräfte an und ist zu schnellen Neuerungen und intuitiven Erkenntnissen fähig. Geht die zentrale Papillarleiste zum Neptunberg *(Abb. 48f)*, werden von dort Kräfte aktiviert, die an Sein oder Nichtsein rühren. Der Handeigner fließt widerstandslos in seine Stimmungen ein. Zusammen mit einer Kopflinie, die stark zum Mondberg abfällt, können hier Suizidneigungen in Betracht gezogen werden. Ein Rückzug in Nichtsein und Auflösung kann auch bedeuten, daß man keine großen Durchsetzungskräfte aktivieren will und sich in ein Kloster oder in ein Archiv o. ä. zurückziehen möchte.

Der Mondberg-Triradius und
'das zweite Gesicht'

Die Erforschung der Papillarmuster scheint heute mit einer Zeit-strömung (Wassermannzeitalter) zusammenzufallen, in der man mehr Wert auf das Bewußtsein als solches legt. In älteren Büchern geht man überhaupt nicht oder sehr wenig auf die Deutung der Handrillen ein. So scheint es auch allen meinen handlesenden Autorenkollegen entgangen zu sein, daß, wenn der Mondberg ein eigenes Papillarmuster (Schleife, Wirbel) trägt, nun ein zusätzlicher Triradius zustande kommt *(Abb. 49 T1)*, den man in 'normalen' Händen nicht vorfindet. Wie auf den Fingerenden eine Schleife oder ein Wirbel existiert, so ist auf dem Mondberg sozusagen ein zusätz-licher Fingerabdruck entstanden. Eine Klientin, der ich diese zusätz-liche Fingerspitze mitten in ihrer Hand zeigte, brach in ein Lachen aus und sagte: "Es ist, wie wenn der liebe Gott selbst seinen Finger noch einmal in meine Hand gedrückt hätte!" Daß unsere Hände göttliche Instrumente sind, steht auch in der Bibel, nach der Gott sein Siegel in unsere Hand gegeben hat. Und wie jede Fingerspitze mit einem Wirbel zwei Triradien hat, so hat nun auch der Mondberg zur Handmitte hin einen zweiten Triradius. (Der andere Triradius *(Abb. 49 T3)* existiert in jeder Hand und gehört zum Venusberg als erstem Fingerglied des Daumens.)

Diesen zweiten Triradius *(Abb. 49T1)* suchen wir, wenn wir auf dem Mondberg eine zusätzliche Papillarformation finden, denn von diesem Triradius geht auch eine zusätzliche Papillarleiste *(Abb. 49a)* zur Daumenseite der Hand hin.

Diese zusätzliche Papillarleiste mündet zumeist in die Kopflinie ein und verleiht dem Denken Impulse, die der Ichkontrolle entge-genwirken und das Denken aus seinen Schablonen befreien. Ein ähnliches Gegendenkprogramm zeigt George Orwell in seinem Roman '1984'; hier wird es allerdings zu totalitärer Unterdrückung benutzt. Menschen mit der zusätzlichen Bewußtseinsleiste in der Kopflinie werden besonders gut verstehen können, daß jeder Gedan-

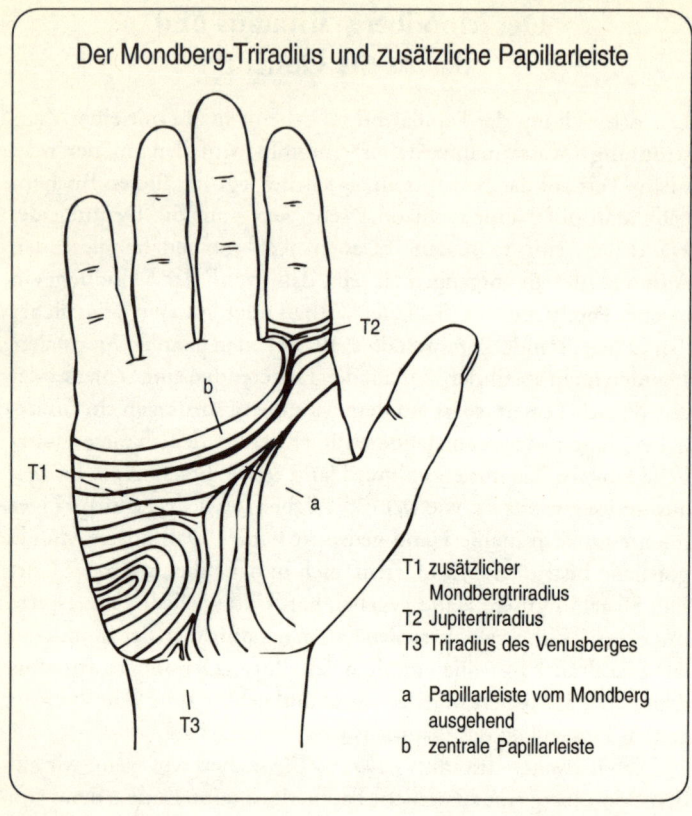

Der Mondberg-Triradius und zusätzliche Papillarleiste

T2

b

T1

a

T1 zusätzlicher
   Mondbergtriradius
T2 Jupitertriradius
T3 Triradius des Venusberges

a Papillarleiste vom Mondberg
   ausgehend
b zentrale Papillarleiste

T3

Abb. 49

ke zwei Seiten hat. (Weiches Wasser bricht den Stein, aber der harte
Stein teilt auch das weiche Wasser.) Es kommt außerdem vor, daß
Leiste a in Leiste b einmündet, dann treffen die beiden Bewußtseins-
ströme direkt aufeinander. Ich interpretiere dies so wie die 'gesperrte
Hand', bei der Kopf- und Herzlinie zusammenlaufen: Der Betreffen-
de ist sich und den Kurzschlüssen seines Bewußtseins ausgeliefert.
Das kann zu großen inneren Kämpfen oder auch zu sehr bahnbre-

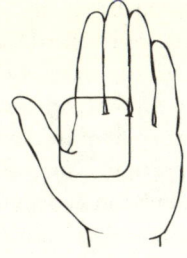

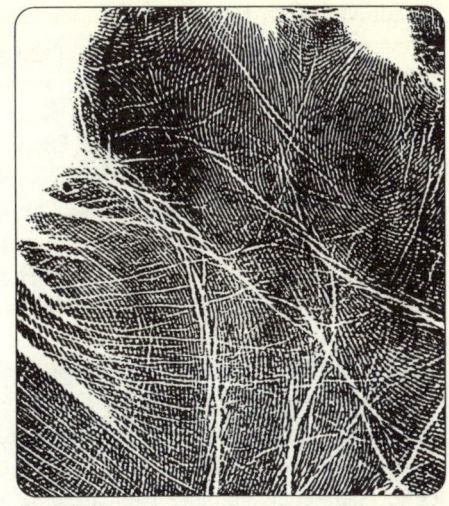

Abb. 50

Der vom Mondberg kommende Papillarkamm liegt über dem Papillarkamm aus dem Jupiter-Triradius. Im Alter von 46 Jahren gab die Handträgerin den Lehrberuf auf und will in Indien leben. Ihre Mondsteuerung überwiegt.

chenden neuen Bewußtseinsinhalten führen. Wichtig ist, daß der Klient diese Besonderheit anzunehmen lernt und das beste daraus macht. Einen Sonderfall stellt der obige Abdruck dar: Leiste a verläuft höher in der Hand als Leiste b. Das Leben der Klientin, einer Heilpraktikerin, Mitte vierzig, verlief auch chaotisch: Immer wieder torpedierte sie ihre eigenen Lebensentschlüsse und brach mit ihren Entscheidungen, auch verließ sie eine sichere Schulkarriere und baut sich gerade ein neues Leben in Asien auf.

Beachte: In vielen Handlesebüchern wird sicherlich zu Recht darauf hingewiesen, daß ein zu hoch angesetzter Triradius zu Tod durch plötzliche Herzinsuffizienz führen kann. Man spricht hier von einer Art genetischer Anomalie. Die Autoren haben nur nicht gemerkt, daß es sich dabei um den oben beschriebenen zusätzlichen

179

Triradius handelt, denn der 'traditionelle' Triradius an der Handwurzel existiert deswegen nicht weniger! Nach obiger spiritueller Deutung entsteht jedoch eine Art Zerreißprobe durch die energetisch gegenläufigen Papillarlinien. Dies kann sich in körperlichen Steuerungsproblemen auswirken: Die Hauptpapillarlinie vom Jupiterberg her wirkt als Antrieb, die intuitive Papillarlinie vom Mondberg her wirkt wie eine Bremse. Dies beeinflußt unser organisches Herz als Impulsgeber für Körper und Geist, und es kann zu Blockaden kommen. Dann geht plötzlich nichts mehr. Deshalb wird bei einem hochliegenden Triradius vor sportlichen Höchstleistungen und besonderen Herzbelastungen gewarnt. Bei mir existiert diese Gegenläufigkeit auch, ich spüre, wie spirituelle Anstrengungen (z. B. auch Schreiben) 'aufs Herz' gehen. Dafür steht man auch körperlich voll hinter geistigen Aussagen, was ein befriedigendes, ganzheitliches Gefühl ergibt. Man bringt sich auch in geistiges Tun voll ein und lehnt Halbheiten ab. Die Papillarien zeigen also die geheimste Motorik unseres geistigen Erfassens, Begreifens, Erspürens etc. an. Ihre Bedeutung ist enorm für unsere Wahrnehmung und unsere Kommunikation mit der Welt. Betrachten wir nun die Vielzahl der möglichen Rillenmuster, die unserer Hand einen besonderen Charakter verleihen.

Weitere wichtige Papillarmuster

Besondere Papillarmuster auf dem Mondberg sind besonders aussagekräftig und wichtig für den betreffenden Menschen. Wenn wir auf dem Mondberg einen Kreis wie ein zusätzliches Auge finden, wird sich dies stark in der Visionskraft des betreffenden Menschen ausdrücken *(Abb. 51k)*. In mehreren Büchern wird diese Formation zu Recht 'magisches Auge' genannt. Es blickt direkt in den Kosmos unseres inneren Bereichs und verbindet sich magisch-direkt mit äußeren Formen und Strukturen. In der Praxis kann man als Designer, Architekt usw. sehr erfolgreich tätig sein. Wir unterscheiden bei Schleifen auf dem Mondberg die Richtung der Öffnung: Die Schleife *(Abb. 51i)* ist nach außen gerichtet und zur Welt hin geöffnet. Dies bedeutet, man kann sich intuitiv mit der kosmischen Intelligenz durch Kommunikation mit Welteinflüssen verbinden. Nach innen gerichtet *(Abb. 51f)* ist die Schleife zur Kopflinie hin geöffnet, was besondere Kräfte der Selbstbesinnung erwarten läßt. In der Literatur wird für diesen Fall von besonders starkem Gedächtnis gesprochen. Das Gedächtnis hat ja etwas mit Selbstwahrnehmung zu tun. Diese Art Gedächtnis behält besonders gut, was man selbst innerlich auch von Interesse findet. Man neigt dann auch zu telepathischen Fähigkeiten und ist für Hellsehen, Astrologie und übersinnliche Wahrnehmungen offen. Zur Handwurzel hin geöffnet bedeutet die Mondbergschleife *(Abb. 51g)* eine zum Ursprung hin sehende neptunische Begabung. Es kann sein, daß man eine besondere Beziehung zu Menschen findet, die früh sterben. Die Schleife zieht nach innen, rückwärts in die Nacht der Auflösung, nicht vorwärts, zum Leben.

Wenn Psychiater oder Lehrer diese Schleife besitzen, ist ihr Kontakt mit den ihnen Anvertrauten besonders intensiv.

Weitere wichtige Papillarmuster

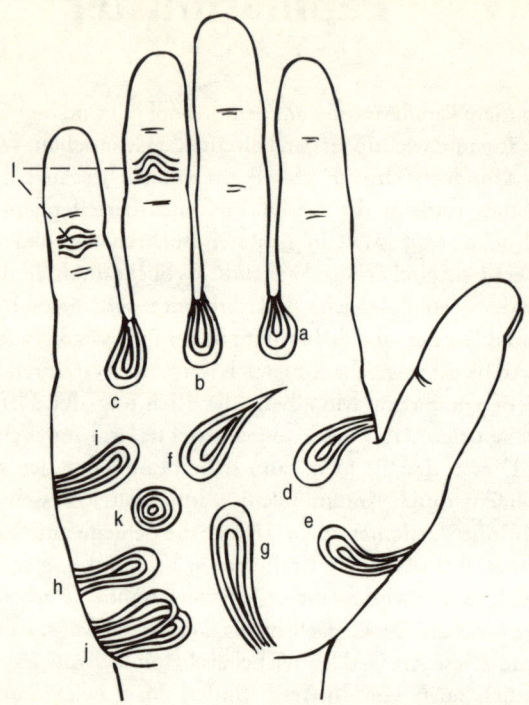

a   Die Jupiterschleife
b   Die Saturnschleife
c   Die Merkurschleife
d   Die Marsschleife
e   Die Musik- und Rhythmusschleife
f   Die ICH-geöffnete Mondbergschleife
g   Die Neptunschleife

h   Die Uranusschleife
i   Die WELT-geöffnete
    Mondbergschleife
j   Die Uranus-Doppelschleife
k   Das magische Auge
l   Papillarmuster auf den
    Fingergliedern

Abb. 51

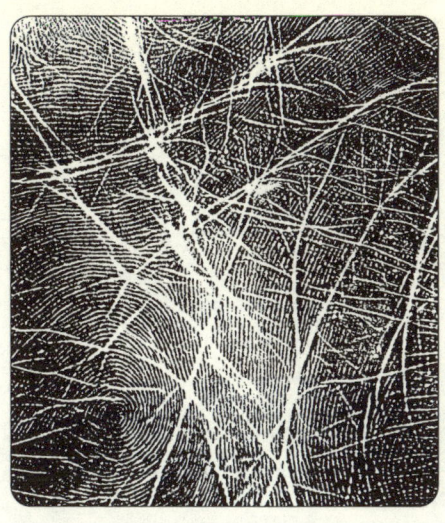

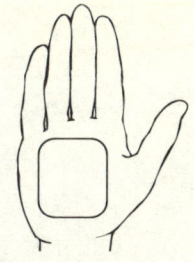

Die Befreiung eines Mondbergs, der in der linken Hand durch ein Netz von Querlinien blockiert ist, wird zum Lebensthema eines 43jährigen Unternehmers. Die rechte Hand zeigt das Ergebnis seiner Arbeit am Höheren Selbst. Die Schicksalslinie ist begradigt, die Lebenslinie tritt stärker hervor, die Querlinien sind größtenteils aufgelöst. Ein Kreuz der Befreiung sucht Anschluß an eine noch unsichere Via Lascivia. Selten ist ein magisches Auge auf den Mondbergen beider Hände zu finden. Hier liegt der Schlüssel zur geistigen Arbeit.

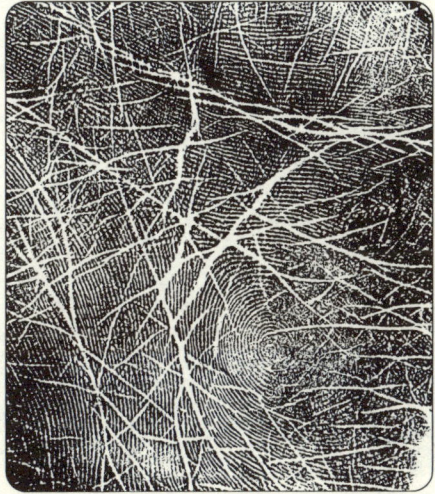

Abb. 52

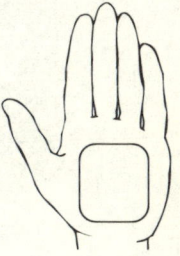

183

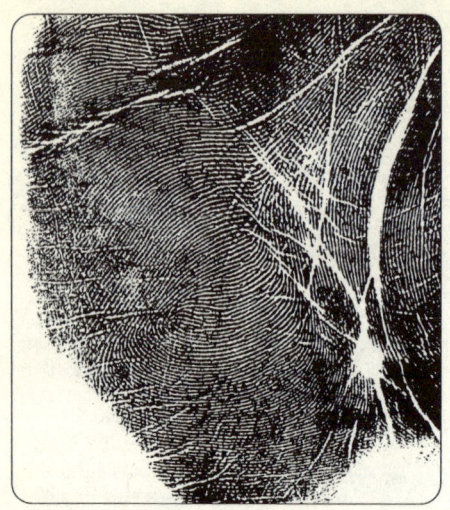

Abb. 53

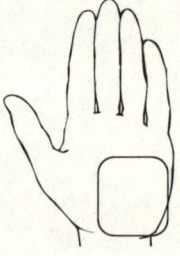

Doppelte, in sich verwobene Schleife auf dem Mondberg.

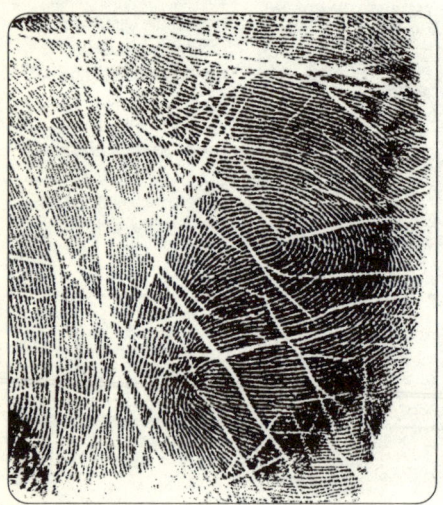

Abb. 54

Einfache Schleife und Doppelschleife (unten) auf dem Mondberg zeichnen einen sehr sensitiven Beamten (Kassenwesen) aus, der mit diesem Mondberg Schwierigkeiten im Beruf hat.

184

Wichtig ist es auch, die Lage des papillaren Ereignisses (Schleife, Kreis) auf dem Mondberg zu analysieren. Hoch angesetzt bedeutet die Plazierung mentale Kontrolle, Gedächtnis, Arbeit in der Öffentlichkeit usw. (Luftaktivitäten). Tiefer angesetzt werden die Einsichten okkulter und geheimnisvoller (Wasser-, Erdaktivitäten). Man ist um so intimer mit seinen Visionen und Beschwörungen verbunden, je tiefer zur Handwurzel die Schleife oder der Wirbel (Auge) sich befindet. Man wird nun seine Aktivitäten in privater Atmosphäre und nur mit einem kleinen Kreis auserwählter Menschen ausüben wollen. Manchmal hört die Kopflinie auch früh auf und wird in ihrer Funktion von Papillarleisten weitergeführt, die sich fächerförmig ausbreiten. Dies bedeutet, man zapft atmosphärische Psi-Kräfte an, die die Logik der Kopflinie unterstützen. Man hat nun den Eindruck, man wird zum Wissen und zu Menschen geführt, ohne zu suchen, und die Psycho-Entwicklung läuft über geheimnisvolle Schienen und Verbindungen. Eine Doppelschlaufe auf dem Mondberg bedeutet, daß man mindestens zwei Standpunkte gleichzeitig sehen kann, wie dies der Ausspruch eines Teilnehmers an einem Handlesekurs bestätigte: "Man muß doch beides gleichzeitig sehen können!" Daraus folgt auch, daß man kaum zu Aggressivität neigt und sich eine Arbeit sucht, die Introvertiertheit begünstigt.

Behalten wir das Bild vom göttlichen Auge bei und suchen weiter nach Kreisen, Schlingen und Wirbeln im papillaren Tastbereich. Sie sind wie göttliche Fenster, die uns für bestimmte Lebensaspekte sensibilisieren und aktivieren.

Die Raja-Schleife

Sie wird auch Charisma-Schleife genannt und befindet sich zwischen Jupiter- und Saturnfinger *(Abb. 51a, s. S. 181)*. Im Yoga wird von drei Temperamenten gesprochen: tamasisch steht für träge, sattwisch für geistig, himmlisch und rajasisch für mutig und königlich beherrschend. Die Raja-Schleife ist das seltenste der drei zwischen den Fingern zu suchenden Papillarmuster. Man spricht ihrem Träger zu, daß er brillieren und hervorragende Leistungen in der Öffentlichkeit bringen will. Er will der erste auf seinem Gebiet sein und schafft es auch! Die anderen Menschen werden sagen: "Ich habe es immer gewußt, diese Person erreicht, was sie will." Dabei ist der Besitzer einer Raja-Schleife nicht persönlich dominant, er hat nur mehr Durchblick als andere Menschen. Er ist zur richtigen Zeit am richtigen Ort, während anderen sein Engagement noch zu riskant

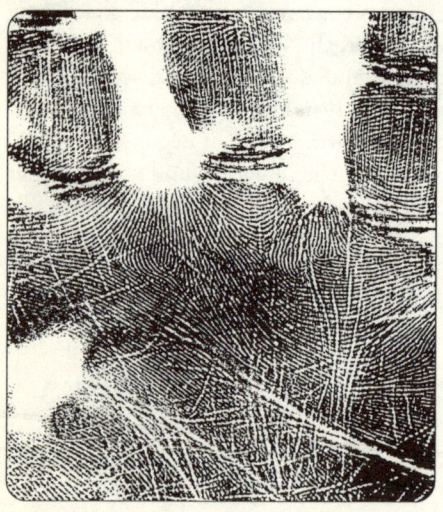

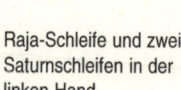

Raja-Schleife und zwei
Saturnschleifen in der
linken Hand.

Abb. 55

erscheint. (Ein jugoslawischer Autohändler, den ich kenne, hat diese Schleife, d. h. er setzte sich rechtzeitig vor dem Bürgerkrieg ab und hat ein großzügiges Vertrauen in die Menschen, was ihn zu einem unwiderstehlichen Verkäufer macht ...) Der Erfolg, der durch die charismatische Schleife prophezeit wird, scheint mir auch in einer Qualität zu liegen, die Stehaufmännchen nachgesagt wird: sich nicht unterkriegen lassen.

Die Saturnschleife

Diese Form befindet sich zwischen Saturn- und Apollofinger (*Abb. 51b*). Sie wird auch als ein Zeichen von Verläßlichkeit und Ernsthaftigkeit auf dem Gebiet der Arbeit gesehen. Man kann zielgerichtet etwas durchziehen und liefert seine Arbeit pünktlich ab, so als Autor seine Manuskripte. Diese Aussage eines Kollegen kann ich bestätigen, da ich rechts und links Saturnwirbel trage. Ihr Charakter ist tamasisch (erdig, gründlich), man stürzt sich mit Pflichtgefühl auf Pläne und legt sich selbst immer neue Prüfungen auf, die man dann engagiert besteht.

Die Merkurschleife

Hier *(Abb. 51c)* kommt das sattwische (himmlische) Element zum Ausdruck. Die Besitzer dieser Schleife leben für Humor und Kommunikation, ihr Ideal ist es, heiter und gelöst über den Dingen zu schweben. Manche Karikaturisten haben die Merkurschleife - sie fördert Leichtigkeit, Schalgfertigkeit und schnelles Erfassen von günstigen Gelegenheiten.

Die Marsbergschleife

Wer sie *(Abb. 51d)* hat, wird sehr tapfer seine und die Interessen anderer Menschen verteidigen und sich kämpferisch durch die Welt bewegen. Ich kann mich nur einmal erinnern, eine solche Formation gesehen zu haben. Die Träger dieser Schleife wissen sicher von allein, was für sie ansteht, da sind ihre esoterischen Interessen wohl zugunsten anderer Aktionen etwas abgemeldet. Auf jeden Fall wird die Schleife auch die Mutschleife genannt und verstärkt die Qualitäten des aktiven Marsbergs und der Loyalitätslinie auf der Ebene des Bewußtseins.

Die Uranus-Schleife (Inspirationsschleife)

Sie ist sehr selten und liegt dem extrovertiertesten Punkt der Hand, dem Zeigefinger, genau gegenüber *(Abb. 51h)*. Sie bringt ihrem meist introvertierten Eigner tiefe Schaffensfreude und explosionsartige Anfälle von Kreativität, in denen alles wie von allein zu gehen scheint. Die ganze Welt schwingt ursprünglich, und man versteht diese Schwingungen und kann sie in Musik oder Romane umsetzen. Die Uranusschleife führt dahin, wo das Einfache, Elementare, Universale geschieht: Tod, Sexualität, Liebe, Opfer, aus denen das höhere Bewußtsein immer neue Entwicklungen gestaltet. Die Uranusschleife erschließt den tiefsten Lebenssinn, den man nun spüren und kreativ umgestalten kann. Der Schaffensprozeß ist für den Betreffenden faszinierend, und es trifft andere Menschen ganz tief, wenn sie Produkte von Uranusbegeisterung sehen, lesen, hören ...

Die uranische Doppelschleife

Es ist immer sehr aufschlußreich, die Auswirkungen einer Papillar-formation an sich selbst zu beobachten. So habe ich im Uranus-bereich eine in sich verschlungene Doppelschleife, die eine Doppel-funktion bezüglich der oben beschriebenen Inhalte bewirkt *(Abb. 51j)*. Mir ist inzwischen klar, daß ich im tiefsten Sinn zweifach leben darf: Der Westen und der Osten faszinieren mich, ich kann auch Leben und Tod schwer voneinander trennen und hatte immer schon eine Doppelsicht von Geburt und Tod als dem einen Ursprung, der am tiefsten in uns reicht. Als ich im tibetischen Totenbuch über die Bardos las, war mir sofort klar, daß meine Neugeburtserlebnisse im Atem die Umkehr dieser Bardogefühle zwischen den Leben waren. Das habe ich in meinem Buch über spirituelle Atemtherapie: "Das Atem-Heilbuch" dargelegt. Somit geht die Doppelschleife auf, ich schrieb ein Buch über Reinkarnationstherapie "Heilung aus der Vergangenheit" mit Zeugnissen über das heilsame Erleben des Todes und eines über die spirituelle Neugeburt "Das Atem-Heilbuch", in denen heilsames Energieatmen vorgestellt wird. Mit beiden Büchern und den dazugehörigen Erfahrungen versuche ich, in Ursprung und Auflösung mit viel Begeisterung hineinzugehen. Weiterhin ist die Schleife nach außen geöffnet, das bedeutet, mit Menschen zu arbeiten, vor die Welt zu treten, zu veröffentlichen, was ich auch getan habe und wobei mir sicherlich auch meine Raja-Schleife (am entgegengesetzten Ende des Handtellers: Geheimnisvolles, Okkultes wird veröffentlicht) geholfen hat. Außerdem fühlte ich mich immer geschützt, in diese Bereiche vorzudringen, denn ich wußte eigentlich bereits vorher, was mich erwartet ... Und diesen Schutz und Sicher-heit kann ich auch anderen Menschen abgeben, ich habe sie ja selbst in außerordentlichem Maß. Meine große innere Neigung zur Reinkarnationstherapie steht in Zusammenhang mit einem buddhi-stisch-karmisch geprägten Lebensgefühl und mehrjährigen Indien-erfahrungen , nach dem man Ursachen - das Alte - kennen sollte, um die Gegenwart - das Neue - zu verstehen. In dieser Weise sehe ich in dieser Doppelschleife eine innige Verwebung von alt und neu, Leben und Tod, Vergangenheit und Zukunft. Und wie uranushaft faszinierend diese innersten Energien sind, daran möchte ich möglichst viele Leser im (Jupiter-)Licht der Öffentlichkeit teilhaben lassen. Hätte ich dies alles auch nicht tun können - das Muster wäre geblieben, aber ich wäre in einem anderen Betätigungsfeld zu einer ähnlichen Konstellation gekommen.

Die Venus-Schleife

Sie findet man auf dem Venusberg, dem ersten Glied des Daumens *(Abb. 51e)*. Hier wird Wille zur Struktur des Bewußtseins. Dies fördert eine Sensibilisierung für Takt, Rhythmus, lebendige Schwingungen und Tanz. So kommt man auf ein musikalisch-beschwingtes Lebensgefühl, das sich dann auch oft im Erlernen von Instrumenten oder in musikalischen Karrieren niederschlägt.

Papillarmuster auf den Fingergliedern

Es lohnt sich, auch an hier nicht genannten Stellen der Hand nach weiteren Papillarmustern zu suchen *(Abb. 51l)*. Bei mir kommen solche Muster auch auf den Fingergliedern vor, allerdings sind sie nicht übermäßig ausgeprägt, aber sie sind da und haben ihre Bedeutung.

Sie verstärken meine Auffassung und Erfahrung der Papillarien, die durch ihr Bewußtsein und ihren 'Durchblick' besonders im beginnenden medialen Zeitalter immer wertvoller werden. Wir werden mehr und mehr intuitives Verständnis für den Menschen entwickeln. Verstehen ist auch heilen, positiv miteinander schwingen. Dies wird immer stärker zu unserer Motivation für unser Dasein werden. Hier helfen uns besonders die magischen Erkenntnisformen unserer Papillarien. Sie sind ganz ursprüngliche Muster, aber ihre klassischen Einwirkungen auf uns und ihr Nutzen werden über die

Zukunft der Menschheit entscheiden. Daß dies nicht immer so gesehen wurde, sei anschließend noch kurz erläutert.

Die Papillarien - Zeichen von Primitivität, Idiotie, Erbkrankheiten, niederer Entwicklung?

Da es sich bei den Handrillen um sehr ursprüngliche Formen handelt, haben sich in Bezug auf ihre Wertung Mißverständnisse herausgebildet, die wir heute lockerer sehen und entkräften können. Das Grundproblem scheint zu sein, daß die Papillarien ganz alte Muster sind, die wir ebensowenig verändern können, wie unsere Gene. Doch das Alte, Natürliche scheint sogenannte moderne Menschen noch immer in Panik zu versetzen. Daß auch das Bewußtsein sehr alt ist und nicht erst mit dem Menschen beginnt, wird eine der umwälzenden Erkenntnisse des 'New Age' werden. Doch noch wehrt man sich dagegen.

Während ich dies schreibe, ist in den Schulen einiger Staaten der USA die Erwähnung der Evolutionstheorie von Charles Darwin schlichtweg verboten. Daß der Mensch vom Affen abstammen soll, kann angezweifelt werden, daß aber unsere menschlichen Seinsstrukturen sich tierischer, pflanzlicher sowie mineralischer Bausteine bedienen, ist selbstverständlich. Die meisten Religionen und geistigen Traditionen haben keine Probleme damit, daß alles von EINER Energie bewegt wird, die sich in vielen Formen speichert und dann wieder wirksam wird. Unsere Physiker haben festgestellt, daß die kleinsten Partikel nicht mechanisch reagieren müssen - das ist der Zusammenbruch der Newtonschen Mechanik - aber sie trauen sich noch nicht so recht an die Schlußfolgerung heran, daß diese Teilchen - wenn nicht mechanisch - dann bewußt reagieren. Warum sonst sollten sie sich einmal so und einmal so verhalten können? Die Existenz macht rein nichts ohne Zweck, und nur ein eigenes Bewußtsein wäre sinnvollerweise anzusetzen, wenn man verschiedenartige

Bewegungsmöglichkeiten bei Miniteilchen erklären will. Somit wäre alles im Kosmos von Einem Bewußtsein, das Ganze stünde auch im Dienst dieses Einen Bewußtseins. Doch gerade wenn man die Papillarien anschaut, bekommen manche durchaus vernünftige Menschen noch einen Schock. Denn Tatsache ist, daß auch Gorillas solche Muster haben und daß manche dieser Muster bei Mongoloiden und Geistesgestörten Anomalien z. B. der Chromosomen anzeigen. Bestimmte Papillarmuster sind in erstaunlich hohem Maß bei Mongoloiden und 'nicht normalen' Patienten der Psychiatrie anzutreffen.

Doch statt mit Abwehr zu reagieren, sollte man einmal betrachten, welchen immensen Schaden die Unterscheidung zwischen normal und abnormal, menschlich und animalisch usw. verursacht hat. In meiner Kindheit las ich angsteinflößende Bücher, in denen Gorillas als wütende, aggressive, blutrünstige Monster dargestellt wurden, und nichts davon ist wahr. Als genauso grausam werden Indianer, 'Wilde', 'Primitive' in Abenteuerbüchern oder Filmen geschildert. Demgemäß gelten Erbkranke, Idioten, unangepaßte Menschen immer wieder als auszusortieren oder sogar zu vernichten. Aber heute wissen wir auch, daß Gorillas liebevoller und 'menschlicher' sein können, als viele Menschen, 'Wilde' haben hoch differenzierte, intelligente Sozialstrukturen, 'Verrückte' (man betrachte die Prinzhorn-Sammlung oder das Lebenswerk des Schweizer Malers und Dichters Wölfli) können mehr Durchblick haben als die meisten Normalbürger. Tiere können intelligent und treu sein und sogar telepathische Botschaften empfangen. Pflanzen wissen meßbar Bescheid, ob sich ihnen ein Mensch nähert, um ein Blatt abzuschneiden, oder ob er nur so tut als ob. Mit ein bißchen Liebe und gutem Zuspruch bedacht, bringen Tomaten deutlich mehr und gesündere Früchte, so daß man ein altes Sprichwort umschreiben sollte: nicht der dümmste, sondern der freundlichste Bauer hat die besten Kartoffeln! Dies sei vorausgeschickt, wenn ich Papillarmuster, die von der Norm abweichen, nicht länger abwerten will und auch andere negative, angsterzeugende Wertungen nicht aufgreife.

Daß die Frage der Papillarmuster neu bedacht werden muß, zeigt auch diese Besonderheit: Als Anzeichen von Idiotie und Erbkrankheiten werden nicht etwa einfache Leistenstrukturen angesehen, sondern eher die komplizierten Muster! Wer von der Schöpfung noch 'alte', aber komplizierte Papillarmodelle mitgekriegt hat, behaupten manche Bücherschreiber, ist 'atavistisch' und neigt zum Wahn, weil er nicht so angepaßt lebt wie die Normalbürger. Er hat also noch Bezüge zu Lebensformen, die nicht so genormt verlaufen, wie die heutigen Mechanismen (von der Wiege bis zur Bahre ... Formulare, Formulare ...).

Daß die Wahrnehmungen der Menschen früher oft komplizierter und damit bewußter waren als unsere heutigen Fast-Food-Konditionierungen, zeigte mir auch mein Studium der indoeuropäischen Sprachen. Am Beginn der schriftlichen Überlieferung (z. B. im Sanskrit) hatte man ein Vielfaches von Bezugsfällen, um zu beschreiben, wer mit wem was tat, man hatte viel mehr Plurale, um auszudrücken, wie viele Gruppen etwas taten und ob der Beobachter sich selbst in die Vorgänge einschloß oder nicht. Ebenso hatte man eine Vielfalt von Wörtern, die komplizierte Richtungsangaben von verschiedenen Standpunkten aus ermöglichten. Wer diese Sprachen erfand und benutzte, besaß sicherlich sehr viel Bewußtsein für komplexe Bezüge innerhalb seiner Umwelt.

Die Hand als ursprüngliches, körperlich-geistiges Kommunikationsmittel zeigt natürlich auch uralte Besonderheiten, die man heute am liebsten plattmachen würde, denn in der europäischen kulturellen und religiösen Tradition züchtet man bekanntlich seit zwei Jahrtausenden auf Befehl einsetzbare, angepaßte Funktionierer und vernichtet Menschen, die anders sind oder lieber ihrem eigenen Gewissen und ihren natürlichen Gefühlen folgen.

Diese Berührungsängste mit dem alten natürlichen Element in uns drückt sich noch in der Reserviertheit mancher Handleser vor ungewöhnlichen Phänomenen gerade im Bereich der Papillarmuster aus. So schreibt Dr. Charlotte Wolff, sie habe gleiche Papillarmuster auf allen zehn Fingern nur bei unterdurchschnittlichen(!) Menschen gesehen. (Da muß ich meinen kleinen Merkurfingern riesig dankbar sein. Wenn sie keine Pfauenaugen trügen, wäre ich in ihren Augen ein solch unterdurchschnittlicher Mensch, denn sonst habe ich nur Wirbel auf den Fingerenden.) Des weiteren meint sie, daß einförmige Hände und Schlingen wie Wirbel auf den Thenar- und Hypothenar-Erhöhungen (d. h. Venus- und Mondberg) Merkmale von menschenähnlichen Affen sind, die auf eine Art Anormalität hinweisen. (Doch was ist an einem Affen normal und was nicht? Sind dann auch Forscherinnen anormal, wenn sie völlig normal unter Gorillas leben?) Aber zur Ehrenrettung der Gorillas sei angeführt, daß Frau Dr. Wolff doch noch eine sehr primitive menschliche (Idioten-)Hand zeigt, wobei sie im direkten Vergleich die Hand eines Gorillas für differenzierter und besser entwickelt hält ...

Wissenschaftlich verpackt scheint leider auch heute noch jede Diffamierung und Diskriminierung erlaubt zu sein - ihr Buch erschien noch in einem sonst auf Renommee bedachten Taschenbuchverlag in Reinbek bei Hamburg. Besagte Frau Doktor geht sogar so weit festzustellen, daß Menschen mit 'primitiven' Händen und demnach schwachem Über-Ich sich in Kriegszeiten weniger zum "Selbstopfer", wie sie es nennt, bereit finden als andere ... Affenartig mindere Menschen drängen sich nach ihrer Meinung im Krieg also nicht zum Selbstopfer des Tötens und Getötetwerdens. Zu dieser Einstellung sollte man sie eher beglückwünschen, was ich hier auch tue, denn ich verzichte gerne komplett auf jeden Krieg als höhere menschliche Tätigkeit, für die man sogar ein Über-Ich braucht. Auch das Autorenduo Eugene Scheimann und Nathaniel Altmann schreckt nicht davor zurück, per Handanalyse zur Suche nach dem 'Tier mitten unter uns' (the beast in our midst) anzuleiten. Nach ihrem Steckbrief entdecken wir einen Psychopathen an der gesperrten Hand (Affenfurche), am Fehlen der Saturnlinie, sowie am 'Mörderdaumen'. Die Rezeptur wird durch einen hohen Mondberg-Triradius, (siehe Abschnitt 'zweites Gesicht' in diesem Buch) sowie durch mehr als sechs Wirbel an den Fingerenden, außerdem mit 'exzessiven' Wirbeln auf Venus- und Mondberg und kalter, rauher Haut auf den

Händen abgeschlossen. (Ein paar Vampirzähne wären für die Schneller-kennung von Monstern sicher auch gut geeignet - doch was soll man tun, wenn man einem so schlimmen Menschen begegnet?)

Die Problematik ist sehr ernst. Sokrates und Jesus wurden für ihre bewußten Einsichten umgebracht, sie waren für andere (normale) Menschen nicht zu ertragen, und die heutige Psychiatrisierung des 'anderen' gleicht den Hexenverbrennungen früherer Tage. Immer noch führt man Krieg durch Ausgrenzung gegen Sonderformen der Natur und des Geistes. Um so mehr freue ich mich, hier einen Beitrag zur Deutung von Papillarmustern vorzulegen, der dem Thema angemessen ist und bei dessen Lektüre es dem Leser nicht nach Schmerzensgeld zumute ist, weil Hände und ihre Merkmale als unterdurchschnittlich, atavistisch, primitiv, instinkthaft usw. ausge-grenzt und abqualifiziert werden.

Alles, was wir erleben, ist das Geschenk einer zielgerichteten Entwicklung, die keines ihrer früheren Stadien vergißt. Wir sind Kinder dieser Entwicklung, und unserer Papillarien brauchen wir uns ebensowenig zu schämen wie der Knochen in der Hand oder der Nägel auf den Fingern, die einmal Klauen waren. Mißtrauen der Hand gegenüber ist unangebracht. Doch viele Handleser, die Bü-cher schrieben, haben ihre eigene Hand nicht veröffentlicht, tatsäch-lich kenne ich nur Cheiro, der seine Leser auch in seine Hand blicken ließ. Denn die eigene Hand muß man erst einmal durch und durch kennen und in allen ihren Einzelheiten annehmen, dann erst ist man fähig, andere Menschen gut zu beraten.

Dritter Teil

Die Praxis der Beratung

Die Zeit in der Hand

'Unser täglich Brot gib uns heute'

Dieser schöne Satz zeigt, daß wir jeden Tag, jede Minute und jede Sekunde etwas erhalten. Dazu öffnen wir vertrauensvoll unsere Hände, aber auch unsere Sinne und das Herz. Wir leben, weil wir vom Leben Nahrung und somit Energie bekommen. Unser Leben ist keine Pflicht, sondern ein Geschenk und eine Chance, die wir uns eröffnen. Ein Satz aus dem Yoga, der mich ebenfalls sehr beeindruckt, lautet: "Der Verstand ist der Schöpflöffel der Sinne." Mit unserem inneren Willen (Verstand) suchen wir materielle und geistige Nahrung in einem Zeitrahmen, den wir uns selbst vorgeben. Jeder Mensch hat seinen inneren Lebensplan und weiß, was er braucht und was für ihn wann verträglich ist. Wenn wir in der Hand (einem Mittel des Empfangens und des Ergreifens) lesen, tun wir dies, um mit dem Eigner der Hand gemeinsam seinen Willen zum Dasein zu spüren. Dieser Wille übersetzt sich im Verlauf der Lebenszeit in Projekte, Ziele etc., deren Anlage wir in der Hand erkennen können. Wie das geschieht, wollen wir nun betrachten. Dazu brauchen wir zunächst einmal ein besseres, natürlicheres und dem Menschen angemesseneres Verständnis von Zeit.

Wir Europäer haben oft den Eindruck, daß Zeit wie eine Dampfwalze ist, die uns wieder und wieder überrollt und mit Pflichten und Zwängen einengt. Wer jedoch einmal in Afrika unterwegs war, hat sicherlich die 'afrikanische Zeit' kennen gelernt, die nicht von außen über die Menschen kommt, sondern durch die Menschen und ihr

Leben entsteht. Dieser Zeitbegriff ist auch für die Hand wichtig, denn die Hand zeigt unsere 'innere' Zeit, die durch uns entsteht und die uns auch nie wirklich genommen werden kann. Nur aus Unverständnis dieser inneren Zeit haben wir einen destruktiven Zeitbegriff entwickelt, der uns zu uhrenähnlichen Maschinen zu machen droht. So regen sich Europäer über Afrikaner auf, die ihrer Meinung nach Zeit vergeuden. Ein Missionar fragte einmal eine Gruppe von Eingeborenen, die zusammenstanden und nichts taten, was sie denn machten. Sie lachten und antworteten: "Wir machen Zeit." Zeit ist nach ihrer Sicht nicht 'etwas', sondern unsere Existenz selbst ist Zeit.

Wenn wir den Satz: "Unser tägliches Brot gib uns heute" sprechen, denken wir in der Regel nur an das Brot und an unsere materiellen Bedürfnisse, auch an einen Geber (Gott), der gibt, aber daß das Heute und die verfügbare Zeit ebenfalls Geschenke sind, daran denken die Menschen am wenigsten. So bleibt ihnen verborgen, daß, wenn wir lachen, reden, aus dem Fenster schauen, Zeit entsteht und wir mit entstehen. Doch die westlichen Menschen glauben so sehr an die Inhalte von Zeit (die produktiv sein sollen), daß sie sagen, man hat ein Schachspiel 'verloren', selbst wenn man dabei wichtige Erfahrungen gesammelt hat. Nichts geht verloren, und Zeit schon gar nicht, aber vielen Menschen erscheinen manche Zeitabschnitte so, als hätten sie da nicht (oder umsonst) gelebt. Doch die Hand weiß um unsere innere Zeit. Diese innere Zeit in der Hand zeigt die lebendige Zeit an und damit alles, was wir in dieser Zeit erleben wollen und was wir erhoffen, nicht jedoch die 'äußere' Leistungszeit, an die wir zumeist angepaßt wurden.

Die traditionelle Zeiteinteilung der Hand:
Die Datierung von Ereignissen

Zeit wird also durch unser Erleben strukturiert. So wie Krisen sich in den Fingernägeln als Einschnitte abzeichnen und dann 'herauswachsen', so zeigen sich auch Ereignisse, die uns existentiell betreffen, in der Hand. Verlustlinien z. B. durchkreuzen die Lebenslinie - es ist nun interessant, an welcher Stelle dies zeitlich geschieht.

Es ist außerordentlich schwierig, aus der Hand zeitliche Angaben herauszudestillieren. Dennoch gibt es grundlegende Erfahrungen. Die M-Linien Lebenslinie, Kopf- und Herzlinie zählt man von der Daumenseite aus an. Die Schicksalslinie wird von der Handwurzel aus gerechnet.

Kopf- und Lebenslinie zeigen vom Ich zum Du. Sie illustrieren, wie der junge Mensch erst über Selbstfindungsprozesse (Ich) erfolgreich auf die Weltseite (Wahrheitsfindung, Bestätigung) überwechselt. Auch die oft festzustellende anfängliche Zerrissenheit der beiden Linien deutet auf Kinderkrankheiten/Machtlosigkeit des noch von den Erziehern abhängigen jungen Menschen hin. Den Beginn der Schicksalslinie an der Handwurzel erkläre ich mit den dort vorhandenen Urpunkten, der Sexualität und der Auflösung (Uranus und Neptun) - wir kommen aus der vor der Inkarnation bestehenden immateriellen Auflösung und gehen durch die Geschlechtlichkeit der Eltern in den Anfang unseres Lebens ein. Nach der körperlichen Phase durchqueren wir schicksalhaft die Marsebene, wo wir einen Platz zum Existieren erwerben, und das Schicksal endet am Ansatz des Saturnfingers, wo das geistige Element der Hand anfängt. Dort beginnt die dritte Triade (Himmel, Geist), unser Schicksal hat sich hier aktiv erfüllt. (Meine rechte Hand zeigt am oberen Ende der Schicksalslinie noch sehr viele diverse Aktivitäten an, auf die freue ich mich natürlich!)

Ich finde es am besten, wenn man in der eigenen Hand zuerst einmal typische Knicks und Veränderungen sucht, die man dann datieren kann. Nach einer persönlichen Zählung zeichne ich folgen-

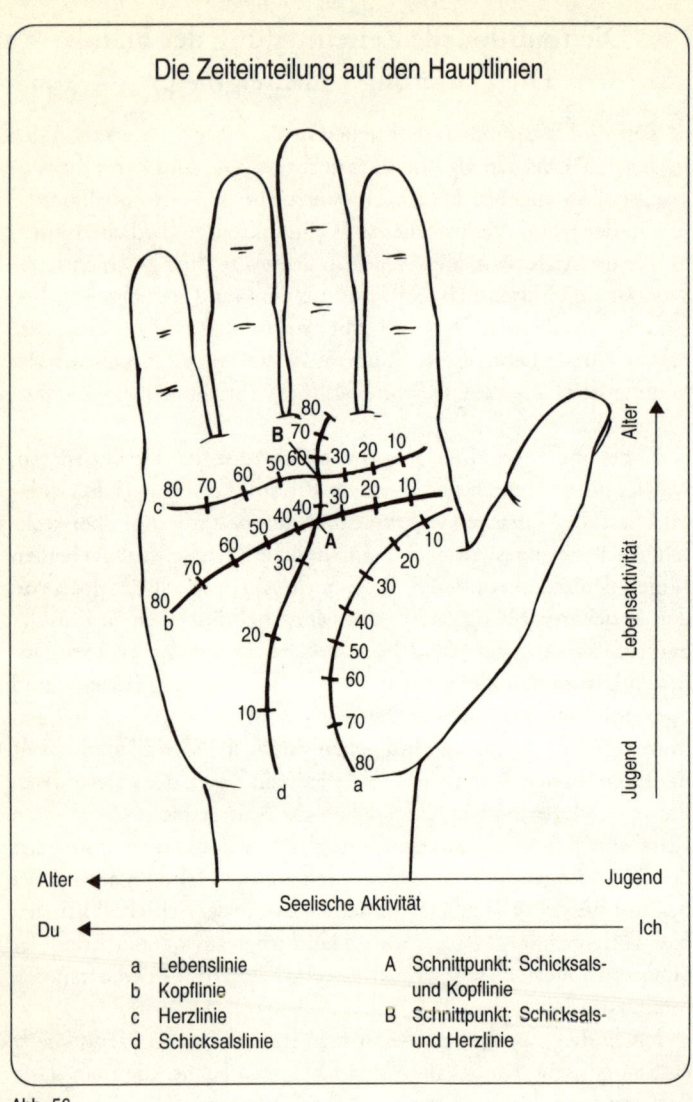

Die Zeiteinteilung auf den Hauptlinien

a Lebenslinie
b Kopflinie
c Herzlinie
d Schicksalslinie

A Schnittpunkt: Schicksals-
und Kopflinie
B Schnittpunkt: Schicksals-
und Herzlinie

Abb. 56

200

de Punkte auf: *(Abb. 56a),* im Alter von ca. 34 - 35 Jahren existiert in meiner rechten Hand ein Bruch der Kopflinie, durch den die Saturnlinie geht. Hier ist das Ende meines Beamtendaseins und der Beginn von Reisejahren angezeichnet. Eine interessante Erscheinung scheint mir auch der Zeitpunkt 49 Jahre zu sein. Hier sind die sieben Chakren (eins bis sieben) mit ihren Inhalten und Aufgaben zum ersten Mal 'abgelebt', ab hier geht es über die umgekehrte Reihenfolge (sieben bis eins) wieder zur Erde und zum Ende der körperlichen Existenz. Eine Astrologin hat mir einmal gesagt, daß ab dem Lebensalter 49 der Aszendent wichtiger wird als das bis dahin vorherrschende Geburtssternzeichen. Auch in meinen Handanalysen bestätigen mir Klienten, sie seien bis zum 49. Jahr in vielen Dingen aktiv gewesen, die sie nun nun nicht mehr so interessieren, manche hielten sich für eher chaotisch, nun werden sie plötzlich ordentlich. Die Schicksalslinie wechselt auch meist genau unter dem Saturnfinger, beim Durchlaufen der Herzlinie auf die Ich-Seite (kontrolliert-magisch-ordentlich), wenn sie von der dämonischen Mondbergseite her kommt *(Abb. 56b).* Ebenfalls ein Wechsel von der Daumenseite hin zur Weltseite kann die Schicksalslinie auf einen veränderten Kurs bringen. Genau so betrachten wir den Punkt ihres Schnitts mit der Kopflinie als den Alterspunkt 35 Jahre (Beginn der sieben Jahre Zeitqualität des Dritten Auges!). Hier kann sich die Schicksalslinie spalten oder einen unruhigen Verlauf beginnen, was bewußte Veränderungen im Verhältnis zu Beruf und Umfeld anzeigt. Künstlerische Ambitionen finden oft recht spät ihre Verwirklichung, die Apollolinie setzt entsprechend hoch in der Hand ein. Wir rechnen die Zeit auf ihr wie auf der Schicksalslinie.

Wir sehen, Zeit ist die Weiterführung des Bestehenden nach unseren eigenen inneren Gesetzen! Das ist unsere Lebensdynamik. Dennoch glauben manche Menschen immer noch nicht, daß in der Hand eines Menschen auch seine Zukunft dargestellt ist. Wie kann die Hand etwas wissen, das der betreffende Mensch selbst nicht zu wissen scheint?

Unsere Hand und die Zukunft

Wenn wir den obigen Zeitbegriff (Zeit entsteht durch uns) beibehalten, können wir uns der Betrachtung der Zukunft in unserer Hand zuwenden. Denn die Zukunft, d. h. unsere Hoffnungen, Erwartungen, Ziele, Krankheiten (die alle eigentlich Gewohnheiten sind), entsteht aus uns heraus. Hier wirkt das Gesetz der Synchronismus: Alles, was wir in dieser Sekunde sind, bleiben wir, außer wir oder die Umgebung verändert sich. Das klingt banal, aber für uns ist dies hier von grundlegender Bedeutung. Ein Beispiel: In einem Handlesebuch fand ich den Abdruck der Hand eines zweijährigen Jungen, der beide Eltern verloren hat und unter bedrückenden Umständen aufgezogen wird. Die Hand wirkt absolut unglücklich: Zwei Finger sind mißgestaltet, die Lebenslinie ist mehrfach unterbrochen und wird von Querlinien attackiert, die Schicksalslinie nimmt ab dem Alter, in dem das Kind fünfzig Jahre sein würde, eine katastrophale Wende, die Kopflinie und die Herzlinie sind bis zum Alter von etwa dreißig zerrissen und zerfranst. Dieses Kind würde einem schwersten Schicksal zugehen. Doch fünf Jahre später, als das gleiche Kind sieben Jahre alt ist, sieht das Ganze dramatisch anders aus. Die Finger sind gerade, Herz-, Kopf- und Lebenslinie weisen keine 'Fehler' mehr auf, sogar die Schicksalslinie hat einen neuen Zweig gebildet, der bis in die Zone hohen Alters kräftig hochwächst.

Wie kann das geschehen? Das Kind ist von freundlichen Menschen aufgenommen worden! Es erfährt jetzt Sicherheit und Fürsorge und freut sich am Leben. Nun verstehen wir: Im Alter von zwei Jahren hat das Kind um seine schlechten Bedingungen gewußt, unter denen es aufwuchs und hat eine Handstruktur hervorgebracht, in der so ziemlich alles 'kaputt' ist. Es hat, bildlich ausgedrückt, keinen Pfifferling auf seine Zukunft gegeben! Dann kommt es in bessere Verhältnisse und wird gefördert. Nun sieht das Kind seine Zukunft mit Mut und Zuversicht - und die Hand zeigt dementsprechend eine problemlose, gesunde Zukunft bis ins hohe Alter. Bleiben wir einen Moment bei der Analyse dieses Beispiels. Ein zweijähriges Kind kann nicht bewußt wissen, daß es später ein zerbrochenes Leben führen wird. Aber die Hand nahm dies an - und irrte sich! Sie entsprach ja total der ausweglosen und katastrophalen Situation des Kindes und sagte aus: "Wenn das so weitergeht, wird mir nicht viel Gutes geschehen." Dieses Beispiel zeigt uns, daß unsere Zukunft eine individuelle Prognose ist, die wir uns innerlich stellen, zumeist ohne uns dessen bewußt zu sein. Denn ein zweijähriges Kind kann wohl kaum daran denken, aber seine Hand 'weiß' dennoch um eine schlimme Zukunft. Mit sieben Jahren zeigt die Hand dann : "In meinem Leben wird es mir gutgehen."

Die obige Betrachtungsweise ist chirologisch-psychologischer Art. Dennoch gibt es eine andere Interpretationsschiene. Die Hand des zweijährigen Kindes enthält mehrere mystische Kreuze, einen schönen Papillarwirbel auf dem Ringfinger, sowie einen klaren Mondberg. Man hätte auch sagen können: Obwohl das Kind selbst

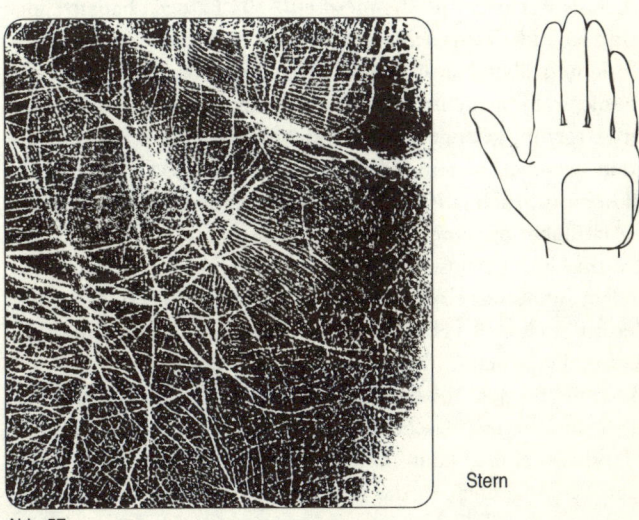

Stern

Abb. 57

schwarz für seine Zukunft zu sehen scheint, sind dennoch Glückszeichen da, die es retten werden. Das Kind wird auch so klug sein,
diese Hilfe anzuziehen und dann anzunehmen. So kommt man zu
einer Mischkalkulation. Man hält Ausschau nach günstigen Ereignis-
zeichen, die Hilfe versprechen, gleichzeitig weiß man, der Wille zum
Guten in der Psyche des Handeigners muß praktische Verbesserun-
gen innerlich weiterführen und Vertrauen in eine gute Zukunft
aufbauen. Alle glücklichen Zeichen wie mystisches Kreuz, Sterne,
Erfolgsleiter, Rechteck des Lehrenden, magische Augen des Bewußtseins, Salomon- und Jupiterring sowie spezielle Zeichen Fisch,
Lotusblüte usw., ersetzen eigene Bemühungen im Verlauf der Lebenszeit nicht.

Glückszeichen in der Hand

Dr. Scheiman zeigt in seinem Buch 'Medical Palmistry' Abdrücke
von AIDS-Infizierten (deren Schicksalslinien extrem aus dem Mondberg heraus wachsen und die meist eine Via Lascivia haben), auch
hier sind Krankheitsanzeichen zu sehen. Aber ab dem Zeitpunkt, wo
die Patienten über Naturmedizin, Massagen, bessere Ernährung,
Akupunktur, Drogenentzug, Körpertraining usw. zu einem beseren
Selbstwertgefühl gelangen, werden die Krankheitanzeichen in den
Händen weniger bedeutend. So sagen AIDS-Patienten, deren
Krankheitsausbruch jahrelang verhindert werden kann, daß gestei-
gerte Selbstachtung und Freude am Leben ihre Viren in Schach
halten. Im Unterbewußtsein (in ihrer virtuellen Realität) stellen sie
sich selbst auf bessere Erwartungen im Leben ein. Genau das erhöht
wiederum auch den Lebenswillen und die Lebenserwartung und
verbessert die Linien und Ausführungen der Papillarstrukturen.

So sieht es für den Außenstehenden aus, als ob die Hand von sich
aus über die Zukunft Bescheid weiß und als ob man diese Zukunft
der Hand entnehmen kann. Doch die Hand übersetzt die Wirkun-
gen der Vergangenheit in die Zukunft. Deshalb sagt man in der
Esoterik, man muß die Vergangenheit in den Griff bekommen, um

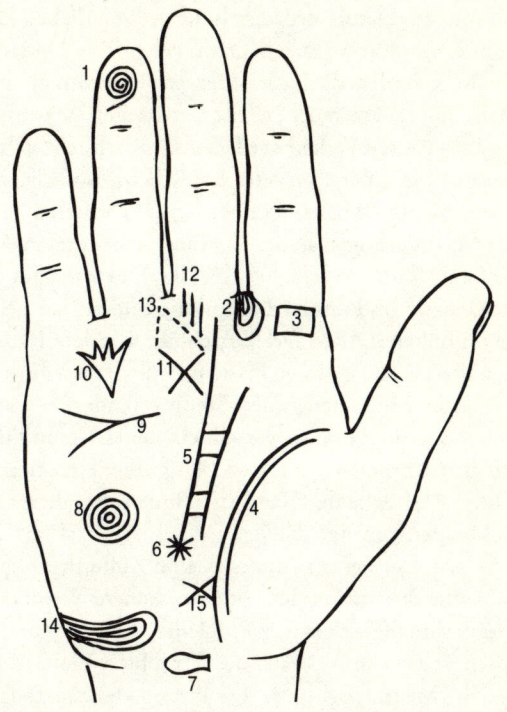

Glückszeichen in der Hand

1 Wirbel auf dem Apollofinger
2 Jupiterschleife
3 Rechteck des Lehrenden
4 Doppelte Lebenslinie
5 Leiterformen in Verbindung mit der Schicksalslinie in der Marsebene
6 Stern auf der Schicksalslinie
7 Fisch auf dem Neptunberg

8 Magisches Auge
9 Geteilte Kopflinie
10 Lotosblüte auf einem Fingerberg
11 Mystisches Kreuz
12 Stufenleiter des Erfolgs
13 Mystischer Diamant
14 Uranusschleife der Begeisterung
15 Kreuz der Befreiung

Abb. 58

die Zukunft gestalten zu können. Und aus der Reinkarnationstherapie weiß ich, man kann nichts ungeschehen machen, aber man kann die Wirkung von Ereignissen herauf- oder heruntertransformieren. Dann werden sich die veränderlichen Zeichen umgestalten. Unser Karma ist kein unausweichliches Diktat des Schicksals. Denn besonders die Linien können sich dramatisch verändern. Ein Mann hört auf zu rauchen (er tut etwas für sich), und ein kleiner Sprung im späteren Verlauf der Lebenslinie schließt sich. (Eventuell hätte er da eine Operation oder eine lebensbedrohliche Krankheit z. B Lungenkrebs (!) haben können ...) Des weiteren beobachte ich positive Veränderungen an der Kopflinie, eine Insel in der Herzlinie löst sich auf (Rauchen schädigt das Herz), es erscheint eine schöne gerade Hepatic und an der Lebenslinie bilden sich neue Aktivabzweige im höheren Alter. Der Entschluß, mit dem Rauchen aufzuhören, teilt sich der gesamten Hand mit, denn dieser Entschluß wird ja vom ganzen Menschen gefaßt. Somit verändert er seine gesamten Zukunftsaussichten und entwickelt ein neues Gesundheitsbewußtsein, auch ersichtlich in der Entwicklung einer Hepatica. Deshalb ist es wichtig, Abdrücke der Hand zu nehmen, um diese mit späteren Entwicklungen zu vergleichen.

Wenn wir also beim Handlesen eine Zukunftsprognose stellen wollen, sollte dies nur in der Form geschehen: Wenn der Klient so weiterlebt, sind diese oder jene Probleme angezeigt - und er weiß das eigentlich selbst, sonst wäre der 'Trouble' nicht in der Hand. Bewegung, Meditation, gute Ernährung, frische Luft, eine gute Partnerschaft, positive Berufsaussichten sind objektiv Faktoren, die jedem Menschen eine gute Lebensprognose erlauben, wenn er einen positiven Lebenswillen hat. Glückszeichen *(Abb. 58)* sind in besonderem Maß Hinweise auf einen 'guten Stern', auf den man sich auch in schlechten Zeiten ausrichten darf. Es ist keine Spekulation: mit seinen Glückszeichen ist das zweijährige Kind im Waisenhaus genau das Kind, das lacht oder vorne sitzt, wenn seine zukünftigen Adoptiveltern den Saal betreten. Ein humorvoller Satz gefällt mir gut: "Wenn die Erde sich beim Beben spaltet, wird man als Esoteriker nicht gerade da stehen, wo man verschlungen wird." 'Glück' wirkt als ein positiver Synchronismus, der mehr als Zufall ist. Einem Menschen können seine Glückszeichen scheinbar zufällig zu günstigen Umständen verhelfen, doch man soll die Hand der Glücksgöttin Fortuna auch aktiv ergreifen und festhalten, wenn sie sich nach uns ausstreckt. So zeigt die Hand Zeit, Glück und unsere innere Lebensprognose, und daraus entwickelt sich unsere Zukunft.

Hypnose und Wahrsagen

Hier möchte ich auf die Wirkung eingehen, die Handlesen auf den Klienten hat und weshalb man mit seinen Aussagen keine Verwirrungen stiften soll. Denn alles, was beim Handlesen gesagt wird, geht in das Tiefenbewußtsein des Klienten ein. Dieser Wirkung muß man sich bewußt sein und Verantwortung für das übernehmen, was man der Person vor sich eröffnet.

Im Jahr 1522 geschah folgendes auf dem Markt in Siegburg: Ein Bärenführer und eine Handleserin sorgten für Abwechslung beim Marktgeschehen, besonders als die Handleserin zu einem Bürger sagte, seine Frau ginge fremd. Diese Äußerung löste eine Schlägerei aus, in deren Verlauf zwei Menschen getötet wurden und es viele Verletzte gab, nicht zuletzt dadurch, daß der Bär sich losriß und alles umrannte, was ihm im Wege stand ...

Kleine Ursachen haben große Wirkung, wenn sie in einen Menschen hypnotisch eingepflanzt werden. Beim Handlesen sollte man nie ein endgültig erscheinendes Urteil über Tatsachen erstellen wollen, denn in Wirklichkeit ist nichts so, wie es aussieht. Ich berichte eine andere Begebenheit: Eine Klientin war bei einer Wahrsagerin, die ihr eröffnete, sie würde ins Ausland fliegen und direkt vor dem Abflug mit Unterleibsbeschwerden in ein Krankenhaus eingeliefert werden. Zwei Wochen später flog die Klientin tatsächlich ins Ausland, aber nichts passierte. Doch beim nächsten Flug mußte sie dann ins Krankenhaus, wie es die Wahrsagerin gesagt hatte. Das hört sich beeindruckend an, ist aber eher gefährlich. Ich habe zwei Gründe für diese Aussage. Erstens: Um eine Notaufnahme zu vermeiden, hätte die Klientin kein Flugzeug mehr benutzen dürfen, obwohl sie auf dieses Transportmittel angewiesen ist. Denn solche Wahrsagereien können keinen genauen Zeitpunkt angeben, wann etwas geschehen soll und ab wann die Gefahr vorbei ist. Zweitens: Es ist möglich, daß die Klientin die Krankheit selbst inszenierte, um es endlich hinter sich zu haben. Dann hätte sie einen posthypnotischen Auftrag ausgeführt: "Du mußt krank werden, bevor du ein Flugzeug betrittst."

So gerät man bei den bekannten Praktiken oberflächlicher Wahrsagerei, unabhängig davon, ob die Voraussagen stimmen oder nicht, in Teufels Küche. Die obige Vorhersage war also zweifelhaft und nutzlos und ebensowenig nachprüfbar. Mir hat ein indischer Astrologe ungefragt mein Todesjahr ausgerechnet und mitgeteilt, aber was nutzt mir das? Kann ich mich darauf verlassen und waghalsige Dinge unternehmen, mir passiert ja nichts bis zum Jahr X? Und wenn das Jahr X erreicht ist, was dann? Auf jeden Fall kann man ein Datum, das einem unter den besonderen Umständen wie einer Handlesung oder astrologischen Beratung übermittelt wurde, nicht mehr willentlich 'löschen'. Das muß man sich beim Handlesen oder bei ähnlichen Aktivitäten immer wieder klarmachen. Man ist den Voraussagen ausgeliefert, ob man sie akzeptiert oder nicht. (Und wenn ihre Voraussagen so treffsicher wären, könnten die Hellseher Milliarden an der Börse verdienen, wenn sie Kriege, den Tod bekannter Staatsmänner, Revolutionen usw. wirklich genau voraussehen könnten.) Unser Unterbewußtsein ist normalerweise vor unserem Zugriff gesichert, den Schlüssel dazu hat unser Höheres Selbst oder unser Innerer Führer. Dies möchte ich kurz erklären. Wenn man sich still hinsetzt, die Augen schließt und sich einen Apfel, ein Auto, ein Haus etc. vorstellt, werden sich bestimmte Bilder, Gefühle, vielleicht Gerüche einstellen, dazu Personen sowie besondere Einzelheiten. Doch wenn man ganz genau hinsieht, ist es nicht so, daß wir etwas aussuchen, sondern ein Bild erscheint spontan, wie ein Urbild, eine

Erstvorstellung. Dieses Bild ist mit unserem Unterbewußtsein assoziiert. Fühlen wir uns schlecht, hat das Auto eine Delle, oder es ist
schmutzig, der Apfel hat einen Wurm oder ist angefault, das Haus
hat vielleicht ein kaputtes Dach. Fühlen wir uns gut, sieht alles in uns
(und um uns herum) freundlicher aus. Das heißt, bevor wir bewußt
an den Apfel denken, hat etwas in uns schon die Art Apfel bestimmt,
den wir dann sehen und von dem wir glauben, wir hätten ihn uns
selbst spontan ausgesucht. Dieser Glaube an eine zufällige Spontaneität ist falsch. Die Ebene der inneren Führung ist bereits da, bevor wir
sehen, werten, erfahren, und hat bereits entschieden, was wir mit
dem inneren Auge erblicken.

Auf dieser Ebene findet die Kommunikation während einer
Handlesesitzung statt. Wenn man einem Kandidaten sagt, er würde
nicht mehr länger als drei Jahre leben, würde dieser Satz in das
Vorbewußtsein einsinken und nun alle anderen Wahrnehmungen
beeinflussen, bevor er dies aktiv bewußt machen kann. Eine solche
Aussage kann das gesamte Unterbewußtsein umprogrammieren.
Der Betreffende wird später eine Nachricht hören, daß eine Sonde
nun zehn Jahre lang zu einem Stern fliegt, und er wird unbewußt
spüren, ich erlebe nicht mehr, daß die Sonde ankommt. Der Satz, ich
lebe nicht mehr lange, wird in alle seine Wahrnehmungen einfließen.
Menschen sind sogar schon an einem Tag gestorben, für den man
ihnen dies prophezeit hatte. Natürlich kann man sich auch positiv
programmieren: "Ich werde so alt, wie ich will, und das Leben macht
Spaß!" Doch wenn die Innere Führung dies nicht glaubt, hat es
keinen Zweck und wird lächerlich klingen.

Wir müssen wissen, wenn wir in der Hand lesen, sprechen wir mit
unseren Vorhersagen das Tiefenbewußtsein an, das ja die Hand auch
gestaltet hat. Somit ist der normale Wahrnehmungsfilter nicht
eingeschaltet, das Innerste des Klienten hört mit. Immer wieder
kommen Klienten zu mir und berichten, eine Wahrsagerin hat dies
und jenes zu mir gesagt - und selbst wenn es nicht eintrifft, vergißt
das niemand!

Das Urteil des Wahrsagers geht ganz tief dahin, wo die Produktion von Vor-Urteilen, Ur-Bewußtheit, Phantombildern und Instinktiv-formen des Klienten arbeitet. Die innerste Kassette unseres Denkens kann so 'überspielt' werden. Deshalb halte ich zum Handlesen ein offenes Gespräch für angebracht, ich benutze oft die Frageform "kann es sein, daß...", um eine Aussage nicht zu direkt klingen zu lassen und bin mir grundsätzlich sehr bewußt darüber, welche Aussagen von mir auf welchen Boden treffen werden. Statt zu sagen, jemand zweifelt zu viel, sage ich, der Betreffende kann eigenständiger denken und kann darauf achten, sich immer sicherer zu fühlen. Wenn jemand Probleme hat, sich durchzusetzen, kann man ihn dazu beglückwünschen, daß er mit anderen Menschen gut auskommt, und ihm raten, seine Pläne mit starken Verbündeten auszuführen. Ich höre danach Aussagen wie: "Das Gespräch hat mir gut getan, ich fühle mich freier und wohler ..."

Natürlich verhelfen mir auch meine Welterfahrung und mein Wissen aus Reinkarnationstherapie und Körperarbeit zu einem realistischen, offenen und moralisch freien Standpunkt, was Proble-me anbetrifft. Sie kehren immer wieder und sind eher 'das Salz in der Suppe', und können manchmal auch das besonders Gute sein ... Auf jeden Fall versuche ich, angstfrei und im Sinn existentiellen Vertrau-ens hilfreichen Rat zu erteilen und niemanden zu überfordern.

Denn Handlesen und Wahrsagen können ja keine neue, glitzern-de Idealwirklichkeit schaffen. Crazy Horse, der indianische Visionär und Mystiker, wurde bei Verhandlungen mit den Weißen hinter-rücks erstochen. Hätte er das nicht voraussehen und nicht dahinge-hen können? Aber auch das hätte die Übermacht der Weißen nicht verhindert. Da ist die Frau, die Bücher über helfende himmlische Wesen schreibt und Aura lesen kann, doch sie heiratet einen Mann, von dem sie sich wieder trennen muß, nachdem ihr Körper psycho-somatisch gegen ihn rebelliert und Zysten und Myome produziert ... Hätte nicht gerade sie bewußter aussuchen können? Doch auch Hellseher und Weissager können ihr Unterbewußtsein nicht einfach auf 'positiv' umprogrammieren und alles nur noch 'richtig' machen. Wir sind alle der innersten Instanz, die unsere Motivation bestimmt, noch ausgeliefert. Deshalb sollte man nie über das Unglück anderer Menschen abfällig denken oder sprechen, auch wenn sie es sich selbst eingebrockt haben. Es hilft dagegen sehr, wenn man weiß, wie die Prozesse des Unterbewußtseins ablaufen, die über Glück oder Unglück entscheiden.

Aus Fehlern kann man viel lernen - oder sie weiter machen. Eine Bekannte kann den Unterschied zwischen Heilwasser und Leitungswasser blind auspendeln. Dann hält sie ihr Pendel über eine Flasche Rotwein. "Ganz schlecht", meint sie, "aber trinken werde ich ihn trotzdem!"

Daß es auch für einen Wahrsager manchmal klüger ist, die Dinge sein zu lassen, wie sie eben sind, kommt auch in der folgenden chinesischen Legende zum Ausdruck:

Ein Mönch, der in Physiognomie bewandert war, lebte hoch oben in den Bergen. Er verdiente seinen Lebensunterhalt mit Wahrsagen. Eins Tages nahm er eine Veränderung in der Stimmung seines kleinen Teejungen wahr, der ihm den Haushalt besorgte. Er ließ sich das Geburtsdatum des Jungen geben und betrachtete seine Hand, doch wie er es auch anstellte, er fand heraus, daß der Junge noch in der gleichen Woche sterben würde. Um ihm dies zu erleichtern, schickte er den Jungen zu seinen Eltern zurück. Doch nach einem Monat lebt der Junge immer noch, seine Eltern sandten ihn wieder zu dem Mönch. Da war der Mönch erstaunt und recht ratlos, denn er konnte sich nicht erklären, warum der Junge noch lebte. So entschloß er sich nachzufragen, was geschehen war, seit der Junge ihn verlassen hatte. Der Junge erzählte, auf dem Weg zu seinen Eltern habe er an einem Fluß Rast gemacht und am Ufer einen Ameisenhaufen mit vielen Ameisen gesehen, die darin herumliefen. Eine Wolke in den Bergen versprach ausgiebigen Regen, der den Fluß anschwellen lassen würde, was den Ameisenhaufen wegzureißen drohte. Da baute er aus Steinen und Erde einen Wall, um die Ameisen zu schützen. Der Mönch hörte sich die Erzählung des Jungen genau an und meinte dann: "Sicherlich mußtest du sterben, aber du hast das Leben so vieler Wesen gerettet, so wurde dein Leben auch erhalten!" Diese Geschichte zeigt: Die letzte Instanz für das Geschehen im Leben eines Menschen ist immer dieser Mensch selbst. Das sollte man sich immer wieder bewußt machen, wenn man in die Hände der Menschen blickt. Sie suchen ihr tägliches Brot, ihr Glück, ihre geistige Erfüllung so, wie sie es brauchen. Sie selbst sind dabei ihr eigenes Programm, oft wissen sie das aber nicht. Wir können anderen Menschen mit einem Blick in ihre Hand helfen, sich besser und bewußter im Rahmen ihrer Möglichkeiten und Ziele zu steuern. Das ist schon ganz viel, wenn man nicht mehr gegen sich selbst arbeitet.

Handlesen - ein Akt des Bewußtseins

... He's got the whole world in his hand ...

In der Hand verbinden sich Materie und Bewußtsein auf besondere Weise. Das ist ihr Geheimnis, das ich in diesem Buch vorstellen durfte. In der Hand treffen sich körperliche Energien, die wir als Kribbeln, Wärme oder Fließen spüren, und geistige Energien, die wir als persönlichen Willen, Freude, Ablehnung oder Hoffnung erleben. Wenn ich in eine Hand blicke, weiß ich, daß ich mich an das gesamte Leben des Menschen anschließe, der diese Hand gestaltet hat. Dazu schalte ich auch mein Bewußtsein ein, sonst könnte ich nichts 'sehen' und zu keiner Aussage kommen (wohl aber über die Hand irgendetwas Angelerntes daherreden ...)

Auch die Hand selbst kennt diese beiden Formen: Mechanisches Tun oder die bewußte, mediale Geste. Ich möchte nun abschließend auf die Gestensprache der Hand und ihre Wirkung für unser gesamtes Sein eingehen. Wenn wir die Daumen oder andere Finger der Hand aneinander legen, spüren wir, daß Energie fließt. Es kribbelt (meist bereits, bevor die Finger sich berühren), oder man hat das Gefühl, der eine Finger empfängt Energie und man spürt ihn dadurch stärker. Man kann auch die Fingerspitzen einer Hand in verschiedenen Kombinationen spüren. Hier wird man ebenfalls leicht feststellen, wie die Energie fließt. Dieser Energiefluß wird durch Annäherung, Berührung sowie die Haltung der Hand selbst bewirkt. Die Energie der Finger hat sowohl einen elementaren, als auch einen geistig-bewußten Sinn: Der Daumen steht für Feuer und auch für Durchsetzung von Willenskraft. Der Zeigefinger beinhaltet die Energie von Luft und ist für Ehrgeiz sowie Beherrschung zuständig. Der Mittelfinger steht für Raum sowie für Bewußtsein und Ausgleich. Der Apollofinger vertritt energetisch das Element Erde und fördert schöpferischen Ausdruck. Der Merkurfinger hat die Energien von Wasser und von Kommunikation.

Buddhas Mudra der Meditation (Berührung von Zeigefinger und Daumen) ist somit ein intensiver Kurzschluß der Ich-Kräfte, was die Konzentration nach innen bewirkt. Als heilende Geste hat dieses Mudra die Wirkung der Verbesserung des Gedächtnisses sowie von Entspannung und Hilfe bei Schlaflosigkeit. Ich benutze diese Geste auch sehr gerne beim Einschlafen. Sie beruhigt und ruft den Schlaf herbei. So kann man selbst mit verschiedenen Berührungen von Fingerspitzen arbeiten und sich für neue Möglichkeiten sensibilisieren. Was die Bedeutungen von Haltungen der Hand angeht, sieht man diese am besten, wenn man Buddhastatuen betrachtet. Hier existiert ein festgelegter Katalog von Gesten, die zeigen, ob Buddha u.a. gerade lehrt, meditiert oder ob er den tollwütigen Elefanten aufhält, der ihn gerade angreifen will. Letztere Geste ist auch genau die eines Polizisten, der den Verkehr anhält. So sind diese Gesten universal, wie unsere Hände auch. Als Jesus sich in seiner wiederauferstandenen Form seinen Jüngern zeigte, erkannten sie ihn erst, als er mit seinen Händen das Brot brach!

Aus persönlicher Erfahrung kenne ich auch die Gesten des T'ai Chi, in denen der Energiefluß der Hände sich mit den Bewegungen des ganzen Körpers verbindet und geistige Einsichten fördert. Ähnliches erlebte ich auch bei intensiver Vipassana-Meditation.

Wenn man sich mit dem Wesen der Hand beschäftigt, sollte man sie also nicht nur ansehen, sondern auch selbst in sie 'hineinwachsen'. Dann spürt man sie von innen heraus als lebendiges Werkzeug

sowohl körperlicher als auch seelisch-psychologischer und geistig-
bewußter Natur. Wenn man diese Triade beständig spürt, werden
plötzlich alle Handbewegungen zu Mudras, und was die Hand tut,
erhält einen wahrhaftigen Charakter. Genauso ist es, wenn man
Worte nicht nur mechanisch verwendet, sondern ebenso bewußt
einsetzt. Dann erhöht sich ihr energetisches Niveau, und sie werden
zu hypnotischen Mantras. Dieser Vorgang fließt auch in die Praxis
des Handlesens ein. Wenn man sich so medial und intim auf Hände
einläßt, werden sie spontan zu neuen Erfahrungen führen. Es ist mir
sogar schon geschehen, daß ich über ein Gefühl in der Hand darauf
aufmerksam wurde, daß sich eine Linie vor meinen Augen veränder-
te! Dies erscheint mir auch die faszinierendste Aufgabe für unsere
Zukunft: Wieder eins mit uns selbst zu werden. Statt über Flüge auf
den Mond zu spekulieren, können wir von innen heraus spüren, wie
sich in uns Phantasien bilden, die mit der Form unseres Mondberges
korrespondieren. (Die Namen der Planeten in unserer Hand sind
kein Zufall, sie deuten an, daß wir selbst der Kosmos sind, den es zu
erforschen gilt.) Dann werden die Gesten unserer Hand von kosmischer Weisheit und umfassendem Verständnis sein und uns mit
heilender Weltenergie versorgen. Wir haben die Welt in unserer
Hand.

Eine Handlesesitzung sollte so auch immer ein heilendes, d. h.
befreiendes und klärendes Gespräch sein, in dem zwei Menschen
bewußt aufeinander eingehen. Der Unterschied zwischen bewußter
und unbewußter Kommunikation wird in der folgenden Geschichte
treffend ausgedrückt: Ein Soldat kam zu einem Zen-Meister und
fragte ihn, ob es wirklich Himmel und Hölle gäbe. Der Meister
fragte, wer er wäre. Stolz sagte der Soldat, er sei Samurai. Da sagte der
Meister, er sähe eher aus wie ein Bettler. Der Samurai zog sein
Schwert. Da sagte der Meister, dieses Schwert sei viel zu stumpf, um
ihm etwas anzuhaben. Da holte der Soldat aus, und der Meister
bemerkte nur: "Hier öffnet sich das Tor zur Hölle." Als der Soldat
sah, wie ungerührt der Meister war, verbeugte er sich und steckte das
Schwert wieder ein. "Nun ist die Tür zum Himmel offen", sagte der

Meister. Diese Geschichte hat folgenden Sinn: Als der Soldat mit seiner Hand zum Schwert fuhr und gegen den Meister ausholte, war dies mechanisches und unbewußtes Tun, weil er sich provoziert fühlte. Gurdjieff nannte dies automatisches Tun. Als er das Schwert einsteckte, war dies eine bewußte Handlung (Geste), die auf einer neugewonnenen Einsicht beruhte. Die Begebenheit will uns sagen, daß bloßes, mechanisches Tun die permanente Hölle ist, in der viele unbewußte Menschen noch sind. Wenn wir jedoch bewußt handeln, d. h. innerlich mit uns schwingen, öffnen wir uns den Himmel. Dieses Buch habe ich demgemäß auch auf verständnisvolle Einsicht in das Wesen der Hand angelegt. So sollte auch der Vorgang des Handlesens nicht nur die Anwendung von mechanisch erlerntem Wissen sein, sondern man muß verstehen, was man sieht und was man sagt.

Je besser wir die Welt verstehen, um so göttlicher wird sie. So gilt für alle unsere Bemühungen wie auch für die Praxis des Handlesens: Himmel und Hölle sind in dem enthalten, was wir tun und wie bewußt wir es tun. Ob wir die Tür zu Himmel oder Hölle öffnen, liegt in unserer Hand. Bewußte Kommunikation mit der Welt ist heilende Kommunikation und schließt uns an die heilenden Energien des Kosmos an: Wenn wir nur mechanisch etwas tun, bestrafen wir uns damit selbst, indem wir uns isolieren. Wenn wir wirklich bewußt handeln, sind wir mit der ganzen Welt verbunden, und dies macht uns glücklich.

Das Herstellen eines Handabdrucks

Man benötigt abwaschbare Linoldruckfarbe (schwarz), eine Rolle mit Stiel und zum Aufrollen der Farbe ein Plastikbrettchen. Hierauf verteilen wir die Farbe und tragen sie mit der Rolle längs und quer auf die Hand auf. In der Literatur wird empfohlen, den Abdruck auf einer weichen Unterlage aus Schaumstoff zu machen, worauf das Papier zu legen ist. Dabei kann man von unten noch leicht gegen die Unterlage pressen, damit der nach innen gewölbte Handteller richtig abgedrückt wird. Der Klient sollte sitzen, da so die Hand entspannt auf die Unterlage in Tischhöhe zu liegen kommt. Das Abrollen der Hand vom Papier soll mit den Fingerspitzen beginnen, dabei ist das Blatt Papier bis über die Handwurzel abzuziehen. Damit Linien und Papillarien sich richtig abzeichnen, muß man die Farbe in Menge und Konsistenz genau dosieren. Zu starker Druck schwärzt die Papillarien, zu schwacher Druck läßt die Linien als weiße Balken erscheinen. Man braucht pro Hand mindestens zehn Abdrücke, bis man mit einem zufrieden sein kann. Den perfekten Abdruck gibt es nicht. Unbedingt den Namen des Handeigners und das Datum vermerken, sonst gibt es Verwirrung in der Sammlung! Ich schlage noch eine Verbesserung zu dem beschriebenen Verfahren vor, die mir sehr geholfen hat, besonders die konkaven Innenteile der Hand gut abzubilden. Statt auf eine Schaumstoffunterlage, drücke ich das Papier direkt gegen die eingefärbte Hand und streiche es mit meiner Hand (oder mit dem Schaumstoff) fest. Nach den ersten Abzügen kann ich individuell den Gegendruck da verstärken, wo der Abdruck weiß oder zu schwach ist. Ich kann auch z. B. auf dem Mondberg den Druck beim nächsten Abdruck wieder vermindern, wenn die Papillarien und Linien hier zu schwarz gezeichnet sind. Hand gegen Hand, dies erscheint mir die einfachste und sinnlich am besten erfahrbare Methode. Zum Aufbewahren, Vorzeigen in Vorträgen oder zum besseren Analysieren kann man den Abdruck per Fotokopierer auch auf durchsichtige Folie kopieren, die man dann mit dem Tageslichtprojektor auf eine Leinwand vergrößert.

An den Leser

"Wer bin ich?" ist wohl die wichtigste Frage, die sich wie ein roter Faden durch das Leben eines jeden Menschen zieht. Ich hoffe, mit diesem Buch einen Beitrag zu ihrer Beantwortung geleistet zu haben. Wenn wir mehr über uns wissen, können wir besser mit uns umgehen und unsere Zukunft so gestalten, wie sie zu uns paßt. Alles, was wir dazu brauchen, ist Mut zu uns selbst, dann können wir uns annehmen, so wie wir sind und auch die Verantwortung für unser Handeln übernehmen. Meine Bücher sollen hier eine Hilfe sein. Ich möchte möglichst vielen Menschen helfen, sich als aktive Schöpfer und bewußte Gestalter ihres gesamten Lebenswegs zu verstehen. In meinem Buch über Reinkarnation findet man Hinweise zu lebens-übergreifenden Gestaltungskräften, die uns heute noch prägen. Im 'Atem-Heilbuch' zeige ich, wie man über den Atem zu neuen inneren Dimensionen findet. Beide Bücher sind ebenfalls im Windpferd Verlag erschienen. Im vorliegenden Handlese-Handbuch wird dieser Weg der Selbstfindung über das Studium der Hand fortgesetzt. Man muß wohl mehrere Bücher schreiben (und lesen), um dann zur einfachen Botschaft zurückzufinden: "Lebe und liebe dein Leben, freue dich daran, trage zum Glück aller Wesen einschließlich deiner selbst bei!"

Wer in diesem Sinn zu einer Handanalyse mit mir Verbindung aufnehmen möchte und dazu meine Adresse erfahren bzw. Fragen zu Seminaren oder Ausbildung hat, schreibe bitte mit Beifügung eines frankierten Rückumschlags an den:

Windpferd Verlag
Stichwort 'Hand'
Postfach
D-87648 Aitrang

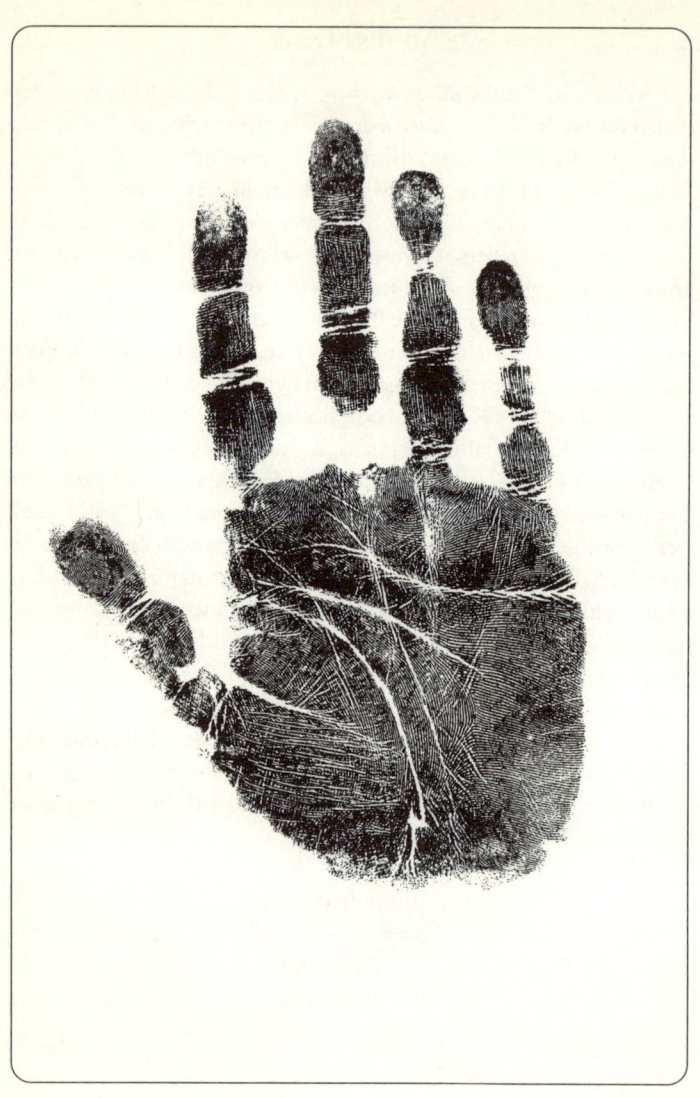

Abb. 59: Die linke Hand des Autors

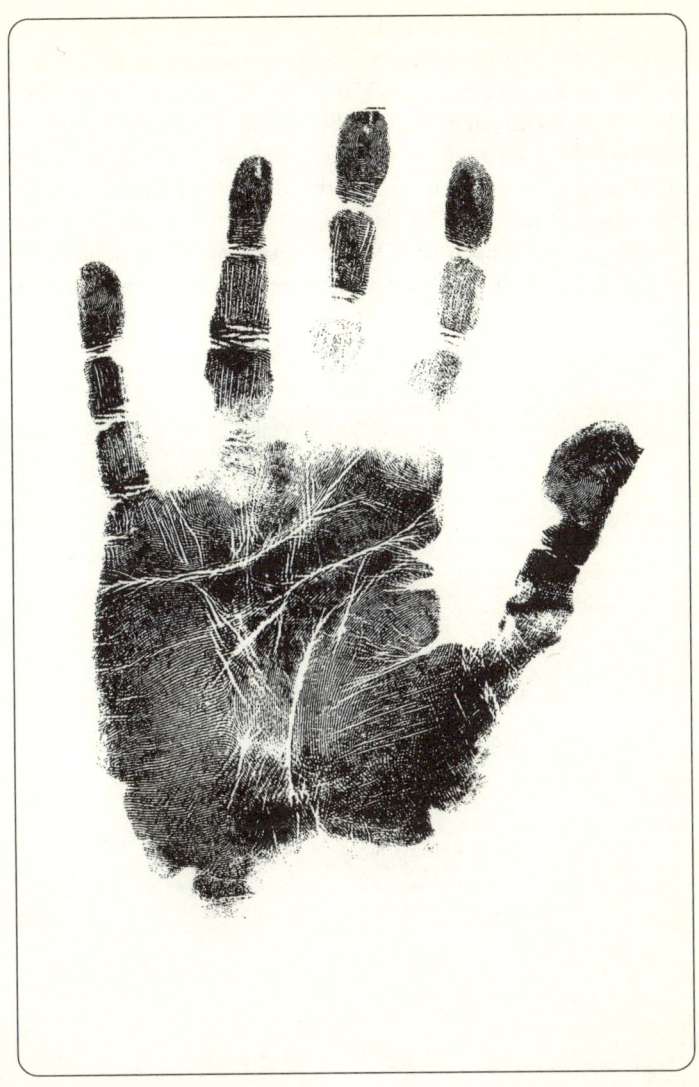

Abb. 60: Die rechte Hand des Autors

Dir, liebe Leserin, lieber Leser, wünsche ich nun, daß beim Hand'lesen' aus anfänglichem Buchstabieren und Zusammensuchen der Merkmale zum Deuten der Hand bald ein wirkliches Lesen wird. Dieses Lesen wird ein müheloses, blitzartiges Verstehen sein. Dann beginnt jede Hand zu dir zu sprechen, und du siehst ihre Botschaft richtig und ohne zu zögern. Ich möchte dich jetzt in deine Praxis des Handlesens entlassen. Du darfst erste Schritte wagen, aber sei geduldig, es wird noch eine Weile dauern, bis du wirklich lesen kannst. Lasse dich bis dahin von diesem Buch wie auf Händen tragen.

Abbildungsverzeichnis

Helmut Whitey Kritzinger

Numerologie und Partnerschaft

Was Zahlen über den Lebensweg, Partnerschaften und Beziehungen sagen können

Zahlen sind seit jeher Vermittler kosmischer Gesetzmäßigkeiten. Hermetische Numerologie ist das weltweit erste System, das über die Geburtsdaten zu einem detaillierten Partner-Numeroskop führt. Außerdem ermöglicht es natürlich auch eine umfassende Persönlichkeitsanalyse - und öffnet sogar Fenster für einen Blick in die Zukunft. Was verbindet Menschen; welche Ziele können sie gemeinsam verfolgen, welches unbewußte Potential kann sich im Zusammenleben zur gegenseitigen Bereicherung entfalten. Was ist in welcher Beziehung gegeben, verlaufen die Lebensrhythmen in Einklang?

240 Seiten, DM 24,80
ISBN 3-89385-109-7

Werner Koch

Das Atem-Heilbuch

Spirituelle Atemübungen für ein neues, intensives Lebensgefühl mit mehr Freude und Energie durch befreites Atmen

Atmen ist weit mehr als nur Luftholen. Aber kann denn die Art und Weise, wie wir atmen, unser Leben verändern und neue Erfahrungen bringen?
Nicht ohne Grund wird die bewußte Erfahrung des Atems in vielen Traditionen "Königsweg zur spirituellen Einweihung" genannt.
Wie der Atem, so das Leben. Ist er flach und mechanisch, wird auch die Lebenskraft und Lebensfreude auf Sparflamme laufen: Das Leben plätschert dahin, nichts passiert mehr. Kraftvolles, gefühlvolles Atmen dagegen erhebt, macht lebendig und läßt den Puls des Lebens fühlen: Lust aufs Leben, Freude und Begeisterung.

176 Seiten, DM 19,80
ISBN 3-89385-107-0

Werner Koch

Reinkarnation - Heilung aus der Vergangenheit

Eine Anleitung zum Aktivieren der befreienden Kräfte aus früheren Leben

Dieses Buch beschreibt auf sehr einfühlsame Weise, was die Reinkarnationstherapie als spirituelle Hilfe für uns tun kann. Er vermittelt den sanften Weg, sich auf die Reise in frühere Leben zu begeben, auf eine Reise zu unserem Selbst und zu unserem inneren Heiler. Denn wir können unser volles Potential wesentlich besser nutzen, wenn wir die Kräfte, die wir aus früheren Leben beziehen, kennen, verstehen und integrieren lernen.
Werner Koch zeigt, wie sich die Energien aus früheren Leben in den verschiedenen Chakren manifestieren und noch heute als Gestalter unseres Lebens wirksam werden.

196 Seiten, DM 19,80
ISBN 3-89385-094-5

Angelika Hoefler

Karma - Die Chance des Lebens

Wie Sie jede menschliche Prüfung in einen persönlichen Erfolg verwandeln

Karma heißt "Tun", und dieses Buch sagt uns, was zu tun ist. Es läßt uns Dinge wie etwa unseren Beruf oder Begegnungen und Trennungen, aber auch die zuwenig beachteten Momentaufnahmen unseres All-Tages mit anderen Augen und aus einem neuen Blickwinkel sehen. Denn Leben ist nicht unabwendbares "Schicksal", sondern Chance - in jedem Augenblick veränderbar zum Besseren. Dieses Buch ist ein Augenöffner. Der Text knistert geradezu wie mit Erfahrung aufgeladen. Karma als Weg zur Selbstheilung.

128 Seiten, DM 16,80
ISBN 3-89385-065-1